中国农村金融

发展报告

2017-2018

张承惠　潘光伟　等◎编著

REPORT OF
CHINA RURAL FINANCE
DEVELOPMENT

中国发展出版社
CHINA DEVELOPMENT PRESS

图书在版编目（CIP）数据

中国农村金融发展报告.2017－2018/张承惠，潘光伟等编著.北京：中国发展出版社，2018.11

ISBN 978－7－5177－0960－2

Ⅰ.①中…　Ⅱ.①张…　②潘…　Ⅲ.①农村金融—研究报告—中国—2017　Ⅳ.①F832.35

中国版本图书馆CIP数据核字（2018）第276931号

书　　　名：中国农村金融发展报告.2017－2018
著作责任者：张承惠　潘光伟　等
出 版 发 行：中国发展出版社
（北京市西城区百万庄大街16号8层　100037）
标 准 书 号：ISBN 978－7－5177－0960－2
经　销　者：各地新华书店
印　刷　者：河北鑫兆源印刷有限公司
开　　　本：787mm×1000mm　1/16
印　　　张：19.5
字　　　数：326千字
版　　　次：2019年1月第1版
印　　　次：2019年1月第1次印刷
定　　　价：80.00元

联 系 电 话：（010）68990642　68990692
购 书 热 线：（010）68990682　68990686
网 络 订 购：http://zgfzcbs.tmall.com//
网 购 电 话：（010）68990639　88333349
本 社 网 址：http://www.develpress.com.cn
电 子 邮 件：fazhanreader@163.com

版权所有·翻印必究

本社图书若有缺页、倒页，请向发行部调换

本书编委会名单

顾　　问　李　伟　国务院发展研究中心主任、研究员

编委会主任　张承惠　国务院发展研究中心金融研究所原所长、研究员、博士生导师

潘光伟　中国银行业协会专职副会长

编委会副主任　吴振宇　国务院发展研究中心金融研究所所长、研究员

李正强　大连商品交易所党委书记、理事长

宋洪远　农业部农村经济研究中心主任、研究员

杜晓山　中国社科院农村发展研究所研究员，原党委书记、副所长、中国小额信贷联盟理事长

张　芳　中国银行业协会副秘书长

编委会成员　郑醒尘　国务院发展研究中心金融研究所证券研究室主任、研究员、协调人

孙　飞　国务院发展研究中心金融研究所证券研究室副主任、协调人

朱俊生　国务院发展研究中心金融研究所保险研究室副主任、教授

白澄宇　商务部中国国际经济技术交流中心处长、中国小额信贷联盟副理事长

谢志军　国家开发银行扶贫金融事业部综合业务局局长

冯延成　中国农业银行三农政策与业务创新部总经理

杨　波　中国邮政储蓄银行三农金融事业部总监

胡迎春　中国农业发展银行农村金融发展研究院副院长

王学刚　中国人保财险公司普惠金融部副总经理

应朝晖　浙江农村信用联社办公室主任

倪荣庆　平安普惠金融研究院院长

李振华　蚂蚁金服研究院执行院长

胡安子　宜信公司宜信研究院研究总监

沈建光　京东数字科技首席经济学家

刘小萃　中华合作时报·农村金融主编

PREFACE 序言一

党的十九大报告作出了“中国特色社会主义进入新时代”的重大判断，同时，中国经济发展也进入了新时代。新时代的中国经济呈现一系列新的特征，对农村金融发展提出了新的要求。具体表现为：一是各类新型农业经营主体蓬勃发展，农民合作组织、种粮大户、家庭农场成为重要力量，与农业龙头企业沿产业链的合作机制深化，农业供给侧的市场化整合以及一二三产深度融合的进程加快，要求金融机构创新机制，提供更好的专业化服务。二是信息技术日新月异，新的金融科技对于信贷、保险等行业减少人工投入、降低信息不对称、扩大服务覆盖面等具有独特优势，移动通讯、大数据、人工智能、云计算技术在风险管理环节成效也十分明显，农村金融机构借助科技手段，提升服务能力和成本效率、风控效果，势在必行。三是全面小康社会建设深入推进，脱贫攻坚进入冲刺阶段，创新普惠金融服务，促进贫困地区产业发展、农民致富，是当前农村金融的重点任务，同时还要适应、把握农村投资消费需求发展的新趋势，完善金融服务产品。

归结起来说，未来一个时期中国农村金融必须更具普惠性和创新性，才能适应新的发展要求。党的十九大报告提出“深化金融体制改革，增强金融服务实体经济能力”，国务院《推进普惠金融发展规划（2016－2020）》《中共中央国务院关于实施乡村振兴战略的意见》等就加快农村金融创新、促进金融更好服务农村经济做出一系列改革部署，包括涉农信贷、农业保险、机构管理、服务机制等诸多方面，通过创新促进农村普惠金融发展的格局正在初步形成。

今后一个时期，农村金融创新发展要进一步突出重点，主要干好两件事：一是大力发展切合中国实际的合作金融。从国际经验看，合作金融是农村普惠金融的主要实现形式，对于改善中低收入人群的金融服务可及性不可或缺。我国第二轮农信社改革取得了举世瞩目的成效，2017 年底农信社系统总资产达 32.82 万亿元，占银行业的 13%，居业内首位，其中，60.69% 信贷用于支农，提供了 56% 的农户贷款和 67% 的农林牧渔贷款，是农村普惠金融服务无可替代的主力军。依托省联社提升整体优势，因地制宜确定发展模式，完善基层法人治理，是这一轮改革取得成功的重要启示。未来深化农村金融改革，仍然要遵循规律、分类指导、有序推进。二是完善农村金融服务体系及其协同机制。增强农村金融服务互补性是改善风险控制的基础，银行、保险、期货、租赁、担保等行业加强互补合作是关键之举。农村金融走向综合化，为农户提供农业技术、生产加工、产品销售领域专业化增值服务等，是未来的发展趋势，也是农村普惠金融可持续发展的基础。在这方面，还需要进一步完善相关体制机制，鼓励地方积极开展改革探索。提出这样的看法，主要基于以下几方面的考虑。

首先，合作金融机构是农村普惠金融服务的主力。农村金融服务面临的障碍是成本效率低、农户还款能力不稳定，且农户对利率的承受能力有限。这意味着农村普惠金融业务资本回报率相对偏低、不良率相对偏高，对传统股份制商业银行缺乏吸引力。如果不改善成本结构和风控效果，仅仅依靠财政补贴激励商业银行提供普惠金融服务，则政府将面临逐步增大的财政支出压力，包括贷款贴息和核销坏帐的费用，存在多种道德风险，缺乏长期可持续性；从发达国家和发展中国家的长期实践看，预期效果普遍不佳。要改善成本结构和风控效果，必须针对股份制商业银行的固有治理结构特点进行改进，有效降低成本和信息不对称水平，并提升抗风险能力。现代信用合作组织是农户联合及组织再联合的产物，并实行专业化管理，通过互助降低成本并降低信息不对称，通过联合提高服务能力和抗风险能力。各国长期经验证明，这种治理机制能更有效地提供普惠金融服务。在当前中国，以省联社为核心的农信社体系也是农村普惠金融服务无可替代的主力军。

其次，中国发展合作金融需要因地制宜推进创新。中国农信社体系经历了曲折发展历史，在第二轮农信社改革前夕已难以为继。在此之前，曾按照国际典型的信用合作社模式进行了反复探索，但始终未能走上健康可持续的发展轨道。第二轮农信社改革的特点是围绕建立健全可持续支农机制，实行因地制宜的改革方案，提供多种改制方案供地方选择，设立省联社代表省级政府行使服务、协调、管理职能，包括防控处置风险。这些是充分考虑中国国情之后采取的做法。第二轮农信社改革前后的发展情况对比表明，采取这些做法不但必要，而且是有效的。从合作金融体系视角看省联社，其功能定位与国际典型的合作银行总部并无本质差别。例如，荷兰合作银行总部得到授权，对上百个基层法人进行管理，并提供综合服务和流动性支持、交叉担保，从而促进专业化服务和规模化发展，奠定了市场竞争力优势基础；德国中央合作银行体系情况也有类似之处。未来深化改革、推动农村合作金融体系创新发展，仍须坚持因地制宜理念。一方面应坚持被中国实践证明是有效的做法，包括发挥省联社的平台作用；另一方面，发展新型农村合作金融组织可以依托现有农信社体系的功能，尤其是发挥省、县两级法人的服务作用，使新型农村合作金融组织提升专业化服务能力和成本效率，改善风控效果，包括探索有效的专业化监管机制。

再次，创新农村普惠金融服务需要基于风控推进协同。农村金融服务需求存在多样性。普惠金融服务除了信贷支持，还包括保险等服务。信贷、保险业务存在互补性。例如，为农户提供农业保险、人寿健康保险可以降低信贷风险；再如，借助农产品期货市场可以管理价格波动风险。围绕风控推进银行、保险、期货等领域的跨行业互补协同，是客观要求。从国际经验看，农村普惠金融服务的协同化、综合化是普遍趋势，农村信用合作体系往往提供覆盖信贷、保险等领域的综合服务。在我国分业监管体制下，信贷与保险、期货领域加强互补协同，有助于改进风控机制。随着金融科技发展，农村普惠金融面临新的发展契机，信息化、大数据、互联网、云计算、人工智能、移动通讯等技术交叉融合，有效改善了农村普惠金融服务的成本效率，也为进一步改善风控提供了可能。其中，金融科技为银行、保险、期货等行业通过客户共享、优势互补、流程对接、风险对冲实现合作共赢提供了新的条件，尤其是提供了协同的技术支撑。从国内部分地区农信社等银行机构的实践探索看，这种互补协同是有效的，也是必要的。各地农信社省联社通过统筹推进信息化建设，为提高农信社体系的成本效率和服务能力发挥了重要作用，可以在下一步改革实践中继续发挥好服务功能。

最后，农村金融服务需要与农业生产经营服务有机结合。农户生产经营能力相对脆弱，客观上需要外部组织提供支持，包括技术、融资、生产、加工、运输、销售等各方面的服务。农村普惠金融服务作为其中的一方面，需要与相关的专业化服务有机结合，提供支持。降低农户生产经营的成本和风险，是从源头上促进农村普惠金融实现商业可持续发展的重要切入点。从国际实践经验看，农村普惠金融服务与农业生产经营服务深度融合。例如，荷兰、德国、日本等地信用合作体系往往提供农业技术、销售等配套服务，有的与农民合作组织深度融合。党中央提出要推进生产、供销、信用“三位一体”综合合作，各地正在全面展开。从部分省份的试点看，农信社系统的省联社及基层法人在其中发挥了重要作用，其基层业务网点成为综合服务的平台，并进一步拓展社会服务功能。农信社系统需要在“三位一体”综合合作体系中积极探索发展农村普惠金融的新途径，实现共同发展。

《中国农村金融发展报告 2017－2018》围绕创新推动普惠金融发展这一主题，回顾总结农村普惠金融服务的创新发展情况，全面反映 2017 年度的改革探索。本书邀请业内专家学者、机构代表参与编著工作，相信这本书对农村金融业内相关人士的工作有所裨益。作为一名金融战线老兵，曾为我国农村金融改革发展注入心血，始终情为农村金融所系，也衷心祝愿我国农村普惠金融在创新发展的道路上高歌猛进、捷报频传。

国务院发展研究中心主任、研究员

2018 年 12 月

PREFACE

序言二

推动农业向现代产业发展、建设社会主义新农村、提高农民收入和生活品质是我国几代人努力的方向，也是我国全面建设小康社会、实现包容性发展的重要内容。发展农村金融、改善农村地区的金融服务环境，不仅是支持“三农”的重要手段，也为金融机构提供了巨大的发展空间。面对新时代我国经济社会发展新形势，推动乡村振兴发展的新使命，金融业承担着重大的历史责任。

但是，发展农村金融必须面对的现实困难是，农业是弱势多风险的行业，按传统方式生产经营的农民在市场竞争中是弱势群体，要实现商业化可持续，必须有效降低农村普惠金融服务的成本和风险。为此，既需要各级财政和金融管理部门有效发挥政策的激励和引导作用，也需要金融机构调整发展战略、下沉经营重心、优化组织体系、创新服务产品。中国地域辽阔，各地情况千差万别。发展农村金融，不能寄希望于一种办法、一种模式，而要结合当地情况重视针对性；不能单靠金融业或少数几家机构发力，而是要围绕共同目标、共同服务对象，促进政府、金融行业、相关机构多管齐下共同发力，提升整体效能，为实现商业化可持续发展奠定基础。

值得关注的是，随着近年来金融科技的迅猛发展，数字技术在拓展普惠金融范围、提升金融服务质量、降低经营成本和有效控制风险方面已经发挥了重要作用。一些科技公司正在进入农村金融服务领域，并初步形成了专业化、场景化的服务优势。而银行、保险公司等持牌金融机构，也越来越多地将大数据、云计算、物联网等数字技术应用于农村金融产品和服务方面，有效提升了服务效率和风险控制能力。

我国农村金融的40年发展历程，经历了深刻的探索与变革。作为一名长期从事金融研究和实践的金融工作者，曾亲身参与了农村金融体制的改革工作，也曾组织和推动过农村金融改革创新试点和农村普惠金融教育。这些工作经历，使我对农村金融的改革创新始终抱有热情，一直密切关注农村金融的发展进程，也非常期待农村金融改革取得新成效。

国务院发展研究中心金融所和中国银行业协会组织编写的《中国农村金融发展报告2017－2018》，从农村普惠金融服务创新的角度，回顾了2017年中国农村金融的发展状况，分析了存在问题，提出了相关政策建议。该报告汇集了农村金融研究代表性学者和政府部门、金融机构、金融科技公司的人员，从理论和实践两个层面，介绍了农村金融的最新研究成果和改革创新的最新进展；既有银行、证券、保险等行业的综合论述，也有典型金融机构的案例；既反映了金融科技公司发展农村普惠金融取得的成效，也介绍了地方政府的创新做法，是我国农村金融研究领域中不多见的最新成果。由于这项工作所具有的意义，我很高兴地为此书作序并向读者推荐，相信此书可以为农村金融领域的相关人士提供参考和借鉴。

借此《中国农村金融发展报告2017－2018》出版之际，我想重复一下有关发展普惠金融的观点。

首先是更新理念，要让金融机构可持续发展，才有提供服务和改进服务的基础。让利率覆盖风险是普惠金融的基石。将本求利是金融区别于财政无偿拨付的特点。寻求金融服务的人必须有还本付息的能力，在面对改变命运的机会时资金的可获得性远比资金的价格更重要。这是20世纪世界银行介入扶贫工作的经验总结（见附录：世界银行扶贫开发小组小额信贷基本原则）。尤努斯的孟加拉乡村银行就是改变了依靠捐赠扶贫的道路，用商业可持续的小额信贷走出了一条“造血”扶贫的道路。利率市场化就是实现利率的风险定价：利率＝资金成本＋管理成本＋风险损失＋预期利润。金融机构如果不能用利率覆盖风险，它将无法生存和发展，也不会去拓展有风险的新客户，受损失的将是经济的发展。因而20世纪麦金农教授的金融深化理论首先是利率市场化。

在利率覆盖风险的定价原则下，必然会有一些能力相对不足、但不是政府救助对象的人需要帮助。此时政府对特定人群给予担保增信或贴息补助，则是用财政资金撬动金融资金的最好方式。这是金融与财政相互配合发展普惠金融的最佳组合。

其次要完善金融业的制度建设。普惠金融的制度建设包括两个层次，一是多层次的机构建设和多层次的市场建设；二是市场机制与政府扶持机制的结合。

在多层次机构建设和多层次市场建设中，要以成本效益和社会公众利益为原则，区分不同的机构定位、市场划分和监管定位。普惠金融的难点和重点是低收入人群和小微企业，他们的共同特点是没有健全的财务报表和信用记录，因而很难成为传统商业金融机构服务的对象，强求传统的商业金融机构为之服务难以达到预期的效果。此时降低金融服务成本的方法一是利用熟人社会的信用约束来发展植根于社区的金融组织，比如信用合作组织和社区贷款组织，让这些植根社区的金融组织成为对接持牌商业金融机构的信用平台和“毛细血管”，解决贷款难的最后一百米的问题；二是发展专门服务于城乡社区的微型金融机构，如公益性小额信贷机构、小额贷款公司、村镇银行等，让这些机构可以服务贫困人口、小农户、新型农业经营主体、城乡创业人员和小微企业；三是发展互联网金融，利用大数据构建用户评价，解决风险识别与判断问题，扩展金融服务的能力与范围。

普惠金融的商业可持续离不开政府的扶植。适当的金融活动组织形式可以降低金融服务的资金成本和管理成本，但难以降低客户的风险成本。针对特定的目标客户比如扶贫户、小微企业等政府可通过担保基金和政策性保险提供增信服务，通过对金融机构的风险共担提升金融机构的服务能力以及贷款贴息降低服务对象的融资成本。

第三，普惠金融的推行会植根于信息技术的进步。金融是经营风险的行业，解决信息不对称带来的风险问题是金融业的核心竞争力。以往受制于信息搜集和加工的成本较高，金融业服务的范围受到局限。以互联网为代表的信息技术的发展使得金融也有了服务于长尾客户的可能性。电商、社交网络、各类在线服务积累了客户许多行为数据。对这些行为数据的加工分析使人们可以对客户的行为风险做一定的评估，这为金融机构向没有信用记录的客户提供信贷服务提供了可能。小额信用的积累能为客户享受更多金融服务创造条件。移动互联网的发展让移动支付成为可能，让金融服务可以减少对金融机构物理网点的依赖，从而为地广人稀或贫困地区居民开立账户、获得金融服务打下基础。普惠金融会在信息技术的进步中得到推广。高端客户会因信息技术的进步让财富管理更便捷有效，低端客户会因技术进步而提高金融服务的可获得性。

第四，大力推进金融教育，提高公民金融素质。国内外的经验都表明，一个地区，乃至一个国家，公民的金融知识水平和信用文化状况等方面的金融素质，在很大程度上制约着金融业发展的深度和广度。中国正在迈向经济大国和金融强国。金融教育水平和普及程度将决定中国金融未来的发展速度和质量。没有一个具有基本金融知识和正确金融观念的公民群体，中国的金融体系的健康与安全就没有基础和保证，中国的金融强国地位就无从谈起。因此，在未来的金融改革发展规划中，要把对公民的金融基础知识普及教育和信用文化的培育作为一个重要的方面，要将金融启蒙和教育纳入国家战略和法制化的轨道。要从金融业发展战略的高度认识金融知识普及教育和提升公民金融素质的重要意义。

吴晓灵

中国人民银行原副行长、清华五道口金融学院院长

2018 年 12 月

附录：

世界银行扶贫协商小组小额信贷基本原则

世界银行扶贫协商小组（CGAP）认为，小额信贷的基本原则包括以下方面：

1. 穷人需要多样化的金融服务，不仅仅是贷款，还包括储蓄、保险和资金结算等。

2. 小额信贷是与贫困斗争的有力工具。

3. 小额信贷意味着要建设为穷人服务的金融体系。

4. 小额信贷能够实现自负盈亏，如果它的目标是服务于非常大规模的穷人，它也必须这样做，也就是说，它的服务收费应足以覆盖其运营的一切成本。

5. 小额信贷的目标在于建立持久的地方金融机构。

6. 小额信贷并不是万能的，对于那些没有收入或还贷手段的赤贫者，其他形式的扶持可能更有效。

7. 利率封顶的限制政策，由于使穷人难以得到贷款而伤害了他们，小额贷款的成本高于大额贷款，利率封顶使小额信贷机构难以覆盖其运营成本，因此不利于对穷人贷款的供给。

8. 政府的职责应是使金融服务有效，而不是自己去提供金融服务，政府自己几乎不可能良好地运作贷款业务，但它能营造良好的政策支持环境。

9. 捐助者的资金与私营资本应是互补而不是竞争的关系，捐助者的补贴应设计为一定时期的支持，尤其是在机构启动时提供支持，以使它顺利吸引私人资金的投入。

10. 小额信贷发展的主要瓶颈是缺少强有力的机构和经营管理团队，捐助者的支持应集中在能力培训和提升上。

11. 小额信贷的成长有赖于小额信贷机构自己关注、测定、提高和披露其运作业绩，小额信贷机构的经营和财务报表不仅能帮助各有关方判断该机构的成本和效益，而且也有助于其改进运作水平。小额信贷机构需要内容准确和可比较的财务运营报告，如还贷和自负盈亏状况，也需要社会发展状况指标，如服务客户的数量和客户的贫困状况。以上这些看法，实际上也是普惠金融体系所要遵循的原则。

PREFACE 序言三

党的十八大以来，党中央、国务院始终把解决好“三农”问题作为全党工作重中之重，持续加大强农惠农富农政策力度，针对土地、产业、文化、农业金融、农村建设、生态治理等发展热点问题，出台了系列扶持政策支持“三农”发展，扎实推进农业现代化和新农村建设。5 年来，我国新型农业生产经营主体较快成长，农业科技装备水平较大提高，粮食生产能力跨上新台阶，农业供给侧结构性改革迈出新步伐；农民转产就业、转移就业空间持续增加，农村社会保障体系不断完善，农民收入持续增长，农村民生全面改善，脱贫攻坚战取得决定性进展，农村生态文明建设显著加强，农民获得感显著提升，农村社会稳定和谐。

“三农”发展离不开金融的支持，农村金融与“三农”事业共生共荣，农村金融是 2017 年最值得关注的金融细分领域。年初中央 1 号文件再次聚焦“三农”，明确提出“以供给侧改革作为新的历史阶段农业农村工作主线，加快农村金融创新”。7 月，习近平总书记在全国金融工作会议上强调指出，要把更多金融资源配置到经济社会发展的重点领域和薄弱环节，更好满足人民群众和实体经济多样化的金融需求。10 月，习总书记在党的十九大报告中提出“乡村振兴”战略，强调农业农村农民问题是关系国计民生的根本性问题，必须始终把解决好“三农”问题作为全党工作的重中之重，对“发展普惠金融，开展金融精准扶贫”给予了更高的期望。2018 年 5 月 31 日，中共中央政治局召开会议，审议通过《乡村振兴战略规划（2018 - 2022 年）》，细化实化工作重点和政策措施，部署若干重大工程、重大计划、重大行动，形成了今后5年落实中央1号文件的政策框架。乡村振兴战略给长期致力于服务“三农”的农村金融事业带来了更广阔的想象和发展空间，也为农村金融机构下一步发展方向提供更明确的指引。

据统计，截至2018年三季度末，我国银行业金融机构涉农贷款余额33万亿元人民币，同比增长6.6%。包括农村商业银行、农村合作银行、农村信用社和新型农村金融机构在内的农村金融机构总资产34.1万亿人民币，较上年同期增长5.39%，占银行业金融机构比例12.9%。从供给的角度看，农村金融的发展取得了一定的成绩，但从需求角度看，近年来农村地区产业融合加速，涉农新主体新业态不断涌现，农村金融需求日益增长。同时，我国农户和新型农业经营主体信贷可得性不足、商业可持续性不够、信用信息体系建设不完善等问题不断涌现。相比巨大的农村金融市场和新时代下“三农”事业发展的需求，农村金融供给在总量和结构上都存在不足。

农村金融的重点是普惠金融。普惠金融的发展与国家乡村振兴战略休戚相关，大力发展普惠金融是实现农村金融助推乡村振兴的关键。当前各类金融机构积极响应国家普惠金融的政策号召，越来越多地下沉到农村开展金融业务，普惠金融服务成效明显。一是基础金融服务覆盖面不断扩大。截至2017年末，我国银行业金融机构共有营业性网点22.76万个，银行业网点乡镇覆盖率达到95.99%。二是薄弱领域金融可得性持续提升。全国银行业金融机构小微企业贷款余额30.74万亿元，为1521万户小微企业提供贷款服务；涉农贷款余额30.95万亿元，其中农户贷款余额8.11万亿元。三是金融服务的效率和质量明显提高。通过互联网、大数据等金融科技手段，提供线上信贷服务，涌现出一批依托互联网、大数据等新技术的创新普惠金融产品。银行业持续减费让利，降低普惠金融融资成本。四是金融扶贫攻坚成效卓著。截至2017年末，银行业扶贫小额信贷余额2496.96亿元，支持建档立卡贫困户607.44万户，占全国建档立卡贫困户的25.81%；向贫困户发放的扶贫开发项目贷款余额2316.01亿元；积极开展贫困人口商业补充医疗保险，全国25个省（区、市）1152个县（市）承办了针对贫困人口的商业补充医疗保险业务，覆盖贫困人口4635万人。在积极提供普惠金融服务的过程中，各类金融机构自身不断地适应农村市场的特殊性，不断地创新运营模式和落地模式，同时也普遍更加重视农村金融场景化的应用，并在这个过程中积累了很多“三农”领域的经验，当然也包括外部环境和内部治理等多方面的困难和挑战。

《中国农村金融发展报告2017－2018》是国务院发展研究中心自2014年以来，连续组织编写的第四本系列年度《中国农村金融发展报告》，凝聚了业内代表性学者和金融机构的心血。该报告以农村普惠金融服务创新为主题开展研究，不仅详细阐述了农村金融相关理论与发展背景，而且在大量实地调研和深入分析的基础上，系统展示了各专业领域、各类金融机构以及供销社、金融科技公司与地方政府在推动金融服务创新方面的新探索、新经验和新问题。既有理论高度、又有实践深度，主题突出、内容丰富。相信这本报告能够在新时代的改革大潮中传递出农村金融的声音，为农村普惠金融服务的发展提供更多的支持与借鉴，推动农村金融在服务乡村振兴战略，决胜全面建成小康社会，全面建设社会主义现代化国家的重大历史任务做出更加卓越的贡献！

是为序。

潘光伟

中国银行业协会党委书记、专职副会长

2018年12月

PREFACE 前言

《中国农村金融发展报告 2017－2018》是我们组织编写出版的第四本有关农村金融的年度报告。

自我就任国务院发展研究中心金融研究所所长以后，陆续组织了农信社体制机制改革、农业保险、巨灾风险、农村资金互助社等专项课题研究，参与了金融扶贫的相关课题。通过对十余个省（市、自治区）进行的调研，我深深感到农村金融是一片极其广阔的天地，需要加以深耕细作。近年来，在党中央、国务院的关心支持下，在财税政策、货币信贷政策的引导下，无论是持牌金融机构还是类金融机构、农村供销合作组织、科技公司，都为改进农村金融服务付出了积极的努力。同时，针对农村金融服务与城市和工业金融服务的不同需求和特点，各类机构在金融服务模式、金融服务工具等方面也做出了很多创新。这些成就，需要有一本能够全面、综合反映农村金融实践的报告，让社会各界了解农村金融服务的现状，帮助提供金融服务的各类机构相互增进了解，彼此学习好的经验和做法。另一方面，农村金融服务领域仍然存在很多问题和不足，有关支持政策还需要修正，希望通过这本报告，能够帮助有关政府部门和机构、组织进一步改进工作。以上，就是我们编写本书的初衷。

每年我们组织撰写的《中国农村金融发展报告》，都试图突出某一个重点。例如 2014 年的报告突出了“全面”，力求完整反映农村金融服务的现状。除了银行业金融机构以外，我们还着重介绍了期货、保险在农村金融服务中发挥的作用。2015 年的报告突出的是“创新”，希望读者能够了解农村金融服务活动中的一些创新举措。2016 年的报告突出的是“改革”，重点介绍和研究了农村专业合作社基础上出现的农村合作金融，分析了合作金融在中国的社会基础和存在问题。今年的报告突出的是“普惠”和“科技”，反映了金融科技公司如何开拓农村市场，以及持牌金融机构和地方政府如何利用金融科技拓展改善农村普惠金融服务的实践。本报告的结构安排如下。

第一部分（第 1 ~4 章），农村普惠金融理论与发展背景。重点介绍了农村普惠金融理论、农村普惠金融服务创新的机制、2017 年农村经济形势和有关政策。在这一部分，还根据 Visa 的调查数据，对农村普惠金融服务的现状进行了量化分析。第二部分（第 5 ~7 章），各专业领域的农村普惠金融服务创新。重点从行业角度介绍农村信贷、农产品期货、农业保险的发展情况。第三部分（第 8 ~13 章），各类金融机构开展的农村普惠金融服务创新活动。选择了国开行、农发行、农行、邮储、农信社、人保等有代表性的金融机构，介绍其在开展农村普惠金融服务方面的创新实践。第四部分（第 14 ~20 章），其他机构或组织所推动的农村普惠金融服务创新。介绍了供销社系统推动的农村普惠金融服务，选择平安普惠、蚂蚁金服、宜信等代表性金融科技公司，介绍其利用技术提升农村金融服务普惠性的做法和经验。同时我们还选择了古田县、吉林省作为地方政府的代表，介绍他们在推进农村普惠金融服务方面的创新做法。希望通过以上介绍，使读者能够对中国农村金融服务的全貌有一个更加深入的了解。

本书由张承惠负责总体框架设计、组织编写，郑醒尘统稿。各章的分工和主要执笔人情况如下：

第 1 章：杜晓山、孙同全（中国社会科学院农村发展研究所）

第 2 章：郑醒尘（国务院发展研究中心金融研究所）

第 3 章：刁银生（农业部农村经济研究中心）

第 4 章：孙飞（国务院发展研究中心金融研究所）

第 5 章：杨青楠、朱飞燕（中国银行业协会）

第 6 章：赵亮、田渊博（大连商品交易所）

第 7 章：张承惠、朱俊生、孙飞（国务院发展研究中心金融研究所）

第 8 章：明明、刘峰源（国家开发银行）

第 9 章：李静（中国农业发展银行）

第 10 章：曹杰存、张群涛、谢青、梁芸（中国农业银行）

第 11 章：彭军（中国邮政储蓄银行）

第 12 章：叶梅琳（浙江农村信用联社）

第 13 章：王学刚、汪力鼎（中国人保财险公司）

第 14 章：李博、李彩琴、解辞（中华合作时报·农村金融）

第 15 章：宁杰（平安普惠金融公司）

第 16 章：李振华（蚂蚁金服研究院）

第 17 章：京东金融课题组

第 18 章：胡安子（宜信公司宜信研究院）

第 19 章：詹东新、白澄宇（中国人民银行宁德市中心支行、中国国际经济技术交流中心）

第 20 章：崔巍、张歆雅（吉林省农村金融综合服务公司）

本报告荣幸地邀请到国务院发展中心李伟主任、原人民银行副行长、清华大学五道口金融学院院长吴晓灵女士担任顾问。清华大学五道口金融学院为本书的撰写和出版提供了资金支持。中国银行业协会潘光伟常务副会长一如既往地给予了很大支持。《中国农村金融发展报告》还得到了学术界、金融机构、地方政府的大力支持，今年我们又邀请了几家金融科技公司参与了撰写工作。本书的成功出版，与上述领导和机构的支持是分不开的，在此一并致谢。

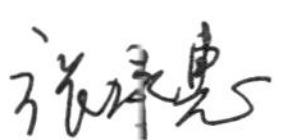

国务院发展研究中心金融研究所原所长、研究员

2018 年 12 月

目　录

第四部分　供销社、金融科技公司与地方政府推动的农村普惠金融服务创新

第 14 章
供销社系统的农村普惠金融服务创新

第 15 章
平安普惠聚合农担公司服务“三农”的实践

第 16 章
蚂蚁金服的农村数字普惠金融

第 17 章
京东金融普惠金融服务的创新探索

第 18 章
宜信普惠的农村普惠金融服务创新探索

第一部分

农村普惠金融理论与发展背景

第 1 章

中国农村普惠金融理论与实践进展

2017 年党的十九大报告指出，中国特色社会主义进入了新时代，我国社会主要矛盾已经转化为人民日益增长的美好生活需要和不平衡不充分的发展之间的矛盾；农业、农村、农民问题是关系国计民生的根本性问题，解决好“三农”问题始终是全党工作的重中之重。为此，十九大报告提出乡村振兴战略，要求按照“产业兴旺、生态宜居、乡风文明、治理有效、生活富裕”的总要求，建立健全城乡融合发展体制机制和政策体系，加快推进农业农村现代化。

按照这一总的要求，2018 年中央 1 号文件《中共中央、国务院关于实施乡村振兴战略的意见》指出，我国发展不平衡不充分问题在乡村最为突出，农村金融改革任务繁重，城乡之间要素合理流动机制亟待健全，在资金投入上要优先保障农业农村发展，尤其是增加金融投入对深度贫困地区的支持，普惠金融重点要放在乡村；要坚持农村金融改革发展的正确方向，健全适合农业农村特点的农村金融体系，推动农村金融机构回归本源，把更多金融资源配置到农村经济社会发展的重点领域和薄弱环节，更好满足乡村振兴多样化金融需求；要强化金融服务方式创新，防止脱实向虚倾向，严格管控风险，提高金融服务乡村振兴能力和水平；要加大中国农业银行、中国邮政储蓄银行“三农”金融事业部对乡村振兴支持力度；要明确国家开发银行、中国农业发展银行在乡村振兴中的职责定位，强化金融服务方式创新，加大对乡村振兴中长期信贷支持；要推动农村信用社省联社改革，保持农村信用社县域法人地位和数量总体稳定，完善村镇银行准入条件，地方法人金融机构要服务好乡村振兴；要支持符合条件的涉农企业发行上市、新三板挂牌和融资、并购重组，深入推进农产品期货期权市场建设，稳步扩大“保险 + 期货”试点，探索“订单农业 + 保险 + 期货（权）”试点。改进农村金融差异化监管体系，强化地方政府金融风险防范处置责任。

2018 年 9 月中央出台的《乡村振兴战略规划（2018 – 2022 年）》又专章对金融支持乡村振兴和发展乡村普惠金融做出部署。

总体上看，2017 年以来在中共十九大报告精神的指引下，中国农村普惠金融理论、政策和实践都取得了长足发展。

一、中国农村普惠金融理论进展

（一）普惠金融基本含义再认识

普惠金融引自英文的 Financial Inclusion、Inclusive Financial Sector 和 Inclusive Financial System，其本意是与金融排斥相对的金融包容性或非排斥性，即各个社会主体都应该能够得到必要的金融服务，尤其是为那些尚未得到或未充分得到金融报务的弱势社会主体。而且，普惠金融是一个系统概念，意味着服务社会各阶层、各主体的金融体系，包含宏观的政策法律环境、中观的金融服务支持系统和基础设施、微观的金融机构及其产品和服务机制。我们曾提出过简洁、直观的狭义普惠金融表述，其含义是：普惠金融是小额信贷/微型金融的发展和延伸。简言之，普惠金融 = 小额信贷 + 小企业金融服务，即微型 + 小型金融服务。但要科学、完整地理解普惠金融，其基本含义应如下所述。

2015 年底国务院印发的《推进普惠金融发展规划（2016 – 2020 年）》将普惠金融定义为立足机会平等要求和商业可持续原则，以可负担的成本为有金融服务需求的社会各阶层和群体提供适当、有效的金融服务。小微企业、农民、城镇低收入人群、贫困人群和残疾人、老年人等特殊群体是当前我国普惠金融重点服务对象。2018 年 9 月中国银行保险监督管理委员会发布的《中国普惠金融发展情况报告》进一步提出，提升金融服务的覆盖率、可得性和满意度是普惠金融的主要目标。这是对普惠金融概念的中国化，与普惠金融概念的本初含义一致。

从普惠金融的本初含义与中国化概念看，普惠金融应至少具有以下五个基本特性。

一是强调获得金融服务机会的均等性和公平性，特别是金融服务应覆盖到最广大的人群，金融触角深及社会最底层。不仅为东部沿海地区，也为中西部贫困的偏远地区提供服务，不仅仅为大企业、中小企业服务，也要为底层社会群众，尤其是贫困、困难群体提供金融服务，达到前所未有的广度和深度。狭义的普惠金融概念是指其目标地区为欠发达和贫困地区，目标客户为弱势和贫困群体。

二是具有系统性，即以社会各阶层客户为中心（其中以未得到和未充分得到金融服务的群体为重点），包含了上述宏观、中观和微观三个层面。

三是具有可持续性，即坚持商业可持续原则，保本微利（对保本微利，国内外的业内业外均有争论）。普惠金融服务不仅仅是解决了金融的可获得性问题，更是要解决金融服务的可持续性问题。如何利用各类有效机制，解决金融服务供给方自身的持续发展动力，是普惠金融的前提。“皮之不存，毛将焉附”，一个靠自身力量不可持续、不可重复的金融服务模式，更多的可能是一种慈善扶贫方式，不是普惠金融的应有含义。同时，对普惠金融目标对象的服务收费应价格合理、便捷安全。

四是综合性和多样性。不仅包括传统的信贷服务，还包括支付、存款、保险、担保、理财、投资和直接融资等内容。但是，针对普惠金融的重点服务对象，主要的服务内容是存、贷、汇款和保险等基本服务。而且，金融供给方是包括民间金融、社会组织、放贷机构和正规金融机构在内的各类组织机构。

五是理念性，是一种理想、使命、愿景和目标的追求和定位。普惠金融是一种金融发展理念和金融服务格局，要求有理论和实践相结合的出发点和落脚点，是一个包括上述特征在内的整体图景。

普惠金融这一概念引入中国之后出现很多不同的解读，一种解读是脱离英文原意，将“普”和“惠”拆开，以中文训诂的方式说文解字，分别解释为“普遍”和“惠及”。这种解法尚能接近于普惠金融英文原意及其本义，但有的解释就偏得有些远了，例如，将“普惠”两个字分别解释为“普遍”和“优惠”，偏离了商业可持续原则。还有一种解读偏离了普惠金融的系统性和整体性，将其定义为一种具体的金融业务，即向金融市场中中低端客户服务的金融业务。当然，如果这是因为找不到更合适的概念来定义这样的业务，是可以理解的。但是，从理论上和政策上不应忽视普惠金融的上述五个基本特性。

（二）农村普惠金融基本含义和要求

农村普惠金融是普惠金融与农村金融相交叉但又不完全重叠的概念，既具有农村金融的特点，又具有普惠金融的特征。虽然其服务重点是农户和农村小微企业等，但有观点认为，广义的农村普惠金融也包括农业和农村基础设施建设、扶贫移民搬迁、农村一二三产业融合发展、农村新型经营主体，等等。其内容也超越了传统的小额信贷，还包含长期信贷、支付、存取款、保险、信贷担保、资本市场，等等。

2018 年 9 月 26 日中共中央、国务院印发的《乡村振兴战略规划（2018－2022 年）》提出了“乡村普惠金融”概念，包涵多样化的农村金融服务组织体系、创新的农村金融产品和服务方式、健全的农村金融支持体系、完善的农村金融激励政策体系，目标是把更多金融资源配置到农村经济社会发展的重点领域和薄弱环节，更好满足乡村振兴多样化金融需求。这个概念很好地体现了普惠金融的系统性，其中，组织体系、产品和服务方式主要是普惠金融的微观层面，支持体系是中观层面，政策体系是宏观层面。

因此，推进农村普惠金融发展，需要在宏观、中观和微观三个层面系统推进，着重解决农村金融中的重点领域和薄弱环节。

（三）发展农村普惠金融的几点思辨

1. 农村普惠金融是否应依赖补贴

在讨论普惠金融问题上，有两种倾向问题值得研究和注意防止。一是长期依赖补贴，二是过分商业化，追求利润最大化。这两种倾向都不是普惠金融。例如，扶贫金融等于普惠金融吗？笔者认为不等于。我国现在的金融扶贫，更多的是用特普金融的手段，而不是普惠金融的手段，最大的原因在于银行只能长期依赖补贴、外部资金的支持才能做扶贫，在银行商业可持续这个问题上还差得很远。[①]

在上述普惠金融的五个基本特征当中，最基本和本质性的要求和特征有两个，

① 杜晓山：“普惠金融理论与实践的困惑与探索”，《金融时报》，2015 年 8 月 24 日。

一是其服务对象是小微企业、城市弱势群体、农民、贫困人群、老年人、残疾人，二是其服务供给方自身能保本微利和可持续发展。正像中国人民银行潘功胜副行长所说的那样，微型金融、普惠金融，要在政府政策支持的基础上进行市场化运作，走保本微利的可持续发展之路。他还说，作为一个负责任的商业组织，需要在追逐商业利益和社会责任之间达到平衡，商业银行的内部绩效评价体系和内部授权体系要体现这样一种平衡。[①] 中国人民银行行长易纲曾特别强调："普惠金融不是慈善金融，不是救济金融，也不是政策性金融。"他认为，长远来看，发展普惠金融必须考虑其商业的可持续性，不能过度依赖财政的补贴和行政命令，其发展主要应该发挥市场主体的力量，寻求商业上可持续的模式，这是一个基本的原则，"如果依赖政府的补助，就是不可持续的，躺在中央银行身上，也是不可持续的"[②]。

因此，我们要发展的应该是政府政策支持下金融机构自身能够做到保本微利可持续发展。政府在金融扶贫中的财政支持在起步阶段可能是应该的，但不应长期延续，也不应主要用于贴息或用于担保，也不是用于坏账准备。财政手段不要混同于金融手段，金融就要用金融的办法，是要还本付息的。而金融扶贫的办法既不应是金融供给方利润的最大化，也不应是永久的依靠外部政策性补贴。这两个现象和做法都是有缺陷的，从普惠金融角度看都是错误的，都不是普惠金融。

2. 特惠金融与普惠金融有什么不同

依靠政府财政补贴才能开展的金融服务可以称之为特惠金融。特惠金融和普惠金融形态的共同点都是为了贯彻政府的战略意图和政策目标。然而，相对于特惠金融，普惠金融的特点在于以市场化方式，在实现政府战略、弥补市场失灵、突破发展瓶颈、孵化增长机遇、提高资源配置效率、实现长期财务平衡等方面具有独特优势和作用。

就金融扶贫而言，特惠金融和普惠金融的共同目标都是为了扶贫脱贫，是交集的，是可以互补的，但是在某种程度上是矛盾的，两者是对立统一的。为了实现2020年脱贫攻坚战目标，特惠金融目前是必须的、必要的、有效的，但是效率低、

---

① 崔吕萍："全国政协委员、中国人民银行副行长潘功胜：推动普惠金融发展"，http：//www. rmzxb. com. cn/c/2015 -03 -17/467165. shtml，2015 年 3 月 17 日。

② 易纲："普惠金融不是'慈善'金融"，http：//www. chinanews. com/cj/2016/08 -26/7985482. shtml，2016 年 8 月 26 日。

财政负担重和不可持续性及其他一些问题是突出的，这是最致命的弱点。

3. 金融机构如何权衡保本微利与利润最大化原则

我们的金融扶贫怎么能够从特惠金融转变到主要运用普惠金融的方法，真正践行普惠金融的理念和要求搞好金融扶贫工作，至今仍是一个难点和痛点。既然普惠金融是指金融供给方财务上的保本微利和可持续发展及组织上的可持续发展，而且应能帮助作为需求方的弱势群体得到便捷的、价格合理的、有效的、全方位的金融服务，那么，普惠金融首先就是要做到保本微利，既不是利润最大化，也不是只有依靠政府补贴才能做。现在的问题也就在这种要求对传统金融机构有难度。

为什么商业金融机构一般不愿意做？实际上普惠金融追求社会发展目标和坚持保本微利的原则与金融机构的利润最大化大目标之间是有矛盾的、冲突的，所以从传统金融转到普惠金融是很痛苦的，需要有个过程，而且需要有其他的机制和机构来补充。

二、农村普惠金融发展中政府与市场的关系

发展普惠金融，要正确处理好政府与市场的关系，使市场在金融资源配置中发挥决定性作用，更好地发挥政府的作用。市场机制起决定作用，就是指要遵循价值规律、供求规律和竞争规律。政府的作用主要表现在统筹规划、制定政策规则、均衡布局、监督规划、政策等的执行。政府的引导作用也表现在某种政策扶持方面，而目的是为了各相关方的可持续发展，而不是相反。在此，重点讨论如何正确发挥政府的作用问题。

推动普惠金融发展，尤其是在扶持普惠金融中的低端客户，或称为金融扶弱和扶贫行动中，政府政策支持应有所调整，要突出重点。

1. 要转变理念和政策实践

就是要公平正义，要从选择性的对机构的政策支持转向功能性、普惠性政策的支持。当然扶弱扶贫的方式，不管是产业化企业、合作社或者是新型经营主体＋贫困农户或者直接到户，多种方式、多元化都可以。而且，应多用普惠金融，而非特惠金融的方法推动金融扶弱扶贫工作的有效率、可持续地开展。

2. 政策支持表现在搞好信用体系等金融基础设施建设

信用体系建设不是央行一家的事或者银监会的事，也不是纯粹金融机构一家的事，应该是正规金融机构和政府加上社会机构方方面面的共同协力来做的事。在保护消费者权益的基础上，保护客户隐私的前提下，能够实现把信息大数据共享的机制和信用体系比较完整的建起来，而且是动态的实时的，现在实际上很多是静止、非动态的。信息是不断在变动中。需要不断地更新才有实际作用，而这是要花力气的，所以普惠金融不好做也在这儿，不是说一次性的采集信息就能解决问题的。另外，金融基础设施建设还包括支付、金融教育和消费者权益保护等，在此就不一一赘述。

3. 以后在扶贫贷款上尽量少搞一些贴息免息，少担保，少风险补贴

不是绝对不可以做，但是要真正地精准到贫困户，而且还不能大面积、全面、长期地做。在目前阶段笔者认为可行，可能到 2020 年以后政府也愿意拿出一部分钱来，要延续原来的政策，但绝对不可能、也不应该是长期这样。而保险是农村金融或者金融帮助穷人的一个非常大的短板，可以财政拿点钱帮助搞农业保险效果比补贴贷款好。

4. 政府财政还可以做“劳动收入奖励制度”

西南财大的一个报告中提到国外的经验，包括他们自己在四川的经验，就是实行“劳动收入奖励制度”。劳动收入奖励制度是什么意思？贫困是很多原因、各种因素造成的，一味地救济也造成一些贫困群体的“等、靠、要”。因此，扶贫要与扶智和扶志结合，现在贫困群体很多问题是“智”和“志”不足，要鼓励贫困群体劳动，变“输血”为“造血”，对那些有劳动能力、不思进取、满足现状、等待政府救济的“等、靠、要”的人怎么办？就是要用财政奖励手段鼓励他们去劳动。劳动了，给他们以奖励，两者结合起来，这就是劳动收入奖励制度。在这方面有国际经验，国内也已经在试行，而且据西南财大的报告，试行效果不错。

笔者不主张拿太多的钱去补金融机构，这容易让金融机构和贫困群体产生道德风险。金融供给方认为反正是政府给我贴息、给我担保抵押了，穷人还不还没关系，最后由政府兜底。“八七”扶贫攻坚计划期间，几百个亿的扶贫贴息贷款，大部分是坏账。需求方好多人认为反正是政府的钱、银行的钱就可以不还，而且下面流传的很广的说法，“谁还钱谁是傻子，谁不还谁是英雄”。这种思想不教育不改变是不行的，而且如果农民贷款利率为零，本身就容易给人造成一个错觉，这是财政给的补助款。

不让借款人还利息，笔者认为不是好办法，应该将政策改为贫困户贷款需要还适当的利息。合理的还本付息，也是普惠金融的做法和要求。这样，既可以覆盖金融机构的经营成本，达到保本微利，对贫困群众来说又可以促使他们养成守信的观念，不能够就这么躺在国家或者政府的身上。

5. 政府政策的支持还应该表现在金融供给侧结构性改革，补充增加金融机构的组织结构类型

我国虽然机构类型形式已多样化，包括金融服务市场的形态、产品的多样化，某种程度上都有，但是笔者认为至少还缺两种机构。

一是我国缺少中国自己的穷人/平民银行，缺少在中西部贫困欠发达地区的穷人/平民银行。世界著名的孟加拉乡村银行（Grameen Bank，简称 GB）不是纯民营的银行，它起源于 1976 年尤努斯教授团队开展的民间试验的扶贫小额信贷项目，1983 年政府特许它成立穷人银行，而且初期是以政府股份为主成立的扶贫银行，实行免税政策。GB 在发展过程中培育穷人的自立意识，政府的股份已从最初占绝大部分比例降到现在只占 25%，其他的都是穷人（贫困妇女为主）逐步发展起来的股份。包括创始人尤努斯在内的员工团队没有任何股份，他们只是银行雇员，致力于培养穷人入股经营银行的能力。

GB 是穷人为主人的合作银行，是银行业中典型的“社会企业”。这就是政府良好政策的一种表现，也是政府财政资金投入的一种良性支持或者金融资金支持的一种好办法。政府前期投入的资金可以逐步退出来，还可以去做别的事，让穷人的能力建设起来自我可持续发展。专门服务于弱势群体的“穷人/平民银行”在中国至今没有诞生，我们认为不妥，因为我们是社会主义国家，讲公平正义，目标是帮助穷人共同富裕，我们应该并完全可以做好我们自己的“穷人/平民银行”。有人说，到 2020 年我国解决了贫困问题，就不需要“穷人/平民银行”了。我们认为这种看法不对，因为现在以及过了 2020 年后一段长时期，我国中西部，尤其是西部欠发达农村地区仍然有大量的徘徊在贫困线附近的次贫困群体，还会有一些返贫的人群，需要普惠金融的服务。

二是缺可持续的公益性小贷组织（或称为金融领域的社会企业）。政府应鼓励可持续的公益性小额信贷组织的发展。例如，中国扶贫基金会下属的中和农信这样的公益性/非营利性小贷机构，它已发展到250多个县，贷款余额60多亿元，有效客户40多万户，就是公益性且可持续的。它做到了保本微利和可持续发展，它的资本回报率才百分之一点儿，它也不需政府长期补贴，贷款不良率在1%上下，它从市场融资，但是至今没有适宜的法律身份。如果政策能给它扶贫再贷款，它还可以给穷人的贷款利率再降低，使穷人受益更大，它自身也能保本微利。中和农信这样的机构，笔者认为，如果政策允许，完全可能做成中国的GB式的“穷人/平民银行”。如果不做成“穷人/平民银行”，就做现在这样的公益性小贷机构，也挺好，它还在不断发展壮大，也在做金融创新，用互联网手段、大数据手段等等，不断地与时俱进。但是它和其他一些较优秀的公益性/非营利性小额信贷组织一样仍然没有法律地位，没有持有金融牌照。

类似的公益性小贷机构还有若干，曾经出现过二三百家，只是规模没有这么大。例如，宁夏盐池东方邦信惠民小额贷款公司现在大概是三四亿元贷款余额，重庆开县民丰互助合作会也是三四亿元的贷款余额。盐池的经验是自治区政府认同的，开县的经验是重庆市委市政府发文认可的。这些有益经验却难以借鉴推广到全国欠发达地区。重庆市政府鼓励在本市贫困县推动，现在也在复制借鉴一两个试点。商业银行不愿意或不屑做的这些金融服务，为什么不可以在一些公益小贷做得不错的地方和广大的贫困农村地区借鉴推广呢？例如，陕西有三个较好的公益性小贷组织，分别在西乡、蒲城、淳化县，这三个都是妇联的前主任负责管理运作，服务对象全是低收入妇女，机构资金艰难地依靠自筹，没有或很少拿到政府的财政支持，但是他们照样在任劳任怨地扶贫，而且扶的都很贫困的妇女，单笔贷款只有几千元到一万元人民币。贫困妇女在农信社借不到钱、在银行借不到钱，只能在这些机构借到贷款。在这些机构的支持下，穷人慢慢地发展起来。这些机构放的贷款余额现在大概是两三千万元，也做到了保本微利。像这类真正勤勤恳恳地干、默默无闻地帮助了很多的低收入贫困妇女的机构都已经存在了十几年了，却一直没有合法地位，至今没有制度性融资渠道，但是穷人贷款需求又极大。这些机构的工作人员很难办，甚至积劳成疾。这是很不合理、很不公平的。至今在宏观政策上没有真正致力鼓励这类组织的发展，笔者认为这是需要认真改善的。

6. 从金融供给侧改革调整金融机构结构的角度，我国还缺少帮助非存款类金融机构融资需求的批发基金机构

对于只能放贷不能吸储的小贷机构，孟加拉国有千百个，政府专门批准成立了一个叫作 PKSF 的批发基金为符合可持续发展条件的小贷机构融资服务。政府带头投入种子资金，鼓励本国和世界的各种资金的投入，进行市场化运作，保证放得出收得回。PKSF 从 2000 年建立起来到现在保持自负盈亏，自身保本微利，给那些合规的有可持续发展潜力的小贷组织批发贷款，如需要，还提供能力建设。小贷组织再给穷人贷款，穷人也获了利，这样形成多赢的局面，体现了政府政策的支持，这是正确的财税政策支持。

实际上有十几个国家有批发基金这类机构的，孟加拉国是最典型的专门针对扶贫的小贷机构服务，别的国家主要是针对传统银行不放贷的服务小微企业的零售小贷机构，用批发基金的办法，体现了政府政策的支持。我国至今还没有这样的批发基金，笔者认为我国完全可以也应该设立这样的机构。

7. 政府宏观政策支持上，金融供给侧改革金融机构结构的调整上，可以多发展规范的合作金融

在我国，合作金融也是短板。商业金融追求高利润的要求（资本逐利的本质）与金融扶贫的社会性、保本微利、非营利性的矛盾，这是制度性的矛盾，两者很难平衡，因为是两个不同的利益主体。规范的合作金融相比商业金融，具有明显的制度优势。鼓励发展合作金融是出路之一。

在贫困地区发展合作金融应该也可以大有作为。例如，四川巴中的同志说巴中太穷了，商业金融机构不愿意去。笔者认为，在这些地区解决问题的思路之一就应该大力发展合作金融，就是让农民组织起来，就像习近平主席当年在浙江工作时推动搞的“三位一体”的合作社，现在浙江正在大力推动。所谓三位一体，就是供销、生产、信用三位一体。可以单独搞资金互助，也可以融到“三位一体”的合作社里边去开展。这项工作做好了，广义上可以壮大集体经济，巩固党在基层的执政地位。从狭义的角度来说就是金融服务，农民自己解决自己的融资需求。因为它本身供求双方为同一主体，实行“自有、自管、自享”，风险也自担，没有供求两方不同利益主体的冲突。只要把这个基层合作社的工作做好，如内部资金不足，即使当地金融机构少一点，只要达到获得外部资金的业务标准，就可以进行外部融资，可以做到自己可持续发展。

另外，要达到可持续脱贫，除了上文讲的那些可持续以外，应体现在贫困群体自身有意愿有能力脱贫。对贫困户而言，现在做的扶贫脱贫工作很多是“帮我脱贫”，更应下大气力做的是使贫困群体变成“我要脱贫”。如果能做到这一点，就实现了脱贫工作的可持续，那时候有能力的贫困群体就不需要依靠外部去帮忙，他会主动地、积极地想办法搞创收、搞产业、谋发展。

政府政策的支持表现在特惠金融和普惠金融两个手段都要用，两者也是互相补充的，尤其在今天，特惠金融很重要。但是我们现在要着力探索的是，在特惠金融现有的经验基础上怎么来践行真正的普惠金融，为当前和 2020 年以后的扶贫金融和农村金融的发展，现在就要着手研究探索践行，这是我们的任务所在，这是我们长远可持续发展的战略考虑所在。要多发展合作性金融，发展社会企业类金融，像中和农信，宁夏盐池东方邦信惠民小贷、开县民丰互助会、陕西西乡县妇女协会等这样的机构要多发展。

三、中国农村普惠金融体系发展现状

（一）农村普惠金融的发展阶段

按照中国人民银行原副行长吴晓灵女士的观点，中国普惠金融发端于扶贫小额信贷，经历了四个发展阶段。第一阶段是 20 世纪 90 年代前半期，始于 1993 年中国社会科学院农村发展研究所引入孟加拉乡村银行小额信贷模式，在河北易县建立扶贫经济合作社，这是我国第一次引入小额信贷扶贫模式，开启了普惠金融发展的公益性小额信贷阶段。从 1997 年起，政府系统在“八七扶贫计划”中启动了扶贫贴息小额贷款活动。第二阶段自 20 世纪末至 2005 年。1999 年中国人民银行出台了《农村信用社小额信用贷款管理暂行办法》，提出采取“一次核定、随用随贷、余额控制、周转使用”的管理办法，开展基于农户信誉，无须抵押或担保的贷款，并建立农户贷款档案，农村小额信贷得以全面发展，普惠金融进入发展性微型金融阶段。第三阶段自 2005 年至 2011 年。2005 年中央“1 号文件”明确提出“有条件的地方，可以探索建立更加贴近农民和农村需要，由自然人或企业发起的小额信贷组织”。此后包括小额贷款公司等各类小额信贷组织和村镇银行迅速兴起，这是综合性普惠金融阶段。第四阶段自 2011 年至今，随着互联网金融的快速发展，新型互联网金融产品为广大群众提供了互联网支付、互联网借贷以及互联网理财等丰富多样的金融服务，普惠金融发展进入创新性互联网金融阶段。①

我们也提出过我国普惠金融类似的发展阶段：第一阶段是从 1993 年至 1996 年，主体是非正规金融系统的组织机构在运作。1997 年到 2005 年进入第二阶段，央行和正规金融机构也作为主体加入，而且正规金融机构从此成为普惠金融的主力军。2006 年至今是第三阶段，中央政府和有关部门开始倡导和推动普惠金融发展。如果把 2011 年后数字化金融的快速发展单独划分出来，也成为发展的四个阶段。

（二）近年农村普惠金融取得的成效

银保监会普惠金融部副主任冯燕认为，近几年农村普惠金融取得了明显成效。

一是乡镇一级银行物理网点和保险服务覆盖面逐步扩大。截至 2017 年末，我国银行业金融机构共有营业性网点 22.8 万个，银行业网点乡镇覆盖率达到 96%，多数的省份实现了“乡乡有机构”，农业保险乡村服务网点达到 36.4 万个，网点乡镇覆盖率达到了 95%，村级覆盖率超过了 50%。

二是城市社区和行政村基础金融服务覆盖面在不断地扩大。截至 2017 年末，全国共有 ATM 机 96 万台，POS 机 3119 万台，分别较 2013 年末增长 85% 和 193%，全国基础金融服务已经覆盖了 53 万个行政村，行政村基础金融服务覆盖率约为 96%，较 2013 年末上升了 13.6 个百分点。

三是小微企业贷款的可获得性不断提升。截至 2017 年末，银行业小微企业贷款余额达到了 30.74 万亿元，较 2013 年末增长了 73.1%，增长的幅度还是相当大的，为 1521 万户小微企业提供了金融服务，较 2013 年末增长了 21.7%，覆盖了全国约 20% 的小微企业。

四是“三农”领域金融支持力度不断加大，截至 2017 年末，银行业涉农贷款余额达到 30.95 万亿元，较 2013 年末增长了 48.2%，其中农户贷款余额 8.11 万亿

---

① 吴晓灵 “推动普惠金融事业发展 促进社会和谐进步”，杜晓山、刘文璞主编《从小额信贷到普惠金融——中国小额信贷发展二十五周年回顾与展望》序言，中国社会科学出版社 2018 年版。

元，较 2013 年末增长 6.5%。

五是扶贫小额信贷发展迅速。截至 2017 年末，扶贫小额信贷余额 2496.96 亿元，较上年增幅达到 50.57%，户均贷款 4.11 万。支持建档立卡贫困户 607.44 万户，占全国建档立卡贫困户的 25.81%，基本占到了 1/4。①

（三）农村普惠金融宏观制度的改革——农信社省级联社改革

农信社系统自 2003 年改革以来已取得的重大进展，全国农信社经营状况大幅改善，市场意识与竞争能力不断增强，在充分肯定省联社作用的前提下，也需要看到其行政化管理体制存在的问题与矛盾日益突出。下一步改革的重点是按照中共中央 2016 年、2017 年和 2018 年 1 号文件的部署（2016 年提出“开展省联社改革试点”；2017 年提出“抓紧研究制定省联社改革方案”；2018 年提出“推动农村信用社省联社改革”），开展农村信用社省联社改革试点。

我国国情是自然条件差异大、经济社会发展不均衡，政策要因地制宜。因此，各省的省联社改革模式也应有所不同。2007 年有研究提出“五大模式”，即联合银行、金融服务公司、金融持股公司、统一法人和完善省联社。近来，人们更多的关注集中在前三种模式。

不同的改革模式有不同的利弊得失，有不同的适用性。例如，“统一法人”模式适合城乡一体化高、管理半径小且经营良好的省份；“联合银行”适用于城乡二元结构明显、辖区内农信社发展水平比较高的省份；“省联社模式”适合经济欠发达、县级法人机构治理不完善、整体发展水平较低的省份。

“统一法人”模式现在少有提及。除了北京、上海、宁夏等城乡一体化较高、管理半径小且经营较良好的省份已完成“统一法人”模式，其他省区与上述条件不符，而且与中央提出的“稳定农信社县域法人地位”的要求往往相悖。某个省级“统一法人”农商行在贫困农村地区的存贷比极低，应该说在支农支小的方向和目标上衡量，是一个失败的例证。

近期河南省提出了组建省级农商联合银行为目标的改革方案。河南省农村信用

① 冯燕：“五措并举推进普惠金融再上新台阶”，人民网 http://mini.eastday.com/a/180805152527998.html，2018 年 8 月 5 日。

社联合社将着手以改制组建市县农商银行、推进省联社机构及产权制度改革为重点，构建“小法人 + 大平台 + 大服务”的整体框架，建成定位明确、产权清晰、治理完善、自主经营、功能完整的河南农商银行体系。在县域农商银行组建工作方面，截至 2017 年末，河南省 139 家法人机构中，98 家已完成改制，其余 41 家已达到组建标准，正在履行市场准入程序。省辖市农商银行组建工作也稳步推进，按照撤销市农信办，将市农信办与城区农信社整合组建省辖市农商银行的工作思路，积极推进城区农信社整合工作。截至 2017 年末，河南省已有 3 家省辖市农商银行挂牌开业，2 家农商银行获准筹建，其余 11 个省辖市已达到农商银行组建标准，正在履行市场准入程序。地市级农商行作为“牵头行”和“带头大哥”的角色，将协助省联社对县级农商行履行管理、指导、协调、服务职能，保持县级农商行自主经营，业务上实行市场化管理。地市级农商行成立后，从加强干部队伍建设、党的组织建设、纪检监察业务管理等方面，进一步理顺市级农商行党委和县级农商行党委的关系。作为这一改革思路的配套制度安排，计划由省政府建立省级政府性基金，作为河南农商联合银行股本金来源，且实施股权构成多元化，构建以资本为纽带、以股权为联结的新型治理关系。

（四）农村普惠金融中观层面的基础设施建设——成都市“农贷通”平台建设

2015 年 7 月中国人民银行、国家发改委等 5 部委和四川省人民政府联合制定印发的《成都市农村金融服务综合改革试点方案》及《试点实施意见》的要求，稳步深入推进农村金融改革。“农贷通”平台的建设就是这项改革试点的重要成果之一。有些省现在也在探索类似于成都市“农贷通”平台建设的工作，以推动农村普惠金融的发展。

“农贷通”平台的具体技术开发和维护是由成都市政府主导的成都金控公司旗下的成都金控征信公司担当，未来还会引入更多的主体参与到平台内容的丰富与价值挖掘上。当越来越多的主体与“农贷通”关联，就有可能促使农村金融与产业主体之间形成交易链和交易闭环，届时，各种基金、风投、股权投资、众筹、保险等主体都可能参与进来，财政资金的占比会越来越少。

“农贷通”平台是一个集普惠金融、财政金融政策、信用体系、产权交易、资金汇聚、现代服务为一体的融资综合服务平台。它将“信用信息数据库建设及征信服务”“财政金融支持政策及风险补偿”“融资对接及抵质押物的市场化处置”三部分共同构成成都市“农贷通”平台的三大重要支柱，或者说它具有三个核心要素，分别是信用信息数据库、产权交易系统、风险补偿机制。它已经成为成都市农村金融服务综合改革的重要基础性工程，又是一个各种农村金融创新的载体。这个平台有利于高效地实现点对点的对接，达到让信息多跑路，农户少跑路或不跑路的目的。通过政府的政策引导和与市场化的保险机制相结合，成都市正在摸索一条有效形成金融支农风险缓释机制的闭环路径。

“农贷通”平台有三个核心要素。一是信用信息数据库将各类信息进行整合，包括采集、更新管理、维护及征信服务等。信息主要包括来自政府掌握的基础信息，电商的交易信息等，借助村级金融服务站，针对辅助信息进行采集、管理，这些信息共同构成了信用体系的基础。二是建立完善的农村产权交易体系，致力于实现风险资产的市场化处置。成都市产权交易所在各个区县建立了分公司、子公司，可以接入“农贷通”平台，可延伸到村，丰富农村产权交易层次。三是风险补偿机制，成立成都收储公司，收储联盟，通过收储公司和借款人对接，出了风险，收储公司可以直接处置，收储后，可以进入市场进行交易。以上三个要素之间相互关联，构成了“农贷通”的基础。

“农贷通”平台的建成应用使工作痕迹清晰了，透明度进一步提高了。政府职能部门，能够从平台上实时掌握各个区县的业绩完成情况。金融监管部门，能够从总量和结构上及时掌握金融支农的动态情况。金融机构，能够从对资源整合的利用上及时获得优质服务，依靠政策和技术支撑，为在平台上主动筛选和储备客户提供了便利。借款人，能够从平台上实时了解和选择金融产品，并在提出贷款申请后看到审批流程进度，良好的用户体验进一步促进了农业经营主体和农户提高对平台的使用频率。

“农贷通”平台下沉到村级，计划在 2679 个村建立村级金融服务站，除了做“农贷通”，原有的助农取款也将得到功能的扩展。与此同时，“农贷通”将银行、保险、担保、政府等主体融合在平台上，各方的创新产品、服务均可以通过“农贷通”有效对接，让需求主体更便捷地获得信息和服务支持。目前村级金融服务站已经建立 2100 家，成都银行、成都农商行及其他银行已经通过“农贷通”发布其产品，产权交易信息也在“农贷通”上得到体现。3000 多户新型经营主体的情况也在通过“农贷通”平台发布出去，所有信息透明、便捷、高效，金融机构可以把这个系统作为获客的一个重要渠道。现在，一般的信用贷款发放时间从 5 天缩减到 3 天，抵押贷款时间缩短了 1/3。

目前“农贷通”平台建设还存在许多不足，比如信用信息如何更加简化适用；如何将资金的汇聚功能有机嵌入其中；政策引导和支撑怎样尽快实现向市场化的平稳过渡，即商业可持续发展；等等。在进一步优化完善“农贷通”平台的过程中，还有许多基础性工作需要跟上。

成都市把发展、规范和健全农村产权交易市场体系，作为建立和完善金融资源配置机制，实现引导存款类金融机构将更多的金融资源投向农业农村市场的关键。主要抓了以下工作：一是建立全市农村产权交易市场体系；二是升级改进农村产权交易系统，进一步优化交易程序，改善客户交易体验，将交易系统接入“农贷通”平台实现互联互通并延伸至村。三是规范农村产权交易市场管理，将市场参与主体，如土地流出方的农户、土地流入方的新型经营主体、接受抵（质）押资产的担保公司、收储公司、商业银行等纳入市场统一管理；另外，规范场内交易秩序，逐步减少直至杜绝场外交易，以更好地发挥市场公开、公平、公正的作用。四是加强与金融机构的合作，与金融机构签订全方位合作协议，为需要处置不良抵贷资产的银行提供相应服务。

农村产权交易市场从建立到规范完善需要经历一个长期的过程。比如产权价值评估的问题，成都辖内各级政府相继成立了不同的产业协会、联盟或专家库，由他们对各类不动产和动产制定出相对合理的指导价格，给市场提供参考。再如，引导成立了市县级收储公司、收储联盟等，增加市场化处置抵贷资产中的风险缓释层次，还可以提高农村产权交易市场与金融机构抵押融资创新产品的对接效率。

成都市农村产权交易市场的建设和发展时间不长，许多基础性的工作还有待进一步完善和加强：一是要尽快建立动产统一登记制度。二是农村产权交易市场要与金融更加紧密的结合。目前，在挂牌交易的产权品类中，很少有与金融服务直接对接的产权品种，另外，金融机构进入农村产权交易市场的参与面较窄；再比如产权交易市场与金融机构签订合作协议的家数偏少，缺乏互信与互惠。三是要尽快完善对市场参与主体的统一规范，因为这直接关系到产权市场效能作用的发挥。

（五）农村普惠金融微观层面产品和服务的进展——金融创新支农十大模式[①]

2017 年 9 月原农业部从农村金融组织创新、产品创新和服务创新角度，按照紧密贴合农民需求、覆盖区域广、信贷投放量大、风险防控机制合理等标准，评选出符合农业农村特点的十种金融服务模式，包括“政银担”“政银保”“银行贷款＋风险保障补偿金”“两权抵押贷款”“农村信用社小额信贷”“农产品价格指数保险”“农机金融（融资）租赁”“双基联动合作贷款”“互联网＋农村金融”“农业领域PPP”。

实际上，这些模式也是在中国普惠金融发展 20 多年过程中逐步探索形成的，对促进解决农业和农户贷款难、贷款贵、风险高等问题发挥了重要作用。不过，笔者认为，这其中的一些模式实际上是特惠金融手段。

1. “政银担”模式

“政银担”是指政府、银行、担保机构充分发挥各自优势，密切分工协作，政府扶持或直接出资设立担保公司，对符合条件的农业信贷项目予以担保，银行再发放贷款。该模式的创新点主要体现在：一是促进金融资本落地。将量大面广、额度小的农业信贷需求汇集起来，将银行与农户“一对多”的关系变成与担保公司的“一对一”，拉近了供求双方的距离，降低交易成本。二是充分发挥财政资金的杠杆作用。政府通过对担保公司的资本金注入，担保公司能够放大实现其净资产最高 15 倍的杠杆效应。三是农业信贷风险可控。将信贷风险从银行部分转移到了担保公司，分散了农业信贷风险，调动了金融机构的积极性。同时政府对政策性农业担保公司“政银担”模式给予持续的担保费用补助和风险代偿补助，确保了可持续运营。

2. “银行贷款＋风险补偿金”模式

“银行贷款＋风险补偿金”是指由财政资金建立风险补偿金，合作银行向新型农业经营主体提供无担保、无抵押、低成本、简便快捷的贷款，当出现不良贷款时，按约定程序和比例从财政风险补偿金中予以补偿。该模式的创新点主要体现在：一是弱化了对农民财产抵押物的要求，调动了银行积极性，有效提升了贷款可得性。

---

① 本部分详见“金融支农创新十大模式”，《农民日报》2017 年 11 月 2 日第 3 版。

二是发挥了财政资金“小钱撬大钱”的作用，可按照政府风险补偿金最高 10 倍的杠杆撬动银行贷款。

3. “政银保”模式

“政银保”是指保险公司为贷款主体提供保证保险，银行提供贷款，政府提供保费补贴、贴息补贴和风险补偿支持，通过财政、信贷、保险三轮驱动，共同扶持新型农业经营主体发展。该模式的创新点主要体现在：一是发挥了保证保险的增信作用。二是弱化了对抵质押物的要求，农民可以获得快捷优惠的贷款。三是实现了政府、银行、保险机构风险共担。

4. “两权抵押贷款”模式

“两权抵押贷款”是指农村承包土地的经营权抵押贷款和农民住房财产权抵押贷款。该模式的创新点主要体现在：一是赋予了“两权”抵押融资功能，创新了“两权”抵押贷款产品和服务，有利于盘活农村存量资产、提高农村土地资源利用效率、促进农村经济和农村金融发展。二是试点地区政府承担主体责任，有效推进农村承包土地经营权的确权登记颁证、农村产权流转交易平台搭建、集体建设用地基准地价制定、抵押物价值评估、抵押物处置等工作。三是注重保障农民合法权益，坚持不改变公有制性质、不突破耕地红线、不层层下达规模指标，用于抵押的承包土地没有权属争议，且不能超过农民承包土地的剩余年限。

5. “农村信用社小额信贷”模式

“农村信用社小额信贷”是指农村信用社以农户的信誉为基础，在核定的额度和期限内向农户发放的无须抵押、担保的贷款。该模式的创新点主要体现在：一是贷款受益者多为量大面广、贷款金额较小的普通农户。二是贷款主要靠信用，不需要抵押物。三是实行一次核定、余额控制、随用随贷、周转使用，期限灵活，手续简便。

6. “农产品价格指数保险”模式

“农产品价格指数保险”是对农业生产经营者因市场价格大幅波动、农产品价格低于目标价格造成的损失给予经济赔偿的一种产品模式创新。该模式的创新点主要体现在：一是将农产品生产的市场风险纳入农业保险保障范畴，拓宽了保险服务领域，促进了农业生产和农产品市场价格基本稳定，保障了农民利益，对当前农业生产自然风险保障形成了有益补充。二是通过探索推广农产品价格指数保险，可以逐步向收入保险过渡，有助于实现农业保险从保成本向保收入的转变。

7. “农机融资租赁”模式

“农机融资租赁”是指融资（金融）租赁公司以租赁综合服务商的角色将承租人、银行、经销商以及政府的各种资源实施链接和整合，承租人（农机大户、农机合作社）交纳一定的首付金（一般为总金额的30%）就可独立使用机械设备，剩余租金与利息分期偿付，全款付清后农机具所有权再转移到承租人。该模式的创新点主要体现在，让农民由“直接购买”变为“先租后买”，大幅度减轻一次性投入压力，缓解大型农机具购机难问题。

8. “双基联动合作贷款”模式

“双基联动合作贷款”是指基层银行业机构与农牧社区基层党组织发挥各自优势，加强合作，共同完成对农牧户和城镇居民的信用评级、贷款发放及贷款管理。该模式的创新点主要体现在：一是搭建了一个平台，即通过依托基层党组织，搭建为农牧户提供基础金融服务的新平台。二是发挥了双重优势，即发挥基层党组织的信息、组织、行政资源优势与基层银行乡镇机构的资金、技术和风险管理优势，促进优势对接和整合。三是实现了多方共赢，即通过“双基联动”，使基层党组织服务农牧民有了新抓手，银行开展基层金融服务有了新平台，农村基础金融服务有了新突破，实现了加强基层党组织建设、发展普惠金融、振兴农村经济、增加农民收入多方共赢。

9. “互联网 + 农村金融”模式

“互联网 + 农村金融”是指金融机构、产业资本等以互联网为载体，利用大数据、云计算、物联网等新技术，打破传统金融模式的时间、空间与成本约束，提升农户信贷可得性。该模式的创新点主要体现在：一是覆盖面广。互联网金融克服了传统金融机构展业成本高昂的弊端，投入成本少。二是门槛较低。互联网金融不需要农民的抵押物，农民省去了烦琐的贷款程序。三是快捷灵活。互联网金融可以使农民足不出户，只需要智能手机就可以选择办理相关金融业务，节省了大量时间。

10. “农业领域 PPP”模式

“农业领域 PPP”是指通过政府与社会资本合作，发挥财政杠杆作用，引导社会资本积极参与农业农村公共服务项目的投资、建设、运营。该模式的创新点主要体现在：一是开辟了农业投融资新渠道，政府通过投入小部分资金起到方向性、指导性作用，并提供制度、法律等配套政策保障，提升了社会资本投资农业的积极性和主动性。二是提升了政府投资效率，既发挥了财政资金“四两拨千斤”的作用，也发挥了市场机制的决定性作用，探索了农业领域投资项目长效利用的机制。三是实现了引资和引智相结合，将先进的管理理念、高效的市场机制引入农业领域，打破了农业传统思维限制，为我国农业产业发展注入新活力。

四、中国农村普惠金融发展中存在的主要问题

在 2018 年 8 月由人民日报全国党媒信息公共平台与国家金融与发展实验室联合主办的“首届中国普惠金融创新发展峰会”上，银保监会普惠金融部副主任冯燕认为：虽然中国普惠金融取得了一些成绩，但还是面临很多挑战，突出表现在五个方面：一是金融服务“有没有”的问题。目前金融资源的配置仍然不平衡、不充分，部分领域仍然没有解决金融服务“有没有”的问题。二是金融服务“好不好”的问题。金融服务在价格、服务效率、风险防控方面仍然质量不高，金融服务“好不好”的问题仍然没有得到有效的解决。三是商业可不可以持续。由于成本高、风险大，成本收益不对等，普惠金融发展商业可持续方面也面临着挑战。四是金融服务基础设施不配套。部分新型机构和新型业务也面临着监管法律缺失的问题。信月信息共享覆盖的范围、互联互通仍然不足，风险分担机制发挥作用还不充分。五是金融消费者的知识和素养难以适应快速发展的金融业态。①

银保监会普惠金融部主任李均锋认为：农村普惠金融的重点是解决农户的融资问题，难点是两头，即贫困户和新型农业经营主体的融资需求问题。从客户的需求看，农村地区的金融需求主要是生产经营性、消费性等，有龙头企业、专业合作社、家庭农场、种养大户，也有贫困户发展生产的需要。农村普惠金融发展中也遇到了一些困难和问题，即农村地区，特别是农户贷款，贷款难、贷款贵、贷款慢的现象依然存在。部分农村地区金融服务空白，服务不充分、竞争性不够。农村地区的金

---

① 银保监会冯燕：“五措并举推进普惠金融再上新台阶”，http：//finance. people. com. cn/n1/2018/0305/c1004－30209785. html，2018 年 8 月 5 日。

融基础设施建设和金融生态环境仍较差。[①]

笔者认为，当前我国普惠金融事业取得了显著成效，但总体来看仍处于初级阶段。经过各方共同努力，我国普惠金融已呈现出服务主体多元、服务覆盖面较广、移动互联网支付使用率较高的特点，人均持有银行（存款）账户数量、银行网点密度等基础金融服务水平已达到国际中上游水平，移动数字金融服务已走在世界前列。但同时，我们也应十分清醒地认识到我国普惠金融作为一个宏观、中观和微观组成的完整体系的发展上仍面临诸多问题与挑战。

这些问题和挑战主要表现为：对普惠金融的理解和认识差异大，没有形成共识；普惠金融服务城乡、地区、供给方类型和规模结构不平衡、不充分；金融服务，特别是贷款服务的覆盖率（广度）和渗透率（深度）还有较大差距，尤其是深度不足；农村金融改革发展仍是最薄弱环节；小微企业和弱势群体融资难、融资贵的问题突出；金融资源向经济发达地区、城市地区集中的特征明显；普惠金融微观、中观、宏观完整体系不健全；金融法律法规体系仍不完善；直接融资市场发展相对滞后；政策性和合作性金融机构功能未有效发挥；公益性小额信贷机构缺乏相应的法律地位和融资渠道；金融基础设施建设有待加强；普惠金融的商业可持续性有待提高；监管制度不健全和能力有差距；金融消费者合法权益保护和金融教育不足；数字普惠金融形势下的“数字鸿沟”问题凸现。尤其是对普惠金融服务对象的不同层级中的底端层级，即在贫困线附近徘徊的金融需求客户提供便捷、价格合理、有效的各种服务更是个难点。

五、推动中国农村普惠金融发展的若干建议和思考

为落实中央发展普惠金融和金融支持乡村振兴战略的要求，需要从顶层设计上着手，进一步研究和制定包括政策性、商业性、合作性金融和民间金融协调发展和相互配合的完整的战略规划、执行计划、实施措施和监督考核制度。同时，也应鼓励自下而上“摸着石头过河”的改革发展的实验。

---

① 李均锋：“农户小额信贷发展情况和主要做法”。见杜晓山、刘文璞主编《从小额信贷到普惠金融——中国小额信贷发展二十五周年回顾与展望》，中国社会科学出版社 2018 年版。

中国人民银行原副行长吴晓灵认为，推行普惠金融要从四个方面着手：一是理念更新，二是制度建设，三是技术进步，四是金融教育[①]。

首先是理念更新，让金融真正回归服务业，以客户为中心。普惠金融不是某类金融机构的事，也不是金融机构内某个部门的事，是金融业的整体理念——要以客户为中心提供方便、高质量的金融服务。

其次要完善金融业的制度建设。普惠金融的制度建设包括两个层次，一是多层次的机构建设和多层次的市场建设；二是市场机制与政府扶持机制的结合。

第三，普惠金融的推行会植根于信息技术的进步。以互联网为代表的信息技术的发展使得金融也有了服务于长尾客户的可能性。

第四，大力推进金融教育，提高水平公民金融素质。国内外的经验都表明，一个地区，乃至一个国家，公民的金融知识水平和信用文化状况等方面的金融素质，在很大程度上影响着金融业发展的深度和广度。

银保监会普惠金融部副主任冯燕认为，下一步我们将致力于以下五个方面普惠金融体系建设[②]。

一是优化供给体系。构建竞争性的普惠金融供给格局。要强化内部体制机制改革，打造适合普惠业务的专业化机制，激发银行业机构的内部改革红利。引导地方性金融机构进一步聚焦基层，回归本源。

二是创新产品服务体系。强化需求导向的产品服务创新，突出服务的适当性和需求的匹配性。用好数字普惠金融工具，降低获客、服务成本，提升目标客户精准识别、画像的准确度，完善风险管理体系。

三是强化政策环境支撑体系。加快推动相关领域的立法，补齐制度的短板。强化监管激励约束，完善差别化的考核评价机制。增强货币、财税政策的激励促进作用，推动各方形成政策合力。加快推进信用体系和信用平台建设，深化“银税互动”和“银商合作”。

四是健全风险防范和监管体系。强化金融机构风险防范的主体责任。完善普惠

---

① 吴晓灵：“推动普惠金融事业发展　促进社会和谐进步”，见杜晓山、刘文璞主编《从小额信贷到普惠金融——中国小额信贷发展二十五周年回顾与展望》序言，中国社会科学出版社，2018 年 10 月。

② 冯燕：“五措并举推进普惠金融再上新台阶”，http：//mini. eastday. com/a/180805152527998. html，2018 年 8 月 5 日。

金融监管工具箱，提升监管科技水平。加大中央和地方之间、监管部门之间的统筹协调力度。及时打击非法行为，运用监管利剑，纠正扰乱市场秩序的行为。

五是完善消费者教育保护体系。加强信息披露和市场透明度建设。强化融资主体的履约意识，打击逃废债、“老赖”现象，通过守信奖励和失信惩戒，培育良好信用环境。健全消费者权益保护制度办法。

笔者在国务院发展研究中心金融研究所编著的从 2014 到 2016 年三年的《中国农村金融发展报告》中已提出了不少我们的政策建议思考，主要包括：一是建立银行业金融机构的农村存款回流“三农”的机制；二是引导银行业金融机构继续支持农村小微企业和农户发展；三是一定要在总体上保证农村信用社县域法人地位和数量总体稳定；四是积极培育新型农村金融机构和小额贷款公司；五是出台支持鼓励公益性制度主义小额信贷组织发展的政策；六是培育发展多类型的农村合作金融；七是加强小微企业和农村各类经济经营主体的信贷担保体系建设；八是各级政府和部门形成合力支持监督小微金融发展；九是注意发挥直接融资、保险和金融科技对普惠金融发展的重要作用；十是对普惠金融发展水平构建起一套科学的评估指标体系；十一是努力改善农村信用环境；十二是加快解决金融数字鸿沟问题；十三是加快我国各项农村金融立法工作；等等。在此就不再赘述了。不过，笔者还想强调两个与上述建议相关又有所不同的政策思考。

1. 如何以普惠金融可持续发展的理念和要求惠及中低端客户群体

我国社会上普遍流行一种观点，农村金融服务薄弱主要原因之一是竞争不足，只要适当增加中小型金融机构和增加竞争，就可以缓解或解决农村中低端客户金融服务不足的问题。这么多年来的实践证明这种观点是有缺陷的，因为虽然农村已增加了不少小型商业银行和小贷公司，但由于它们的目标是追求商业利润，仍然追求盈利和做大避小，低端客户服务的问题始终不得解决。我国至今为止主要依赖政府财政补贴的特惠金融来做此项工作，而不是用普惠金融的理念和实践来为中低端群体服务。解决这个问题当然是一个系统工程，包括建立征信、支付、信息化，监管政策、货币政策、财税政策一系列措施和手段，但是在这里提两点笔者认为应该解决而现在可能不被那么重视的问题，如果以下两个问题能有所突破，可能农村中低端客户金融服务不足的问题将能有效缓解。

一是对带有社会企业性质的公益性或非营利性的金融组织和合作金融组织，应从政策上倡导、鼓励和规范发展。这两类可能是我们应该在供给侧结构性改革过程中要补上短板的重要环节。现在从政策上并没有看到在这方面有明显的作为和成效。

因为社会企业类组织，即合作性金融和非营利性金融组织的工作宗旨和目标不追求利润，而是保本微利和可持续地为社员的权益服务和中低收入农户提供金融服务，所以，从体制、制度和“道”（理念、信仰、情怀、价值观）的层面，相对于商业金融机构，他们开展普惠金融是有优势和特殊作用的。而一般商业金融在这方面是有缺陷的，所以笔者主张多元化发展。而我国在这方面的多元化没有实现。政府需要出台政策，鼓励和支持有“道”的人或机构更积极地参与到普惠金融的推动工作中来。

二是对商业性金融机构怎么解决支农支小问题呢？笔者认为解决的办法主要应该在政府政策，或者监管当局的政策法规上，要发挥“指挥棒”和风向标的作用，改变考评标准和办法。要明确指明，追求利润最大化的理论是有局限性的，不是理所当然的，这种理论只是美英经济学理论，不应该作为主流理论，同是西方发达经济体的德国就不认同这种理论。在实践上，应增加考核、监督、评价普惠金融所要求的覆盖率、可得性和满意度等问题的指标体系，监督跟踪体系、评价体系、奖惩体系。

如果能把现在这样以考核商业机构财务绩效为主的“指挥棒”改变成考核评价普惠金融所要求的覆盖率、可得性和满意度等要求，也可以说同时考核财务绩效和社会绩效的指标体系的“指挥棒”，商业机构也就不得不改变他们现在脱农、追求高利润、追求大项目、追求往城里发展的冲动。我们认为这是政策导向上的问题。现在对普惠金融和金融扶贫多是软指标，说的多做的少，理论道义亏欠多，只是倡导，实际考核上少有体现。而且现在监管部门说的应实行“尽职免责”制度，实际上在很多商业银行，包括大型商业银行，也没有不落实。

2. 认真注意解决数字普惠金融的“数字鸿沟”问题

在充分肯定我国当前金融科技在提高效率、降低成本、提升精准度等方面，对于普惠金融有重大推动作用的同时，要关注和解决现存的“数字鸿沟”问题。我国数字普惠金融的发展确实很快，但我们必须同时关注和缓解已有的，并且可能进一步扩大的“数字鸿沟”的问题。弱势群体缺乏数字技术的知识和技能，可能在金融数据化时代和主流社会的差距越来越大。目前，科技发展对普惠金融的贯彻有一定的局限性，包括数字鸿沟依然存在，在中国贫困和偏远的农村，依然有一群人并不拥有任何数字设备，哪怕是一部几百元的智能手机，而他们可能在强调数字金融的当下，被整体忽略。

在中西部农村，在中老年群体年龄段，数字化的程度低。缺少互联网宽带（一项大学调查西部若干省样本贫困户宽带入户率为零）、计算机设备，智能手机的普及率不充分，这是硬件方面的问题。从软件的角度，农民对数字化金融的认识、知识、技能、掌控，尤其是八九十年代以前出生的农村群体能否适应，仍有较大的差异。欠发达地区农村软件硬件设备不行，尤其是中西部贫困地区，这方面差得很远。

即使在东部地区的浙江，台州银行行长黄军民表示："从目前来看，互联网大数据并不能完全解决小微企业的风控问题，尤其在农村金融领域。农民对先进工具的使用能力相对较弱，我们把网点开到乡镇甚至村里去，上门教他们使用，普及金融知识，这个他们更能接受。而对纯线上的接受程度更弱。我们认为线下网点加线上系统工具，能更好满足农民的需求。"①

① 包慧："台州银行行长黄军民：大数据不能完全解决小微风控问题"，http：//www. 21jingji. com/2017/3 -21/0NMDEzODBfMTQwNDk0NQ_ 2. html，2017 年 3 月 21 日。

第 2 章

中国农村普惠金融服务创新的机制分析

中国农村金融服务的需求环境有其自身特点。中国作为发展中国家，在农村地区存在明显的发展不平衡现象，中低收入人群特别是贫困人口的生产经营能力相对较弱，在中西部地区尤其如此。推进脱贫攻坚是2020年之前的重点任务。在此背景下，农村金融服务一方面需要深入全面服务基层农户，尤其是弱势人群，合理控制金融服务的产品价格；另一方面要坚持市场化可持续原则，确保收益能覆盖成本和风险。信贷和保险服务是其中的关键领域。中国农村金融服务的具体要求表现为，一是农村信贷利率的可接受性。在其他发展中国家，农村信贷利率超过20%比较常见，但农民负担较重。在中国，农村信贷利率一般控制在2倍基准利率以内。此外，有些地方政府还按一定期限为农户补贴利息。二是覆盖的广泛性。围绕全面小康社会建设和脱贫攻坚任务要求，农村信贷、保险服务覆盖具有劳动生产能力或者稳定收入来源的各类农户，包括贫困户。与之同时，信贷管理按商业化原则。农村信贷和保险服务会得到各级政府和村级组织支持，有的会由政府为农户分担利息和保费，但政府并不对农村金融机构的经营亏损负责，而是要求自负盈亏。这是自20世纪80年代以来改革的基本方向。三是通过强化市场竞争，结合政府激励，推进金融服务向农村中低收入人群全面渗透。但中国农村资产的流通性弱、处置难度大，金融机构更多地基于农户的信用发放贷款。四是地方监管机构对各类新型农村金融服务组织发挥越来越大影响力。除了银行、保险等传统机构需接受中央机构监管，新型农村合作金融组织、融资担保、融资租赁等机构更受地方监管体制影响。

因此，中国农村普惠金融服务面临的难点问题有其特殊性，对服务创新提出了更高要求，需要在体制机制改革过程中更好把握相关基础条件。

一、传统农村金融服务模式面临的难点问题

当前农村普惠金融服务的关键任务在于通过市场化可持续方式，使中低收入人群得到价格合理的基本金融服务，尤其是信贷服务，同时还要保证风险可控。这实际上对中国农村普惠金融服务的成本管理和风险控制机制提出了特殊要求。传统农村金融服务模式面临的具体难点有以下几点。

（一）金融机构业务规模的两难

农村普惠金融服务的客户具有收入偏低、居住分散、生产经营和抗风险能力偏弱、财务信息不透明等特点，这些意味着农村普惠金融服务的业务收入偏低、成本和风险相对偏高。为此，需要贴近基层、经营灵活的金融机构为农户服务。其中，农业现代化和农村一二三产融合发展、乡村振兴需要金融机构提供综合、灵活、高效的服务。一方面，农村信贷等普惠金融服务需要贴近基层农户，决策灵活快捷，产品研发切合当地农村生产经营特点，这些是专业化中小金融机构的优势所在。另一方面，由于农村普惠金融服务机构面对中低收入农户，需要具有较强的抗风险能力和成本管理能力，这些需要以规模效应为基础，存在门槛效应，规模太小的机构无法有效分摊刚性成本，内部治理机制不健全，应对外部风险的能力也相对较弱。由此在传统经营模式下，银行面临规模上的两难。

大型银行机构具有规模效应优势，可以适应银行业务的电子化发展趋势，对科技设施进行大规模投资，从而改善服务能力和质量；雄厚的实力使之可以有效应对外部风险冲击。同时，大型银行的产品线更加丰富，有能力提供综合化服务，对农促客户具有更强的吸引力。总之，规模效应是大银行的显著优势。但大银行面临的挑战也很突出：一是大型银行由于组织管理层级较多，且决策链条较长，对市场需求差异及其变化的适应能力有限。例如，统一开发新产品意味着无法适应东中西地区的经济结构和发展基础差异；实行逐级审批则无法有效适应农户信贷资金需求急的特点。二是大型银行机构的人力成本高、农村基层网点少，在农村渗透普惠服务

的难度大，而且与农村客户接触少导致信息不对称问题更趋突出，面临的客户信用风险更大。在实践中，大银行拓展农村普惠金融服务面临的重要挑战是向农村基层拓展业务的成本以及不良率控制问题。

小银行立足农村布设网点，其优势在于同客户联系密切，熟悉当地产业情况，对于降低与客户之间的信息不对称有帮助，产品研发也具有更强的针对性；由于规模小，内部层级少，决策链条相对较短，对客户信贷需求可以作出更快捷反应，适应农村客户需求特点。同时，小银行可结合当地产业经济特点，通过完善内部组织结构和治理机制，提升专业化服务水平，包括提供增值服务，增强对客户的吸引力。因此，小银行的明显优势在于灵活性、专业性。但小银行面临的挑战也很突出。一是规模小意味着分摊刚性成本的余地有限。尤其是在信息化、智能化时代，对信息通信技术（Information Communication Technology）设备投资的压力与日俱增，存在门槛效应，而小银行投资能力有限。即使设法进行投资，其成本效率也无法与大银行相比。二是即使小银行健全完善风险内控机制和信用风险识别机制，面对市场风险的应对余地也很有限，在金融市场形势转变阶段会面临可持续性问题。在实践中，小银行平时面临的压力往往是资本回报率不高，在金融市场波动阶段则面临输入性风险导致的生存压力。

（二）普惠服务向底层渗透面临两难

在农村金融市场，中低收入人群尤其是弱势群体是传统金融服务的排斥对象。这种现象存在客观原因，即包括风险溢价在内，普惠金融服务的综合成本偏高。由于农村金融市场存在分层结构，低收入弱势群体处于市场的底层，这部分人群面临多重压力：一是生产经营能力偏弱导致收入偏低而且不稳定，抗风险能力弱，容易受外部的市场形势波动影响。在这种情况下农户有还款意愿而无还款能力。在传统信贷业务模式下，这类客户的信用风险偏高，也意味着相应信贷利率风险溢价偏高，但这类客户又往往因生产经营效益低下而缺乏对较高利率的承受能力。由此构成内生困境。二是第二还款来源不足。一方面农村产权流动性有限，处置变现难；另一方面农村中低收入人群尤其是弱势群体所拥有的不动产价值有限，难以达到银行的要求，这些导致传统业务模式面临很大障碍。

由此在传统模式下，农村普惠金融服务越往底层渗透，风控难度增大等问题越突出，但单笔业务收入反而降低，这意味着成本效率降低，拓展、巩固市场的难度增大。对金融机构而言，风控难度增大导致的信贷利率风险溢价上升意味着内在阻力增大。这是因为，中低收入农户所能接受的信贷利率难以达到银行机构的预期要求；由于信息不对称，逆向选择促使较高的信贷利率吸引高风险客户。在此情况下，银行通过提高信贷利率覆盖风险，结果是信贷资产规模缩小、质量变差；但不这样做又面临业务收入不足问题，导致资产收益率、资本回报率偏低，而相对偏高的不良资产核销比例则需要以更高的资产收益率为支撑。这些意味着通过传统业务模式拓展普惠金融服务面临内在障碍，对资本回报率敏感的股份制商业银行尤其如此。

如果不往底层渗透服务，则随着农村金融市场竞争格局逐步深化，依赖传统模式的中小银行面临较大的竞争压力，在利率市场化背景下意味着会被逐步挤出市场。从国际经验看，小银行由于缺乏足够的规模效应，在成本效率、市场定价等方面与大银行相比缺乏竞争优势，加上抗风险能力相对偏弱，长期可持续发展能力不如大银行。同时大银行自身也会因竞争加剧导致效益下降。从国际经验看，这种格局会导致基层服务网点以撤并等方式进行收缩。

因此，在传统模式下银行机构向农村市场底层渗透普惠服务面临内在障碍，但不向基层渗透也会面临市场竞争深化带来可持续性压力。这种两难格局意味着必须创新服务模式。

（三）新型机构监管的两难

农村普惠金融业务的成本和风险特点决定了需要更多具有组织化、专业化的具有自我服务机制的金融机构发挥作用，特别是信用合作组织。这是因为，传统农村金融服务模式面临的诸多两难问题，本质上是金融机构治理机制与农村中低收入人群生产经营活动特点的匹配程度不佳问题，包括农村普惠金融业务的资本回报水平与股份制金融机构的资本使用成本的不匹配。要降低农村普惠金融业务成本和风险，需要从降低金融机构的人工成本和信息不对称入手，同时还要兼顾规模效应和专业化综合服务能力，具有较强灵活性和针对性，包括降低资本使用成本。这些意味着需要推进金融机构治理机制创新，引入新技术工具和管理体制。

由此，对这些新型农村普惠金融服务组织监管的有效性面临挑战。原因在于，这类新型农村普惠金融服务组织单体规模小但量大面广，与当地经济社会文化联系密切，但又存在发展的不稳定性，只有依靠地方政府才能更好处置风险。因而从责权统一角度看，由地方政府监管这类组织是大势所趋。但无法回避的事实是，地方政府的金融监管机构长期缺位，新成立的金融办等监管机构缺乏监管资源和经验，与监管对象的不匹配问题仍然突出。例如，一个县往往有上百个行政村，按现有规定新型农村合作金融组织应在村域范围内经营，则仅靠县金融办有限的几个人对上百个信用合作组织进行专业监管极不现实。但经验证明不进行监管或者跨村跨镇大规模经营则意味着潜在金融风险。因此，地方政府的监管工作面临两难。由于防范系统性金融风险仍是优先任务，这种新型农村合作金融组织的发展空间必然受限。各类投资公司、融资担保公司、小额贷款公司、租赁公司等金融组织的监管也存在类似困境。

这种两难格局不仅要求进一步完善监管机制、提升监管有效性，也要求完善普惠金融服务的组织治理机制，从而促进两者更趋匹配。

二、深化农村金融服务创新的切入点

针对农村金融服务在向底层渗透过程中面临的诸多两难问题，需要以系统性风险有效防范为前提，围绕渗透服务、控制风险、降低成本，从规模化、综合化、专业化、智能化、一体化、灵活性这“五化一性”要求出发，通过创新构建有效的治理机制。具体而言，是要通过规模化降低成本、提高定价能力和抗风险能力；通过综合化围绕农户需求提供一揽子服务，包括跨行业、跨领域联合服务；通过专业化发展来开发切合底层农户需求特点的金融服务产品；通过智能化的信息化、大数据技术提高风控效能、拓展服务、降低成本；通过一体化发展促进农村金融的供需双方直接对接，降低信息不对称和金融机构的业务成本，降低对资本占用程度和资本使用成本；通过增强灵活性提高服务效率，拓展服务覆盖深度和广度。为此，需要推进农村普惠金融服务的科技化、联合化和协同化。

（一）科技支持

以智能化为核心，围绕降成本、控风险、提服务、促研发，可通过深度推进金融科技在普惠金融领域的应用，提高向底层渗透金融服务的有效性。具体表现为以下几点。

（1）降低成本。通过计算机处理替代人工的柜台服务、信息采集等环节，可以在显著提高效率、提升服务能力的同时，显著降低人工成本。从国际经验看，这种趋势具有普遍性、必然性，并推动银行机构农村基层网点整合。随着全球第四次技术革命深入推进，新技术对金融服务形态的创新和改造还会持续发展，有助于进一步降低普惠金融服务的交易成本。

（2）控制风险。信息不对称是金融业务的重要风险来源，普惠金融业务客户处于市场中下层，信息不对称问题更为突出。降低信息不对称的传统方式是通过现场收集生产经营数据重建财务报表、收集客户“软信息”进行交叉检验，但这些都需要投入大量人力，成本较高。通过引入数字化、智能化，一方面可以将计算机模型引入客户信用评估环节，提高准确性；另一方面可以通过互联网技术高效率采集、处理更多的客户信用相关信息，例如引入社会管理、公共服务等客户信用相关信息，更加深入细致分析客户的还款能力和意愿。这对于提高金融机构风控的专业化、智能化、灵活性都具有直接促进作用。这些在国内已有成功探索。

（3）拓展服务覆盖面。普惠金融服务的目的是解决金融服务的排斥问题。排斥的原因与金融服务的地理、评估、条件、价格、营销以及客户的认识等有关。通过引入科技手段，可以借助电脑、手机等信息终端缓解地理排斥；借助计算机模型对客户信用相关信息进行更准确评估，提高甄别客户还款能力、还款意愿的能力，从而缓解评估排斥问题；借助信息化工具，可以在普惠金融服务产品推广、客户金融知识教育等方面提高实际成效。因此，新技术对于缓解金融服务排斥有直接促进作用，能有效拓展普惠金融服务的覆盖面。不少基层银行机构已有成功经验。

（4）产品服务创新。农村普惠金融服务的机制和模式都与传统立足于城市的金融服务有根本不同。例如，客户缺乏有效第二还款来源、单笔业务偏小、客户抗风险能力弱等等，这些意味着需要结合当地经济社会文化基础，研发有针对性的普惠金融服务产品，妥善解决其中的诸多难点问题，实质是要建立基于客户还款能力基础的高效率金融服务模式。科技支撑是新产品研发的关键条件，对于增强服务综合化、智能化、灵活性等方面有重要促进作用。例如，借助信息化平台，金融机构可以为信贷客户提供产品销售等方面的增值服务，开展营销、教育、咨询等活动，并针对不同类型客户拓展普惠金融服务的产品线，提供在线即时服务等。

从客户需求看，科技工具对于改善普惠金融服务的潜力还有待进一步发挥；而科技发展的日新月异，则为未来改进金融服务提供了日趋完善的条件，有助于促进普惠金融服务加快向底层渗透。

（二）同类联合

无论是从兼顾规模化与灵活性、兼顾地方监管能力与机构数量角度，还是从促进一体化发展导向，促进普惠金融服务的联合化发展都是不可回避的发展方向。具体包括三方面含义，一是信贷需求方的联合，组织专业生产合作社。二是资金供给方联合，组织新型农村合作金融组织。这两种组织都存在组织再联合的空间。三是供给方与需求方的联合，例如组建生产、信用、供销三位一体的合作组织。其意义在于以下三点。

（1）解决监管众多基层小法人难题。通过信用合作组织小法人的组织联合，形成多层法人的组织结构，可以在此基础上形成体系内的专业化审计监督机制和综合服务机制，从形成政府监管合作体系上级机构为主，合作体系内部实行自律监管的治理机制。这种模式从国内外实践看，是普遍有效的，也是必要的。

（2）解决风控问题。信息不对称的根本原因在于资金供需双方之间利益分歧，需求方存在隐瞒不利信息的道德风险，股份制银行很难根除这一问题的经济动因。而合作组织的股东即客户、小组互保等机制有助于从根本上解决这一内在矛盾，从而突破普惠金融服务向底层渗透的两难问题。

（3）解决组织规模的两难问题。为了兼顾规模效应和普惠金融服务灵活性、专业性，可以通过组织联合，一方面保持小型农村金融组织法人灵活性、专业性，另一方面通过组织联合与再联合形成体系规模效应，从而共同分担改进服务所需的刚性投资成本，例如信息化建设、营销、培训、研发等等，并通过内部的交叉补贴和流动性支持、审计监督，增强抗风险能力。通过这种整合机制，形成独特市场竞争优势。

需要着重指出的是，普惠金融服务的对象是中低收入人群，尤其是弱势群体；普惠金融服务知易行难，实质是由于存在市场失灵，因而不能完全寄希望于通过促进市场竞争来解决全部问题，而是要全面考虑资本成本、组织治理等方面因素，促进市场竞争、金融机构组织治理机制创新、服务创新、技术创新等多管齐下。合作组织在资本使用成本、规模化发展、风险配置等方面具有不同于股份制金融机构的独特优势，已经过近两百年的实践检验，证明可以在农村普惠金融服务中发挥主力作用。因而在未来创新过程中应予以充分重视。

（三）跨界协同

从发展趋势看，随着农业产业化和农村一二三产融合发展，“三农”服务产业链在逐步整合拓展。这种趋势一方面表现为农村金融服务供给侧的跨行业协同，如金融行业之间、金融与农业生产销售服务行业之间合作；另一方面表现为需求侧的跨界合作，除了生产与供销的整合，还表现为沿产业链上下游的整合、大企业与合作社及农户的分工。

这种趋势具有以下特点：一是金融服务表现为客户共享、服务流程相互衔接、通过优势互补管理风险。例如，保险与信贷机构、期货经营机构之间的合作。二是通过金融机构与生产销售服务机构合作，为农户提供从融资到农资采购、农产品销售的一条龙综合化服务。三是农产品生产经营主体逐步向加工、贸易等高增值领域拓展，并拓展旅游、休闲、度假等消费服务，意味着农村产业的产品线发生本质变化。四是农业合作组织在中央推动下迅速发展，成为推进扶贫攻坚和农村全面小康社会建设的重要依托，在三农服务的协同化发展过程中发挥整合功能。

顺应这一趋势，在此基础上推进普惠金融服务创新可以解决以下问题：一是形成金融服务的规模效应，提高成本效率，降低信用风险。例如，需求侧的跨界协同可以改变单笔业务规模偏小格局。通过为产业链的上下游客户提供金融服务，可以有效拓展服务范围。二是提高客户的抗风险能力和信用等级。促进客户之间建立整合机制，基于业务关联促进利益分享和风险分担，包括相应的增信机制，能有效降低金融机构面临的信用风险。三是有助于为客户提供综合化服务。不同行业金融机构的协同服务，以及金融机构与农业生产销售服务组织的协同服务，可以促进服务供给侧的综合化水平，为农户提供一揽子的服务，在提高服务效率的同时，降低农户的交易成本。

总体看，由于协同机制通过实现资源共享、流程优化，从而降低交易成本，优化整体服务效能，可以形成整体竞争优势，是大势所趋。从国内外发展趋势和实践看，这种协同既发生在金融集团体系内部的各专业机构之间，如保险、信贷、期货经营机构之间的服务整合，具有内部化交易优势；也发生在不同利益主体间，通过跨界业务合作服务共同客户，从而优化风险管理机制，拓展增值服务范围。

三、当前农村金融服务创新需要注意的前提条件

过去几年以来，我国农村金融服务创新活动方兴未艾。在政策鼓励和推动下，各类金融机构积极探索推进普惠金融服务的有效方式。但不容回避的事实是，在探索中也遇到诸多现实挑战和障碍，尤其是普惠金融服务在向底层渗透过程中遇到的风控问题尤为突出。客观分析这类问题，实际情况表明农村金融服务创新需要具备一些前提条件，否则普惠服务创新也必然难以持续推进。

（一）监管的有效性

由于金融服务具有外部性，尤其是农村存贷业务涉及广大农村储户利益。在缺乏有效监管的情况下，道德风险不可能得到有效控制，信用风险、操作风险与市场风险叠加，必然导致储户利益受到严重侵害。从另一个角度看，在监管能力不足情况下，为防范农村系统性金融风险，必然会对金融业务创新实行严格管理。针对规模化发展的降成本、防风险两难问题，在无法有效控制风险的情况下，则必然会严格限制规模。因此，金融服务创新有效推进的前提是监管的有效性得到保障。为此，需要具体满足以下几方面条件。

（1）监管机制的针对性。由于农村普惠金融服务的监管对象中存在大量小型金融组织，包括新型合作金融组织。对这类组织的监管机制必须考虑监管成本、对象数量，有效走出一管就死、不管就乱的循环。因此，不能用监管股份制金融机构的机制去监管新型合作金融组织，而是要充分健全发挥合作金融组织的自律功能，建立体系内专业化审计机制和并表管理制度，在此基础上实行外部的政府监管。

（2）监管资源的匹配性。我国新型合作金融组织数量众多，如果监管责任再逐级下放，则县级金融办的监管资源、监管能力很难与其责任相匹配。提高监管效能的基础在于省内监管资源的有效整合协同，避免监管资源碎片化，纵向垂直的监管资源整合协同是关键。

（3）监管覆盖的有效性。有效的金融监管必须以减少监管空白和灰色地带为前

提，实现全面覆盖。当前参与农村金融服务创新的主体众多，但县级金融办的监管资源和能力有限，诸多投资公司等农村金融服务组织游离地方政府专业监管视野，等到风险引发则巨大损失已经不可挽回，后续风险处置消耗大量公共资源。从未来看，涉及公众利益、具有负外部性的金融服务组织必须纳入政府监管。

（二）经营的专业化

在农村金融市场需要大量小型金融组织提供服务，但这类机构经营成本相对偏高，为提高议价能力，需要以提升专业化服务能力。这是可持续发展的基础。从信用风险防控角度，其源头在于客户生产经营风险，促进客户生产经营专业化也是提升市场竞争力的基础。因此既需要提升金融服务专业化水平，也需要促进客户生产经营活动的专业化，例如一些农村金融机构推动农村客户组建专业生产与销售合作社，并提供生产技术和销售渠道支持。总体看，只有低收入农户生产经营能力逐步得到提升，普惠金融服务才具有可持续向好发展的基础，而专业化发展是重要途径，包括农户的专业能力建设。具体需要做好以下基础工作。

（1）金融产品的专业化。随着参与农村普惠金融服务的组织机构增多，各类服务主体探索多种服务途径和模式，但无论探索何种模式，都必须以提升专业化服务能力为基础。这是提高服务质量、增强市场竞争力的基础，也是可持续发展的保障。

（2）风险内控的专业化。新型金融服务组织面临的重要挑战是如何建立完善风险内控机制。金融组织的规模越小，风险内控制度越难健全。在风险内控制度不健全情况下，农村普惠金融服务组织的发展缺乏可持续性是必然结果。为此，需要结合组织联合、信息科技等途径，建立起有效的专业化风险内控制度。例如，在联合体内部设立专职的内部审计组织、对业务操作实行计算机动态监测分析等。

（3）增值服务的专业化。农户生产经营活动需要技术、金融、销售等一揽子服务，金融服务还涉及信贷、保险领域。农户除了需要提供信贷、保险、期货等一揽子服务，还需要提供农产品的技术、销售支持。这些是金融机构增值服务的重要领域，既是增强对农户吸引力的基础，也是通过改善农户生产经营降低信用风险的必要基础。提升这类增值服务效能需要以强化专业性为基础，包括相关的专业人才引入、专业机构合作。从国际经验趋势看，这是涉农金融机构规模发展到一定程度之后的客观要求，在合作金融组织体系中较多见，在国内也有成功的案例。

（三）信息的对称性

不有效降低信息不对称程度，农村金融服务的风控问题很难得到根本缓解，仅靠提高信贷利率来覆盖风险不是长久之计。原因在于这会导致逆向选择，吸引高风险客户，最终导致金融机构自身难以为继，而高利率也导致农户的生产经营难以为继。降低信息不对称需要重点做好三方面基础工作。

（1）围绕控制信用风险，降低金融机构与客户之间的信息不对称。无论采取科技手段还是改进管理技术，乃至完善组织治理机制，都必须以降低信息不对称为导向。

（2）围绕控制操作风险，降低内部委托代理机制中的信息不对称。一方面，要针对基层一线，完善监督和惩罚制度，提高违规操作的难度和成本；另一方面，要针对各级管理人员健全外部的独立审计制度，审计结果与责任追究严格挂钩。

（3）围绕提高服务效率，促进金融机构与相关农村服务组织之间信息共享。例如，围绕促进服务协同，通过共享农户生产经营信息，降低彼此信息采集成本，并提高服务的针对性、有效性。金融服务组织、地方政府、涉农服务组织等机构之间存在很大的合作空间。相关实践探索也表明是行之有效的。

（四）规模的门槛要求

从市场竞争看，规模效应与金融机构长期可持续性相关，存在一定的门槛。未达到一定规模的金融机构面临较大生存压力，即使在市场形势较好阶段，资本回报水平也明显低于大中型金融机构。即使是合作金融机构，规模太小也会无法有效控制成本和风险。从实践看，固然可以通过组织联合等途径形成规模效应。但首先需要重视规模的门槛，即什么样的规模是可持续发展的基础条件？为此，需要考虑以下几方面因素。

（1）支撑关键服务。无论采取什么样的治理机制和组织结构，都必须使刚性成本得到有效分摊，以形成必要的产品线，提供关键服务，与农户的需求相匹配。

（2）应对市场风险和外部竞争压力。金融机构的规模越小，应对市场风险和外部竞争压力的余地也越小。金融机构的基础规模应具备一定的内部交叉补贴、风险分散和对冲余地。

（3）有效的内部治理。金融机构的规模应支持内部审计监督机制，建立必要的风险内控制度，使操作风险得到有效防控。

因此，对于规模偏小的农村金融服务机构，通过组织联合兼顾灵活性和规模，是值得重视的探索方向。从诸多实践看也是有效的。

（五）客户的忠诚度

从长期视角看，农村金融机构的可持续发展必须建立在服务对象的良好发展基础上，这种互惠共生机制是关键，而客户忠诚度则是金融机构需要考虑的关键问题。换而言之，金融机构需要保持对客户的持久吸引力。否则，客户在成长后另攀高枝意味着金融机构流失优质客户，这对于改善资产配置结构极为不利，也不利于可持续发展。同时，为形成必要的规模效应，也需要一批忠实稳定客户。从国际经验看，需要重视以下几方面工作。

（1）让客户获得切实利益。面对相对固定的客户群体，让客户获得切实利益，远比营销宣传有效得多。这是培养客户忠诚度的基础条件。为此，需要从长计议对金融服务产品进行定价，增强产品吸引力。

（2）形成与客户共生发展的模式。围绕促进客户成长发展，联合相关领域的服务机构，强化互补性，全面提供增值服务，促进客户持续发展壮大。在客户的成长过程中实现自身的可持续发展。

（3）建立与客户日常联系的交流紧密机制。这不仅是降低信息不对称的需要，更是通过密切交流建立与客户互信的基础，以有效培养客户对金融机构的信赖感。这对于金融机构扎根当地、渗透底层，具有关键意义。根深则叶茂，这是可持续发展壮大的根本基础。

第3章

中国农村经济形势及政策趋势

资金是经济活动的基本要素之一，农村经济社会的发展离不开金融。近年来，随着我国农村金融体制改革不断深入，农村金融供给不断增加，为满足农村金融需求、促进农村经济社会发展发挥了不可替代的作用。随着农村经济社会的发展以及农业农村现代化进程的推进，未来农业农村的金融需求还将持续扩大，农村金融业需要不断挖掘潜能，进一步深化改革，改善供给体系，增强供给能力，以适应农业农村现代化发展的需要。本章主要从发展的角度描述2017年我国农业和农村经济的发展形势，分析2017年国家采取的相关涉农政策措施，最后对2018年农业农村经济的发展趋势做了粗略判断。

一、2017年中国农业发展状况

2017年，党中央、国务院坚持新发展理念，以推进农业供给侧结构性改革为主线，加快培育农业农村发展新动能，农业农村经济发展面临着有利的政策环境。全年第一产业增加值65468亿元，比上年增长3.9%，占国内生产总值的7.9%，比上年下降0.7个百分点。但农业的基础性地位进一步巩固，农业生产保持了稳步发展势头，农业供给侧结构性改革取得明显成效，农业供给体系质量逐步提高，农业转型升级加快，在结构优化、绿色发展和创新驱动等方面均取得了长足进步，农业农村经济实现了稳中向好，为经济社会发展全局提供了有力支撑。

（一）主要农产品生产稳定发展

2017 年，国家进一步加大农业投入，加上农业科技不断进步，气候相对适宜，自然灾害总体偏轻，为农业生产创造了有利条件，主要农产品产量实现了稳步增长。

（1）粮食生产再获丰收。2017 年，在农业结构调整继续深化，粮食面积有所调减的情况下，全国粮食产量仍然有所增加。据国家统计局数据，全年粮食产量 66161 万吨（国家统计局统一调整后数据，下同），比上年增加 117 万吨，为历史第二高产年，连续第 5 年产量超过 60000 万吨。全国粮食平均单产每公顷 5607 千克，比上年提高 68 千克，创历史新高。其中，夏粮 14177 万吨，增产 0.8%；早稻 2988 万吨，减产 3.7%；秋粮 48996 万吨，增产 0.3%。全年谷物产量 61521 万吨，比上年略减 0.2%。其中，稻谷 21268 万吨，增产 0.7%；小麦 13433 万吨，增产 0.8%；玉米 25907 万吨，减产 1.7%。

（2）经济作物稳定发展。2017 年，棉花产量自 2012 年以来首次恢复性增加，总产达到 565 万吨，比上年增产 5.8%；油料 3475 万吨，增产 2.2%；糖料产量自 2013 年以来首次恢复性增加，总产达到 11379 万吨，增产 1.8%。全年蔬菜产量 6.9 亿吨，增产 2.6%；水果 2.52 亿吨，增产 3.4%；茶叶 246 万吨，增产 6.4%。果菜茶结构不断优化，质量效益明显提升。

（3）畜牧业生产保持稳定。2017 年，全国肉类总产量 8654 万吨，同比增长 0.3%。其中，猪肉产量 5452 万吨，增长 0.5%；牛肉产量 635 万吨，增长 2.9%；羊肉产量 471 万吨，增长 2.4%。禽蛋产量 3096 万吨，下降 2.0%；牛奶产量 3039 万吨，下降 0.8%。从养殖效益看，处于全面盈利状态，部分产品养殖效益有所下降。据农业农村部数据，2017 年，全国平均出栏一头商品肥猪盈利 170 元，同比减少 230 元左右；平均每只产蛋鸡全年养殖收益 3.1 元，同比减少 9.2 元；平均出栏一只肉鸡盈利 1.3 元，同比减少 0.4 元；平均出栏一头 450 千克的肉牛盈利 2057 元，同比增加 157 元；出栏一只 45 千克绵羊盈利 269 元，同比增加 129 元；出栏一只 30 千克山羊盈利 306 元，同比增加 26 元；平均每头产奶牛全年养殖收益 2720 元，同比增加 625 元。

（4）渔业生产稳步发展，水产品产量持续增长。2017 年，水产品总产量 6445 万吨，同比增长 1.0%。其中，海水产量 3322 万吨，增长 0.6%，淡水产品产量

3124 万吨，增长 1.5%。水产品总产量中，养殖产量 4906 万吨，增长 2.35%。其中海水养殖 2001 万吨，增长 4.5%。淡水养殖 2905.29 万吨，增长 0.9%。国内捕捞产量 1331 万吨，下降 4.1%。其中，海洋捕捞 1112 万吨，下降 6.3%。淡水捕捞 218 万吨，下降 9.0%。远洋渔业 209 万吨，增长 5.0%。

（二）农业生产结构调整取得新进展

2017 年，中央深入推进农业生产结构调整，充分发挥市场导向作用，农产品结构得到进一步优化。

（1）种植业结构调整取得新进展。无效供给减少，有效供给增加，优质高效供给拓展。2017 年，国内库存压力较大的籽粒玉米面积继续调减 132 万公顷，市场相对紧缺的大豆面积增加 58 万公顷，杂粮杂豆增加约 40 万公顷。青贮玉米和优质饲草增加 30 多万公顷，马铃薯增加约 13 万公顷。粮改饲面积超过 67 万公顷，比上年增加 26 万多公顷。有区域特色的杂粮杂豆，风味独特的小宗油料等不断发展。优质强筋弱筋小麦面积比例占 27.5%，比上年提高 2.8 个百分点。优质稻、加工专用稻面积比例超过 80%，比上年提高 1.5 个百分点。华北地下水超采区、西南小麦条锈病菌源区、江淮赤霉病易发区调减小麦面积 30 多万公顷。

（2）畜牧业生产方式加快转变。全国畜禽养殖规模化率达到 58%，同比提高 2 个百分点，规模养殖逐步成为肉蛋奶生产供应主体。规模化发展促进畜禽生产效率提升，奶牛平均单产达到 6.8 吨，同比提高 7.1%，平均每头母猪年提供猪肉量同比提高 4%。产业化龙头企业不断壮大，乳品企业 20 强市场占有率超过 55%，35 家百万吨级饲料企业的产量占比达到 62%。现代畜禽种业基础进一步夯实，其中国产高产蛋鸡市场占有率提高到 40%。

（3）渔业转型升级加快。水产品产量“减量”成效明显，国内水产品捕捞产量持续下降，对渔业资源的养护作用不断加强。养殖水域限养区、禁养区逐步划定，水产健康养殖示范创建深入开展，以深水抗风浪网箱为重点的水产养殖基础设施改造持续推进，中央财政支持浙江、山东、福建、海南等 8 省市推广深水抗风浪养殖网箱 1800 只，调减近海过密的网箱养殖，海水养殖生产布局得到优化。

（三）农业绿色发展成为亮点

随着我国发展方式的转变，绿色环保迅速成为国民经济发展的新趋向，农业绿色发展也已成为农业发展的新亮点，绿色发展对农业的引领作用日益凸显。

（1）节水农业加快发展。品种节水、结构节水、农艺节水、工程节水和制度节水等多种节水方式逐步推广，水资源利用效率得到提高。2017 年，农业农村部在华北、西北地区大面积推广耐旱小麦、薯类、杂粮等，其中小麦节水品种推广面积达到 267 万公顷，比上年增加 130 多万公顷。建设 11 个高标准节水农业示范区，集中示范展示膜下滴灌、集雨补灌和喷滴灌三大模式 1300 公顷，带动大面积推广。地膜覆盖、膜下滴灌、抗旱抗逆等旱作农业技术在西北、华北 8 省（区）得到推广。国家在河北地下水超采区开展季节性休耕试点，年压采地下水 3.6 亿立方米。2017 年，农业用水量占全社会用水总量的比重下降至 62.4%，农田灌溉水有效利用系数达到 0.536。

（2）农业资源养护不断加强。2017 年，完成 10333 万公顷永久基本农田划定，确定了水稻、小麦、玉米生产功能区和大豆生产保护区。实施耕地质量行动，在 300 个县，建设 40 万公顷示范区，集成推广土壤改良、地力培肥、治理修复综合技术。开展东北黑土地保护利用试点，建立 400 多个黑土地保护核心示范区，建设 183 个黑土地耕地质量长期定位监测点。开展第三方评估，17 个试点县项目区耕地质量等级平均达到 3 等，比项目实施前提高 0.88 个等级，土壤有机质含量平均达到 3.27%，提高 0.4 个百分点。实行耕地轮作休耕制度，其中在东北地区开展轮作试点 100 万公顷。在河北地下水漏斗区、湖南重金属污染区、西南西北生态严重退化地区开展休耕试点 210.67 千公顷，试点地区地力养护机制初步形成，生态效益初步显现。草原生态保护补助奖励政策和草原保护建设重大生态工程效应继续显现，草原植被逐步恢复，草原生态环境明显改善。农业农村部监测结果显示，2017 年全国草原综合植被盖度达 55.3%，较上年提高 0.7 个百分点；全国天然草原鲜草总产量 106491.18 万吨，较上年增加 2.53%；折合干草约 32841.93 万吨，载畜能力约为 25814.22 万羊单位，均较上年增加 2.54%。水生生物资源养护制度进一步完善并贯彻落实，渔业资源养护效果明显，休渔期间渔业资源数量明显增加、渔业资源结构明显改善、资源补充能力明显提高，渔场生态环境得到短暂休养生息。

（3）农业投入品减量取得初步成效。2017 年，国家实施果菜茶有机肥替代化肥行动，在优势产区选择 100 个既是果菜茶生产大县，又是畜牧养殖大县的示范区（市），开展果菜茶有机肥替代化肥试点，100 个示范县（市）减少的化肥用量，相当于减少氮磷流失 0.3 万吨（折纯）。深入实施“到 2020 年化肥使用量零增长行动”和“到 2020 年农药使用量零增长行动”，2017 年主要农作物病虫绿色防控覆盖率达到 27.2%，比上年提高 2 个百分点；生物农药应用比例超过 10%，提高 1.5 个百分点。2017 年化肥农药用量呈现负增长，三大粮食作物化肥利用率 37.8%，比 2015 年提高 2.6 个百分点，农药利用率 38.8%，提高 2.2 个百分点。

（4）养殖污染防治得到加强。国家大力推广循环水养殖、大水面养殖和综合种养等生态健康养殖模式，开展水产健康养殖示范创建活动，创建了 19 个水产健康养殖示范县、750 个水产健康养殖示范场。渔业治污节能减排深入推进，洞庭湖区畜禽水产养殖污染治理试点全面展开。水产养殖用途更要减量行动试点开展，一批绿色生态养殖技术、病害综合防控技术、养殖全过程质量监控技术等措施得到推广应用，试点单位全年水产养殖用药使用量比上年下降 5% 以上。

（5）农业废弃物资源化利用逐步开展。秸秆地膜综合利用水平提高。国家实施东北地区秸秆处理行动，在 71 个玉米主产县开展试点，出台秸秆还田、收储运、加工利用等补贴政策，带动东北地区秸秆综合利用率整体提高 4 个百分点。国家出台了地膜新国家标准，提高了地膜厚度、拉伸强度和耐候性能，从源头保障了地膜可回收性。实施农膜回收行动，在甘肃、新疆、内蒙古等重点用膜地区，建立了 100 个农膜回收示范县。国家还支持了 100 余个畜牧大县整县推进粪污资源化利用，建设规模化养殖场和第三方建设粪污处理利用设施，集成推广畜禽粪污资源化利用技术，探索粪污综合利用有效模式。2017 年，畜禽粪污综合利用率、秸秆综合利用率和农膜回收率均达到 60% 以上。

（四）现代农业建设迈出新步伐

2017 年，我国农业投入力度进一步加大，农业物质装备条件持续改善，农业科技对现代农业的支撑作用继续增强，现代农业经营体系不断健全，现代农业建设迈出了新步伐。

（1）农业投资增速较快。据国家统计局数据，2017 年，全社会第一产业固定资产投资（不含农户）20892 亿元，比上年增长 11.8%，比全社会固定资产投资增速快 4.6 个百分点；第一产业固定资产投资占全社会固定资产投资的比重 3.3%，比上年提高 0.1 个百分点。这表明农业正在成为国内投资的热点，农业吸引投资的能力正在提高，为我国现代农业的发展提供了良好的资金环境。

（2）农业科技的支撑作用日益增强。随着农业供给侧结构性改革不断深化，2017 年，农业绿色发展和农业质量效益竞争力提升对农业科技的需求明显增强，农业科技体制机制改革创新加快，农业科技创新的布局和科技资源配置不断优化，科技与产业加快融合，科技对产业的贡献度有效提升。2017 年，农业科技进步贡献率达到 57.5%，比 2012 年提高了 3 个百分点。我国农业发展已从主要依靠增加资源要素投入进入主要依靠科技进步的新阶段。主要农作物良种基本实现全覆盖，自主选育品种占比达 95%。畜禽品种良种化、国产化比例逐年提升。

（3）农业物质装备条件持续改善。2017 年，国家继续加大投入，加强农田基础设施建设，中央财政安排农业综合开发专项资金用于建设高标准农田 1666.67 千公顷，新建续建中型灌区节水配套改造项目 262 个。2017 年我国耕地灌溉面积达到 6785.1 万公顷，比上年增加 70.2 万公顷，已建成的高标准农田占耕地总面积的比重提高到 23.8%，设施农业面积超过 366.67 万公顷，农业靠天吃饭的局面明显改观。农业机械化继续快速发展，农机装备总量迈上新台阶，农机作业水平持续提高，农机社会化服务能力不断增强，我国农业生产方式正在进入机械化为主导的新阶段。2017 年，全国农机总动力达到 9.88 亿千瓦，比上年增长 1.6%。农机装备结构持续优化，小型拖拉机占比持续下降，粮食生产环节高性能机具占比持续提高。大马力、高效率、多功能机具保有量快速增加，主机与农具配套比进一步优化。主要农作物全程机械化快速推进，全国农作物耕种收综合机械化率超过 66%，比上年提高 1 个百分点。小麦综合机械化率达到 95%；玉米综合机械化率达到 84%，机收率达 69%，同比提高 2.5 个百分点；水稻综合机械化率突破 80%；油菜、棉花、花生、大豆机械化率均比上年提高 3 个百分点以上，主要经济作物机械化水平取得实质性提升。全国农机服务组织和农机大户总数达到 520 万个，其中农机合作社超过 7 万个，以农机合作社为代表的新型农机服务组织已成为我国农业生产性服务业的主力军。

（4）现代农业经营体系加快构建。为适应现代农业发展要求，我国出台了一系列政策措施，完善土地基本经营制度，开展土地确权登记颁证，放活土地经营权，促进土地流转和适度规模经营，各类新型农业经营主体迅速发展，现代农业经营体系正在加快构建。到 2017 年底，我国家庭农场、农民合作社、农业企业等各类新型经营主体已超过 300 万家。其中，在县级以上农业部门纳入名录管理的家庭农场达到 54.85 万户，种植业家庭农场平均经营规模为 11.67 公顷左右；依法登记的农民合作社达到 201.7 万家，同比增长 12.4%；实有入社农户超过 1 亿户，约占全国农户总数的 48.1%。其中，2017 年新登记注册农民合作社 22.3 万家。多种形式的适度规模经营蓬勃兴起。目前，家庭承包经营耕地流转面积 34133.33 千公顷，占家庭承包经营耕地总面积的比重达到 37%，多种形式的农地适度规模经营面积占比达到 40%。

（五）农业提质增效迈出新步伐

随着收入水平持续提高，城乡居民食物消费不断升级，对农产品质量的要求越来越高，我国农业正由主要满足数量需求向更加注重满足质的需求转变，进入以提质增效为导向的新时期，农产品品质稳步提高，品牌建设加速。

（1）农产品质量安全水平稳步提高。2017 年，农业部组织开展农药、“瘦肉精”、兽用抗生素等 7 个专项整治行动，严防、严管、严控农产品质量安全风险。全国蔬菜、畜禽产品和水产品监测合格率分别为 97%、99.5% 和 96.3%，同比分别上升 0.2、0.1 和 0.4 个百分点，主要农产品质量安全例行监测抽检总体合格率为 97.8%，同比上升 0.3 个百分点。全年未发生重大农产品质量安全事件，农产品质量安全保持持续向好的发展态势。以畜产品为例，2017 年，饲料抽检合格率 97.4%，瘦肉精抽检合格率 99.8%，生鲜乳抽检合格率 99.8%，生鲜乳中三聚氰胺等重点监控违禁添加物抽检合格率连续 9 年保持 100%。生鲜乳蛋白平均值 3.2%，脂肪平均值 3.8%，均达到奶业发达国家水平。

（2）农业标准化扎实推进。2017 年，国家新制定农兽药残留国家标准 1653 项、农业行业标准 182 项。新认证无公害农产品 37860 个、绿色食品 10093 个、有机农产品 529 个，新登记地理标志农产品 238 个。目前，全国“三品一标”产品总数达 12.1 万个。

（3）农业品牌建设取得初步成效。为推进农产品品牌建设，农业部将 2017 年确定为农业品牌推进年，开展了大规模、多场次的品牌宣传推介活动。重庆、青海等地将品牌工作纳入地方工作考核内容，黑龙江出台了实施品牌战略的政策意见，河北省制定了“区域、企业、产品”三位一体的品牌发展战略，安徽省制定了“绿色皖农”品牌培育计划吉林省召开了农业品牌发展大会。在各级政府的推动下，以品牌为引领的市场导向作用明显提升，广大消费者越来越关注品牌、看重品牌、消费品牌，市场主体加快培育品牌、塑造品牌的势头日益高涨，一批“站得稳、叫得响、传得广”的特色农产品品牌正在脱颖而出。

（六）农产品市场繁荣稳定

我国农业连年丰收，为国内农产品市场的繁荣稳定打下了坚实基础。2017 年，我国农产品市场供应充足，价格有所下跌，农产品国际贸易持续增长。

（1）农产品价格总体稳中有降。2017 年，全国农产品生产者价格①总水平同比下降 3.5%。是 2001 年以来跌幅最大的一年。其中，种植业产品生产者价格下降 0.5%，林业产品上涨 4.9%，饲养动物及其产品下降 9.2%，渔业产品上涨 4.9%。粮食上涨 0.1%，生猪下降 14.0%。农产品价格下降的主要原因是玉米、蔬菜、生猪、禽肉、禽蛋等农产品总体供大于求，其中生猪价格下降明显，对农产品价格影响较大。

（2）农产品进出口持续增长。2017 年，我国农产品进出口贸易总额 2013.88 亿美元，比上年增加 9.1%。其中，出口额 755.32 亿美元，增长 3.5%；进口额 1258.56 亿美元，增长 12.8%。农产品贸易逆差在连续两年缩小后大幅增加，达到 503.24 亿美元，比上年增加 30.4%。谷物进口继续增加。全年谷物出口 161.65 万吨，增加 1.5 倍；进口 2560.11 万吨，增加 16.4%；净进口 2398.46 万吨，增加 12.3%。食用油籽、食用植物油进口量分别达到 1.02 亿吨和 742.75 万吨，分别比上年增长 13.9%、7.9%；棉花进口量 136.31 万吨，增长 9.9%；食糖进口量 229.05 万吨，下降 25.2%；蔬菜出口量 1095.2 万吨，增长 8.5%；水果出口量 520.1 万吨，增长 1.5%。畜产品出口额 63.6 亿美元，增长 12.7%；进口额 256.2 亿美元，增长 9.5%；贸易逆差 192.6 亿美元，增加 8.4%。水产品出口额 211.5 亿美元，增长 2.0%；进口额 113.5 亿美元，增长 21.0%；贸易顺差 98.0 亿美元，下降 13.7%。

---

① 农产品生产者价格是指农业生产者首次直接出售其生产的农产品时实际获得的价格。

（七）农村三产融合发展水平进一步提高

农村一二三产业融合发展，是农业提质增效的必然要求，也是我国农业转变方式，进入现代化发展阶段的客观需要。近年来，我国农村一二三产业融合发展提速，农产品加工业快速发展，新产业新业态蓬勃发展。

（1）农产品加工业和产业化经营发展水平进一步提升。2017年，我国农业产业化经营组织模式不断创新，经营主体不断壮大。到2017年底，经县级以上农业产业化主管部门认定的龙头企业8.7万家，其中省级以上重点龙头企业1.7万家、国家重点龙头企业1242家，年销售收入超过1亿元的省级以上重点龙头企业突破8000家，超过100亿元的70家，已成为我国农产品生产加工流通、保障重要农产品供给的骨干力量，也是推进乡村经济多元化发展的重要主体。越来越多的加工企业和加工合作社与小农户建立了稳定订单、保底收益、按股分红、股份制、股份合作制、合作制和社会化服务等利益联结机制，三产融合的趋势日益明显。农产品加工业发展稳中向好，增速稳步回升。2017年，全国规模以上农产品加工业增加值实际增长6.5%，增速比上年提高0.7个百分点；实现主营业务收入19.4万亿元，增长6.5%，增速比上年提高1.2个百分点；实现利润1.3万亿元，增长7.4%，增速同比上升3.1个百分点。供给结构继续优化，蛋品加工、中药制造和精制茶加工继续较快增长。出口贸易恢复增长，全年规模以上农产品加工业完成出口交货值10980亿元，增长7.1%，增速较上年同期上升4.9个百分点。

（2）新产业新业态方兴未艾。近年来，农业农村涌现出各类新产业新业态，许多企业主动适应城乡居民消费结构的升级和消费方式的变化，走产业融合发展的路子，发展生鲜电商、产业链金融、智慧农业等新业态，打造创意农业、观光农业、康养农业等新模式，开发农业多种功能，拓展产业发展空间，实现全环节升级、全链条升值，为农业农村发展注入了新动能。据农业农村部数据，2017年，超过四成的龙头企业通过互联网渠道开展农产品销售，超过1/6的龙头企业涉足乡村旅游休闲产业。全国休闲农业和乡村旅游各类经营主体33万家，比上年增加3万多家，营业收入近5500亿元。经农业农村部认定的全国休闲农业和乡村旅游示范县（市、区）388个、示范点636个，推介的中国美丽休闲乡村560个、中国美丽田园248个。农村电商飞速发展。据商务部初步统计，2017年全国农村实现网络零售额

12448.8 亿元，同比增长 39.1%。截至 2017 年底，农村网店达到 985.6 万家，较上年增加 169.3 万家，增长 20.7%，带动就业人数超过 2800 万人。

二、2017 年中国农村发展状况

2017 年，中央继续把改善农村民生、增进农民福祉作为农村工作的出发点和落脚点，各地区各部门深入贯彻落实农业农村优先发展战略，加强农业农村基础设施建设，改善农村公共服务，完善农村社会保障制度，努力促进农民增收，扎实推进农村脱贫攻坚，取得了显著成效，农民收入持续增长，农村民生全面改善，脱贫攻坚战取得决定性进展，农民获得感显著提升，农村社会稳定和谐。

（一）农村基础设施条件持续改善

基础设施是农业农村发展的基本条件，随着农业供给侧结构性改革和城乡融合发展的深入推进，农村对基础设施建设投入的需求越来越大，2017 年，我国农村水利、电力、道路以及人居环境等各方面基础设施建设都取得新的进展。

（1）农业农村水利建设成效显著。2017 年，截至 11 月 10 日，新开工 13 项节水供水重大水利工程，172 项重大水利工程累计开工 119 项，在建投资规模 9000 多亿元，新增高效节水灌溉面积 1269 千公顷。截至 2017 年底，全国冬春农田水利基本建设完成投资、农民投劳和土石方量分别比上年提高了 0.25、5.83、6.67 个百分点，出动机械台班数量与上年基本持平，农业结构调整的水利支撑明显增强。全面推行河长制取得重大进展，有 23 个省份建立了河长制，设立乡级及以上河长 31 万名、村级河长 62 万名。农村水电转型升级继续加快。全年新增电站 161 座，新投产装机 135.3 万千瓦，技改净增发电设备容量 25 万千瓦；农村水电全年发电量 2477.2 亿千瓦时，占全口径水电发电量的 20.7%，占全国总发电量的 3.9%。截至 2017 年底，全国共有农村水电站 47498 座，农村水电装机容量达到 7927 万千瓦，农村水电已开发量占我国农村水能资源技术可开发量的 62%，比 2015 年上升 1.1 个百分点。农村饮水安全进一步巩固提升。2017 年 1～10 月，农村饮水安全巩固提升工程受益人口 4000 多万人。

（2）农村电力进一步发展。截至 2017 年底，农村电网改造升级工程为 78533 个小城镇中心村实施农网改造升级，涉及农村居民 1.6 亿人；机井通电工程比提前完成，为全国 1595756 个机井通了电，已基本实现平原地区机井通电全覆盖，惠及 10000 千公顷农田，每年节省农民灌溉支出上百亿元；为 33082 个贫困自然村通了动力电。新一轮农网改造取得阶段性重大进展，显著增强了农村用电保障能力。据国家电网公司统计，截至 2017 年 8 月底，国家电网公司农网供电可靠率和综合电压合格率分别达到 99.808%、99.677%，年户均停电和电压不合格时间较 2015 年分别缩短 6 小时和 53.6 小时。改造后的村镇低压供电半径由 700 米缩短到 430 米，低压线损率下降 30%，户均配变容量由 1.60 千伏安提高到 2.64 千伏安，供电能力提升 65%。此外，2017 年，北方地区冬季清洁取暖试点启动，天津、石家庄、唐山等 12 个城市入围首批试点，其中，北京市完成了 901 个村庄、36.9 万户的煤改清洁能源工作。

（3）农村道路交通建设稳步推进。2017 年，全年新改建农村公路 28.97 万千米，新增通硬化路建制村 1.1 万个。截至 2017 年底，农村公路里程 400.93 万千米，其中县道 55.07 万千米，乡道 115.77 万千米，村道 230.08 万千米。年末全国通公路的乡（镇）占全国乡（镇）总数 99.99%，其中通硬化路面的乡（镇）占全国乡（镇）总数 99.39%、比上年提高 0.38 个百分点；通公路的建制村占全国建制村总数 99.98%，其中通硬化路面的建制村占全国建制村总数 98.35%、提高 1.66 个百分点。农村公路的快速发展，发挥了连接城乡、服务三农的普惠作用。农村交通保障水平持续提高。目前，县、乡级农村公路管养机构设置率分别达到 99.9% 和 92.9%，农村公路列养率达到 97.5%，基本实现了“有路必管”“有路必养”。优良中等路率达到 80.7%，“养必到位”步伐加快。农村客运能力有效提升。2017 年，新增通客车建制村 8473 个。到 2017 年末，全国开通客运线路的乡镇比例为 99.12%，开通客运线路的建制村比例为 95.85%，建制村通车率比上年提高 0.43 个百分点。城乡运输一体化水平接近 80%，农村“出行难”问题得到有效解决。

（4）农村人居环境不断改善。2014 年国务院办公厅印发《关于改善农村人居环境的指导意见》以来，农村环境综合治理力度不断加大。截至 2017 年底，中央财政安排的农村环保专项资金累计完成 13.8 万个村庄环境综合整治，整治后的村庄人居环境明显改善，近 2 亿农村人口受益。住房城乡建设部开展农村人居环境示范村创建活动，2017 年公布 3 类 295 个改善农村人居环境示范村名单。其中，保障基本示范村 99 个，环境整治示范村 97 个、美丽乡村示范村 99 个。农村住房安全保障工作稳步推进。2017 年，完成对全国农村地区建档立卡贫困户危房改造 152.5 万户。农村生活垃圾治理成效逐步显现。2016 年底，全国对生活垃圾进行处理的行政村比例已达到 65%。北京、上海、江苏、浙江、广东等省（市）已提前达到 90% 以上村庄的生活垃圾得到有效治理的目标。浙江省农村生活垃圾集中收集有效处理基本实现全覆盖，所有乡镇（街道）和 96% 村庄生活垃圾得到有效治理，部分地区达到 100%。“厕所革命”取得初步成效。2015～2017 年，国家旅游发展基金累计安排资金达到 10.4 亿元，各地安排的配套资金超过 200 亿元，“厕所革命”由景区逐步扩展到全国 370 多个重点旅游城市、500 多个国家全域旅游示范区创建单位、9200 多家金牌农家乐和 2 万多家乡村旅游重点村，并逐步深入城乡，向实现全域布局迈进。截至 2017 年 10 月底，全国已新改建厕所 6.8 万座。

（二）农村公共服务不断强化

近年来，我国财政收入稳步增长，国家用于农村公共服务的投入不断加大，农村教育、文化、医疗卫生等各项事业不断发展，农村公共服务水平不断提高。

（1）农村教育发展水平进一步提高。2017 年，城乡义务教育均衡发展成效显著。截至 2017 年底，全国实现义务教育发展基本均衡的县累计达到 2379 个，占全国总数的 81%。农村义务教育学生资助体系基本形成。全面免除城乡义务教育阶段学杂费、书本费，继续对家庭经济困难寄宿生提供生活补助，还实施了农村义务教育学生营养改善计划。2017 年，中央财政免费教科书补助惠及全国城乡所有义务教育阶段 1.43 亿中小学生。截至 2017 年底，农村义务教育学生营养改善计划惠及全国 29 个省（区、市）1631 个县、3700 万农村学生，其中 10 个省 88 个县国家扶贫开发工作重点县，全部纳入营养改善计划实施范围。农村义务教育办学条件进一步改善。截至 2017 年底，全国新建、改扩建校舍 1.65 亿平方米，采购课桌凳 2738 万件、图书 4.53 亿册、生活设施设备 1462 万台件套等，价值 804 亿元。乡村教师职业环境不断优化。2017 年，教育部、财政部继续组织实施连片特困地区乡村教师生活补助政策，首次实现了集中连片特困地区县的全覆盖，人均月补助标准为 322 元，同比增幅 13.38%。农村职业教育进一步发展。国家级农村职业教育和成人教育示范县创建继续推进，累计创建 264 个示范县。农业部、财政部大力培养新型职业农民，到2017年末，累计投入财政资金50.9亿元，全国新型职业农民超过1500万人。“春潮行动”“星火计划”“阳光工程”“雨露计划”，有效提升了农民工职业技能。

（2）农村文化事业不断发展。2017年，文化部继续推进全国文化信息资源共享工程。截至2017年底，已建成35000多个乡镇（街道）基层服务点、60万个村（社区）基层服务点，基本实现所有乡镇、行政村全覆盖。农家书屋、送戏下乡、农村电影公益放映等项目持续推进，农村图书、报纸、期刊、音乐和表演艺术等文化产品不断丰富。2017年，全国艺术表演团体赴农村演出184.44万场，同比增长21.7%，农村观众8.30亿人次，增长33.8%。截至2017年末，全国有农家书屋58.7万家，累计配送图书突破11亿册，农民人均图书拥有量从工程实施前的0.13册增长到1.63册，增长11.5倍。农村公共文化服务水平有效提升。2017年，文化部等部门累计投入近30亿元，完成1.1万个贫困地区村级综合文化服务中心建设。截至2017年底，全国乡镇（街道）文化站41175个，2/3的村有综合性文化服务中心，覆盖城乡的国家、省、市、县、乡、村（社区）六级公共文化服务网络基进一步健全。

（3）农村医疗卫生条件持续改善。2017年，国家对基本公共卫生服务的财政补助从上年的人均45元提高到50元，健康素养促进和免费提供避孕药具纳入国家基本公共卫生服务项目，服务项目从最初的9类41项扩大到14类45项，农村住院分娩率从上年的99.6%进一步提高到99.9%。农村医疗卫生服务体系进一步完善。2017年，全国有县级医院14482所、县级妇幼保健机构1917所、县级疾病预防控制中心2109所、县级卫生监督所1839所，四类县级卫生机构共有卫生人员288.6万人；有3.7万个乡镇卫生院，床位129.2万张，卫生人员136.0万人，每千农村人口乡镇卫生院床位1.35张，每千农村人口乡镇卫生院人员达1.42人；有63.2万个村卫生室，村卫生室人员达145.5万人，平均每村村卫生室人员2.30人。县级医院技术装备水平进一步提高，ICU病房、透析设备等集成技术力量都已具备，120急救服务已经由城市延伸到农村地区，农村居民获得优质医疗服务更为便利。全国已有1640家三级医院与3758家县医院建立对口支援关系。农村医疗保障能力显著提升。2017年，新型农村合作医疗参合率始终稳定在98%以上，各级财政对新农合的人均补助标准达到450元，比上年提高30元。儿童白血病、儿童先天性心脏病、食管癌、胃癌、结肠癌、直肠癌、终末期肾病等大病集中救治范围覆盖至所有农村参合贫困患者。政策范围内门诊和住院费用报销比例分别稳定在 50% 和 75% 左右。

（三）农村社会保障体系不断完善

近年来，随着我国城乡一体化发展逐步加快，农村社会保障体系建设取得明显成效，农村社会保障制度建设加快推进和完善，实现了社会保障制度全覆盖，参保人数持续增加，待遇水平稳步提高，城乡社会保障加速并轨，广大农民通过享有社会保障得到更多的实惠。

（1）城乡统筹的社会保障制度建设取得进一步进展。覆盖城乡居民的社会养老保障体系基本建立，新农保和城镇居民养老保险整合统一为城乡居民基本养老保险制度，实现城乡居民在这两项基本制度上的平等和管理资源上的共享。新农合支付方式改革取得重要进展，新农合跨省就医费用核查和结报工作加快推进，城乡居民大病保险制度全面实施。到 2017 年，大病保险覆盖所有城乡居民医保参保人，基本医疗保险制度已基本覆盖城乡全体居民。社会救助制度体系加快构建，临时救助制度全面建立，城乡最低生活保障制度加快统筹，北京、上海等地相继调整城乡居民最低生活保障标准，并实现了城乡低保标准的“并轨”。

（2）农村社会保障覆盖范围不断扩大。2017 年末，我国城乡居民基本养老保险参保人数 51255 万人，比上年末增加 408 万人。其中，实际领取待遇人数 15598 万人。全年城乡居民基本养老保险基金收入 3304 亿元，比上年增长 12.6%。年末参加城乡居民基本医疗保险人数为 87359 万人，比上年末增加 42499 万人。社会救助和社会福利有效惠及困难群众，年末全国共有 1264 万人享受城市居民最低生活保障，4047 万人享受农村居民最低生活保障，467 万人享受农村特困人员救助供养。以非公有制经济组织从业人员、灵活就业人员、农民工和被征地农民为重点的扩面效果显现，2017 年参加城镇职工基本养老保险、基本医疗保险、失业保险、工伤保险的农民工人数分别为 6202 万人、6225 万人、4897 万人、7807 万人，分别比上年末增加 262 万人、1399 万人、238 万人、297 万人。

（3）农村社会保障标准和水平稳步提高。养老金标准每人每月提高至 70 元，有 27 个省级政府及新疆生产建设兵团在全国最低标准之上增加了基础养老金，其中 11 个省份达到 100 元以上，全国城乡居民基本养老金平均水平超过 100 元，1.4 亿多城乡老年居民及其家庭直接受益。基本医疗保险的保障水平显著提升，2017 年各级财政对新农合的人均补助标准在 2016 年的基础上提高 30 元，达到 450 元，新农合政策范围内的住院费用报销水平达到 75% 左右，全国普遍建立了城乡居民医保门诊统筹，积极推进城乡居民大病保险，有效减轻了城乡居民医疗负担。农村最低生活保障水平持续提高。2017 年全国农村低保月人均标准达到 351 元，较上年增长 16.6%。农村“五保”供养水平不断提升，农村“五保”集中供养和分散供养月人均标准分别达到 560 元、320 元，较上年增长 5.7%、8.5%。此外，农村医疗救助稳步推进，临时救助力度加大，困难群众基本生活切实改善。

（四）农村居民收入与生活水平继续提高

随着经济持续发展，农业供给侧结构性改革和新型城镇化的逐步深入以及农村经济发展新动能的不断培育，我国农村居民收入持续较快增长，农民消费水平不断提高，农民生活持续改善。

（1）农民收入增速持续快于城镇居民收入和国民经济增速。2017 年，全国农村居民人均可支配收入 13432 元，同比名义增长 8.6%，扣除价格因素影响，实际增长 7.3%。名义增速和实际增速分别比上年加快 0.4 个和 1.1 个百分点。同期，城镇居民人均可支配收入实际增长 6.5%，农民收入实际增速比城镇居民可支配收入增速快 0.8 个百分点，农民收入增速连续 8 年超过城镇居民。2017 年，我国国内生产总值（GDP）增长 6.9%，农民收入实际增速比 GDP 增速快 0.4 个百分点，显示出农民收入保持了持续较快增长的良好势头。

（2）收入结构更加多元化。首先，工资性收入继续成为农民收入的主要增长点。2017 年，全国农村居民人均工资性收入 5498 元，增长 9.5%，增速比上年加快 0.3 个百分点，占人均可支配收入的比重 40.9%，比上年提高 0.3 个百分点，对农民增收的贡献率达到 44.5%。主要得益于农民工数量继续上升，工资水平继续提高。2017 年，全国农民工总量内达到 28652 万人，比上年增加 1.7%，人均月收入 3485 元，比上年增长 6.4%。其次，经营净收入增速加快。2017 年，全国农村居民人均经营净收入 5028 元，增长 6.0%，增速比上年加快 0.7 个百分点，占人均可支配收入的比重 37.4%。第三，财产净收入增速明显加快。2017 年，全国农村居民人均财产净收入 303 元，增长 11.4%，比上年加快 3.2 个百分点，占人均可支配收入的比重2.3%。主要是转让承包土地经营权租金净收入、出租房屋收入和红利收入增长较快，分别增长12.4%、11.2%和12.9%。第四，转移净收入增长11.8%。2017年，全国农村居民人均转移净收入2603元，增长11.8%，占人均可支配收入的比重为19.4%，对农村居民增收的贡献率为25.7%。主要得益于大力推进精准扶贫，增加扶贫投入，以及其他惠民政策的实施。2017年农村居民获得的人均社会救济和补助增长26.0%，人均养老金和离退休金增长15.5%。

（3）农民消费水平稳步提高。2017年农村居民人均消费支出10955元，名义增长8.1%，扣除价格因素影响，实际增长6.8%。其中，医疗保健支出、交通通信、居住和教育文化娱乐支出增速较快。2017年，农村居民人均食品烟酒支出3415元，比上年增长4.6%。农村居民人均消费支出的比重（恩格尔系数）为31.2%，比上年下降1.0个百分点；衣着支出612元，增长6.3%；居住支出2354元，增长9.6%；生活用品及服务支出634元，增长6.4%；交通通信支出1509元，增长11.0%；教育文化娱乐支出1171元，增长9.4%；医疗保健支出1059元，增长13.9%；其他用品和服务支出201元，增长8.0%。

（五）农村精准扶贫成效显著

2017年，我国继续扎实推进脱贫攻坚战，精准扶贫精准脱贫取得显著成效。

（1）贫困人口进一步减少。据国家统计局贫困监测，2017年，全国共减少贫困人口1289万，比上年多减少59万人，超额完成年度减贫任务，打赢脱贫攻坚战继续迈出坚实步伐。年底剩余贫困人口3046万，当年共退出125个国家级贫困县。

（2）分类施策推进精准脱贫取得明显成效。2017年，全国电商扶贫带动274万贫困户增收，光伏扶贫直接惠及80万贫困户，旅游扶贫覆盖2.3万个贫困村。340万贫困人口实现易地扶贫搬迁。近600万贫困劳动力实现稳定转移就业，30多万贫困人口家门口就业。累计37万贫困人口被选聘为生态护林员。贫困县农村学生上重点高校人数增长9.3%，义务教育阶段学生营养改善计划对贫困县全覆盖，普通高中建档立卡家庭学生免除学杂费。大病集中救治、慢病签约服务管理、重病兜底保障都取得了成效。贫困户危房改造约190万户，中央补助标准由户均8500元提高到1.4万元。832个贫困县低保标准全部达到或超过扶贫标准。

（3）贫困地区发展环境继续改善。贫困地区交通、水利、电力、通信网络等基础设施进一步完善。2017 年，贫困地区全年新改建农村公路约 14.28 万千米，98% 的乡镇和 96% 的建制村实现通硬化路，改造升级 1 万多个贫困村宽带网络覆盖和通信基础设施。

三、2017 年中国农业农村经济政策及 2018 年趋势

2017 年我国农业农村发展取得明显进展，与国家坚持把农业农村工作放在全部工作的重中之重，采取农业农村优先发展战略是密不可分的。2017 年，农业农村经济政策以深入推进农业供给侧结构性改革为主线，围绕农业增效、农民增收、农村增绿，在推进现代农业发展，增加农民收入，改善农村民生等方面采取了一系列重大政策措施，主要体现在以下方面。

（一）进一步巩固完善农村基本经营制度

（1）加快推进农村承包地确权登记颁证。2017 年的中央 1 号文件强调“加快推进农村承包地确权登记颁证，扩大整省试点范围”。农业部印发了《关于加快推进农村承包地确权登记颁证工作的通知》，并下发《农业部办公厅关于修订〈农村土地承包经营权证印制标准（试行）〉的通知》，进一步规范并做好承包经营权证的印制、管理和发放等工作。同时，部署开展数据汇交，强化工作督查。截至 2017 年底，全国 31 个省（区、市）均开展了承包地确权工作，共涉及 2747 个县级单位、3.3 万个乡镇、54 万个行政村；承包地确权面积 77266.67 千公顷，占二轮家庭承包地（账面）面积的 80% 以上；发放土地承包经营权证 1.06 亿份。17 个省份已基本完成农村承包地确权登记颁证工作。

（2）农村土地制度改革三项试点取得重要进展。2017 年 11 月，中央深改组决定将宅基地制度改革由 15 个试点地区拓展到全部 33 个试点地区。同月，十三届全国人大常委会第三十次会议决定将在试点地区暂停实施有关法律条款的授权期限延长至 2018 年底。12 月，国土资源部印发《关于深化统筹农村土地制度改革三项试点工作的通知》，要求试点地区推进三项改革试点全面覆盖、深度融合。农村土地制度改革三项试点由单项突进，到双向耦合，再到三项统筹，系统性、整体性、协同性明显增强。土地征收制度改革稳步推进，在缩小征地范围、完善征地程序、建

立多元化保障机制等方面都取得了明显进展。截至 2017 年底，部分试点地区按新办法实施征地共 63 宗、3.9 万亩。集体经营性建设用地入市改革快速推进，相应的制度安排和规则体系逐步完善。截至 2017 年底，集体经营性建设用地入市地块共计 577 宗，面积超过 1 万亩，总价款约 83 亿元。宅基地制度改革深入推进，在确保取得、自愿有偿退出和完善管理制度等方面作了积极探索。截至 2017 年底，四川泸县等试点地区共腾退出零星、闲置等宅基地 8 万多户，面积超过 6 万亩，15 个宅基地试点地区共办理农房抵押 3.2 万宗、抵押金额 51.4 亿元。

（3）加快农村产权制度改革。2016 年 12 月底，中共中央、国务院发布了《关于稳步推进农村集体产权制度改革的意见》，明确提出要对农村集体资产进行全面清产核资，重点清查核实未承包到户的资源性资产和集体统一经营的经营性资产以及现金、债权债务等。明确集体资产所有权，强化农村集体资产财务管理。推进经营性资产股份合作制改革，力争用 5 年左右时间基本完成改革。开展赋予农民对集体资产股份占有、收益、有偿退出及抵押、担保、继承权改革试点，建立集体资产股权登记制度，探索农民对集体资产股份有偿退出的条件和程序。通过开发利用“四荒地”，发展休闲农业和乡村旅游，利用闲置房产设施和集体建设用地等发展相应产业，支持发展产前产中产后农业生产性服务等多种形式发展集体经济。鼓励地方建立符合农村实际需要的产权流转交易市场，探索支持引导进城落户农民依法自愿有偿转让土地承包权、宅基地使用权、集体收益分配权的有效办法。并在税收、财政投入、融资担保服务、用地等方面实行优惠政策。

（二）深入实施“藏粮于地”“藏粮于技”战略

（1）建立粮食生产功能区和重要农产品生产保护区。2017 年 3 月，国务院印发《关于建立粮食生产功能区和重要农产品生产保护区的指导意见》，提出力争用 3 年时间完成 10.58 亿亩“两区”地块的划定任务，将“两区”内的水稻、小麦、玉米等粮食作物和大豆、棉花、油菜籽、糖料蔗、天然橡胶等重要农产品种植地块全部建档立册、上图入库，形成全国“两区”布局“一张图”，实现信息化和精准化管理。其中，粮食生产功能区划定水稻生产功能区 3.4 亿亩、小麦生产功能区 3.2 亿亩（含水稻和小麦复种区 6000 万亩）和玉米生产功能区 4.5 亿亩（含小麦和玉米复种区 1.5 亿亩），共计 9 亿亩；重要农产品生产保护区划定大豆生产保护区 1 亿亩

(含小麦和大豆复种区 2000 万亩)、棉花生产保护区 3500 万亩、油菜籽生产保护区 7000 万亩(含水稻和油菜籽复种区 6000 万亩)、糖料蔗生产保护区 1500 万亩和天然橡胶生产保护区 1800 万亩，共计 2.38 亿亩(与粮食生产功能区重叠 8000 万亩)。2017 年 6 月，农业部、国土资源部、国家发展改革委联合下发了《关于做好粮食生产功能区和重要农产品生产保护区划定工作的通知》，确定了各省(区、市)的划定任务。国务院召开了全国“两区”工作电视电话会，各地有序启动了“两区”划定工作，选择了 375 个试点县，对“两区”内所有品种的划定工作开展先行先试。

(2) 建设高标准农田。2017 年，中央财政安排农业综合开发资金 287.4 亿元，用于建设高标准农田；安排 13.73 亿元，新建续建中型灌区节水配套改造项目 262 个，为高标准农田提供稳定的水源支持。此外，还通过积极利用外资，创新投融资模式及其他途径，加快建设高标准农田。2017 年累计建设高标准农田 8000 万亩，建成的高标准农田抵御自然灾害的能力显著增强，耕地的质量和产能明显提升，耕地质量大约能提升 1～2 个等级，粮食产能大约提高 10%～20%，亩均粮食产量提高 100 公斤左右，为保障国家粮食安全夯实了基础。

(3) 实行耕地质量保护与提升行动。2017 年，农业部、财政部联合印发了《关于做好中央财政农业生产发展等项目实施工作的通知》，提出中央财政农业生产发展资金主要支持开展耕地地力保护等，具体开展耕地保护与质量提升、黑土地保护利用、农作物秸秆综合利用等工作，主要包括开展东北黑土地试点 5 亿元，耕地保护与质量提升 8 亿多元，农作物秸秆综合利用 10 亿元。2017 年，农业部启动了果菜茶有机肥替代化肥试点、地下水超采区农业种植结构调整、农机深松整理、地膜回收利用等支农惠农项目，支持各地开展耕地质量保护与提升行动。

(4) 开展耕地轮作休耕制度试点。2016 年 6 月，农业会同财政部等 10 个部门联合下发《探索实行耕地轮作休耕制度试点方案》，以资源约束紧、生态保护压力大的地区为重点，选择东北冷凉区、北方农牧交错区等地开展轮作试点，选择地下水漏斗区、重金属污染区、生态严重退化地区开展休耕试点。2017 年，中央财政安排试点资金 25.6 亿元，其中轮作 15 亿元、休耕 10.6 亿元，对承担轮作休耕任务农户原有的种植作物收益和土地管护投入给予适当补助。试点面积 1200 万亩，涉及黑龙江、河北、湖南等 9 个省份的 192 个县(市)。

(5) 强化农业科技支撑。2017 年，国家大力实施基层农技推广体系改革与建设补助项目，在全国 2436 个农业县（市、区、场）继续加强基层农技推广体系改革建设，支持基层农技推广机构及时高效地提供农业公共服务，推广应用了一大批农业重大品种、关键技术和重要模式，为支撑“藏粮于地”“藏粮于技”战略提供有力保障。立足产业需求组织开展科技创新，增强粮食生产科技成果的供给能力。2017 年中央财政投入经费 29030 万元，建设水稻、小麦、玉米等 7 个与粮食生产紧密相关农产品产业技术体系。以转基因生物新品种培育重大专项等项目为载体，不断提升自主创新能力和转化应用水平。

（6）大力培育新型职业农民。2017 年中央财政安排资金 15 亿元开展新型职业农民培育工作，带动省级投入资金超过 5.6 亿元。并继续推动整省、整市、整县示范培育，支持扩大示范范围，实施现代青年农场主培养、新型农业经营主体带头人轮训、农村实用人才带头人培训和农业产业精准扶贫培训四大计划，全年培育新型职业农民超过 100 万人，为实施乡村振兴战略、发展现代农业提供了强有力的人才支撑。

（三）深化农产品价格形成机制和收储制度改革

中央按照“分品种施策，渐进式推进”的思路，继续深化粮食等重要农产品价格形成机制和收储制度改革，完善农产品市场运行调控制度。

（1）完善稻谷、小麦最低收购价政策。针对国内外市场供求和价格形势变化，在确保农民种粮收益基本稳定，保障国家口粮绝对安全的同时，更加注重市场形成价格作用，合理调整稻谷、小麦最低收购价水平。2017 年稻谷最低收购价全面小幅下调，早籼稻、中晚籼稻、粳稻分别为每斤 1.30 元、1.36 元、1.50 元，比上年分别下调 0.03 元、0.02 元、0.05 元。2017 年小麦最低收购价为每斤 1.18 元，保持上年水平不变；冬小麦播种前出台 2018 年小麦最低收购价政策，每斤为 1.15 元，比上年下调 0.03 元。

（2）继续推进玉米市场定价、价补分离改革。在 2016 年玉米收储制度改革的基础上，2017 年继续在东北地区深化玉米市场定价、价补分离改革，健全生产者补贴制度。从实际效果看，玉米收储制度改革进展顺利，多元市场主体积极入市收购，市场化购销机制逐步建立，产业链活力得以激发，玉米种植结构持续调整优化，玉米及其替代品进口大幅降低，市场价格在供求调节下出现了恢复性上涨，优势产区种粮农民的基本收益得到了保障。

（3）调整完善新疆棉花目标价格政策。在总结试点经验的基础上，2017 年继续在新疆实行棉花目标价格政策，目标价格水平为每吨 18600 元，价格水平一定三年，并进一步完善了补贴方式。

（4）调整大豆目标价格政策。根据 2014 ~ 2016 年东北地区大豆目标价格改革试点评估情况，2017 年将东北地区大豆目标价格政策与玉米收储制度改革统筹，调整为市场化收购加补贴的新机制。为了鼓励东北地区发展大豆生产，大豆每亩补贴标准有所提高，高于玉米生产者补贴水平。

（四）建立以绿色生态为导向的农业补贴制度

（1）明确绿色生态的补贴政策导向。农业部和财政部联合向各省级人民政府和有关部门印发了《建立以绿色生态为导向的农业补贴制度改革方案》，推动中央财政将促进绿色发展、农业可持续发展作为财政支农政策设计和实施的出发点和落脚点。在财政支农转移支付项目管理中，将绿色发展作为下达地方的任务清单和绩效评价指标体系的重要内容。例如，农机购置补贴对深松整地、节水灌溉、秸秆还田离田、残膜回收、畜禽粪污资源化利用、病死畜禽无害化处理等支持绿色发展的机具全面实行敞开补贴。

（2）推动农业补贴以数量导向为主向数量质量生态并重改革。将农业“三项补贴”改革为农业支持保护补贴，重点支持耕地地力保护和粮食适度规模经营，鼓励各地创新补贴方式方法，引导农民采取秸秆还田、深松整地、科学施肥用药、推进病虫害统防统治和绿色防控等综合措施，稳步提升耕地地力水平；大力支持适度规模经营，培育新型农业经营主体，鼓励发展绿色生态高效农业。改革渔业油价补贴政策，将补贴与耗油量、油价脱钩，逐步减少对国内捕捞业油价补贴水平，腾出来资金加大对近海捕捞渔民减船转产、海洋牧场建设支持，坚持推动增殖放流。

（3）增加重大生态资源保护补贴政策投入力度。重点是增量倾斜，加大机制成熟、急需保护的农业生态资源保护补贴。主要包括建立完善草原生态补偿制度，扩大退牧还草工程实施范围，启动实施新一轮草原生态保护补助奖励政策，适当提高禁牧和草畜平衡奖补标准，并将河北省兴隆等 5 个县纳入实施范围。加大耕地保护和休养生息，在地下水漏斗区、重金属污染区、生态严重退化地区探索建立耕地休耕制度，在东北开展黑土地保护利用试点。全面推进农业结构调整，扩大粮豆轮作、粮改饲试点。

（4）实施农业面源污染治理和废弃物综合利用补贴政策。按照“一控两减三基本”的目标要求，结合农业绿色发展“五大行动”，整合资金加大试点支持力度，探索有效的补贴模式。以河北省黑龙港流域为重点，开展地下水超采综合治理；以湖南省长株潭地区为重点，支持开展重金属污染耕地综合治理；以生猪、奶牛、肉牛养殖大县为重点，启动畜禽粪污资源化利用试点，推动规模化养殖场粪污就地就近资源化利用；以东北地区和环京津冀为重点，开展农作物秸秆综合利用试点，整县推动农作物秸秆以农用为主的综合利用；在内蒙古、甘肃、新疆选择部分重点地区推行地膜清洁生产，探索建立多种方式的回收利用机制；实施果菜茶有机肥替代化肥行动，集中推广堆肥还田、商品有机肥施用、沼渣沼液还田、自然生草覆盖等技术模式；支持农作物病虫害专业化社会化统防统治服务，推行绿色植保措施，减少农药使用。

（五）促进农村一二三产业融合发展

（1）培育创建融合发展先导区和示范园。为贯彻落实《国务院办公厅关于推进农村一二三产业融合发展的指导意见》，2017 年，农业部印发了《关于支持创建全国农村一二三产业融合发展先导区的意见》，决定培育创建一批农村一二三产业融合发展先导区。农业部与发展改革委等 7 部委联合印发《关于国家农村产业融合发展示范园创建工作方案的通知》，批准了 148 家单位具备创建资格。

（2）实施农村一二三产业融合发展补助政策。2017 年，中央财政安排资金 30 亿元，重点支持农产品产地初加工设施补助建设和整县制推进农村一二三产业融合发展，实施内容新增了农产品商品化处理中心建设，首次将农业企业纳入补助对象，实现了补助资金、实施区域、实施内容、补助对象全面突破。据初步统计，目前全国已建完农产品产地初加工设施 9480 座，新增马铃薯储藏能力 14. 9 万吨，果蔬贮藏能力 55. 5 万吨，果蔬烘干能力 12. 8 万吨；新建农产品商品化处理中心 26 座。159 个县整县制推进，完成设施建设 8217 个，厂房建设 12. 2 万平方米，观景台建设 11. 2 万座；直接带动 3. 7 万名农民就业、12. 4 万户农户增收。

（3）促进农村创业创新助推农村三产融合。农村创业创新是促进农村三产融合的有效措施。2016 年 11 月，国务院办公厅出台了《关于支持返乡下乡人员创业创新促进农村一二三产业融合发展的意见》，重点支持返乡下乡人员创业创新，推进农村产业融合。农业部与国家发展改革委等 12 个部门建立了“农村创业创新推进协调机制”，目前已有 18 个省（区、市）建立了该机制，并以政府办公厅名义制定印发了实施意见，配套的扶持政策体系正在形成。农业部等 12 个部门联合印发了《关于促进农村创业创新园区（基地）建设的指导意见》，构建农村创业创新园区（基地）共享平台和信息窗口，公布了 1096 个具有区域特色的农村创业创新园区（基地），其中有 7 家列入国家创业创新示范基地。据统计，1096 个园区年总产值达到 8795.92 亿元，农民入园创办企业 44471 家，带动农民就业创业 619.93 万人。

（4）全面实施信息进村入户工程。农业农村信息化是农村三产融合的有效载体。2017 年起，国家全面实施信息进村入户工程，在 10 省市开展整省推进示范。截至 2017 年底，全国共建成运营超过 13.1 万个益农信息社，累计培训村级信息员 47.8 万人次，为农民和新型农业经营主体提供公益服务 1660 万人次，开展便民服务 2.25 亿人次，实现电子商务交易额 152.6 亿元。

（5）促进农业产业化联合体发展。农业产业化联合体是龙头企业、农民合作社和家庭农场等新型农业经营主体以分工协作为前提，以规模经营为依托，以利益联结为纽带的一体化农业经营组织联盟，对构建现代农业经营体系，推进农村一二三产业融合发展，提高农业综合生产能力，促进农民持续增收具有重要的现实意义。2017 年 10 月，农业部等 6 部委联合印发了《关于促进农业产业化联合体发展的指导意见》，通过开展示范创建，优化政策配套，加大金融支持，落实用地保障等措施，促进农业产业化联合体发展。

（六）扎实推进脱贫攻坚

（1）加强扶贫资金投入和监管。2017 年，中央和省级财政专项扶贫资金突破 1400 亿元，其中中央财政专项扶贫资金比上年增长 30%，省级财政专项扶贫资金比上年增长 28%。财政涉农资金统筹整合使用实现 832 个贫困县全覆盖，2017 年整合资金规模达到 2900 多亿元。扶贫资金项目审批权下放到县比例超过 95%。新增发放扶贫小额贷款约 1500 亿元，累计发放 4335 亿元，扶贫再贷款余额约 1600 亿元。证券业支持贫困县企业融资近 830 亿元。贫困地区增减挂钩节余指标流转累计收益

460 多亿元，主要用于脱贫攻坚。开展财政扶贫资金专项检查，进一步加强纪检监察、高检、审计等机关对扶贫资金监督。

（2）支持深度贫困地区脱贫攻坚。2017 年 11 月，中共中央办公厅、国务院办公厅印发了《关于支持深度贫困地区脱贫攻坚的实施意见》，对深度贫困地区脱贫攻坚工作做出全面部署，明确深度贫困地区脱贫攻坚的工作思路和举措，中央统筹重点支持“三区三州”，落实部门责任支持深度贫困地区、解决深度贫困问题，省负总责解决区域内深度贫困问题。国务院扶贫办与教育部等部门研究制定深度贫困地区脱贫攻坚实施方案，出台新的超常规政策举措。各地确定深度贫困县、深度贫困乡镇和深度贫困村，出台实施方案和政策措施，集中力量攻坚。

（3）深化细化大扶贫格局。国务院扶贫办开展了东西部扶贫协作和中央单位定点扶贫考核工作，进一步压实帮扶责任。东部 342 个经济较强县帮扶西部 570 个贫困县。中央单位选派 650 多名干部到 592 个国家扶贫开发工作重点县挂职，选派 360 名干部到贫困村担任第一书记。中央企业设立贫困地区产业投资基金，开展贫困革命老区“百县万村”帮扶行动。民营企业结对帮扶 2.57 万个建档立卡贫困村，带动 388 万贫困人口增收。引导和动员社会组织参与脱贫攻坚。举办全国脱贫攻坚奖和全国脱贫攻坚模范评选表彰，脱贫攻坚氛围更加浓厚。

（4）做好精准扶贫工作基础。2017 年，国务院扶贫办对 2016 年标注脱贫人口进行了核实，将 245 万脱贫不实人口重新回退为贫困人口。对建档立卡实行动态管理，新识别贫困人口和返贫人口 849 万人，清退识别不准的 412 万人，努力做到应扶尽扶、应退尽退。建立全国扶贫大数据平台，加强信息共享和数据分析应用，为各地各部门宏观决策和指导工作提供数据支撑。出台指导意见，加强驻村干部的选派管理，目前在岗驻村干部 77.5 万名，在岗第一书记 19.5 万名。

（七）大力改善农村民生

（1）加大农村基础设施建设投入力度。2017 年中央 1 号文件明确要求，坚持把农业农村作为财政支出的优先保障领域，确保农业农村投入适度增加，拓宽农业农村基础设施投融资渠道。2017 年，国家进一步加大了农村基础设施建设的投入力度，全年全国冬春农田水利基本建设完成投资 3212.07 亿元、农民投劳工日 21.26 亿个、土石方量 69.91 亿立方米和出动机械 1.80 亿台（套）；农村水电全年完成投资 200 亿元，新增电站 161 座，新投产装机 135.3 万千瓦，技改净增发电设备容量 25 万千瓦；2017 年 1～10 月，各地累计完成农村饮水安全巩固提升工程投资 338 亿元；国家下达农村电网改造升级工程投资计划 421.26 亿元，机井通电工程完成投资 490 亿元；农村公路建设完成投资 4731.33 亿元，用于新改建农村公路，比上年增长 29.3%；国家安排预算资金 159.87 亿元，用于农村危房改造补助；中央财政安排农村环保专项资金 60 亿元，用于村庄环境综合整治。

（2）完善农村公共服务政策。国家加快推进城乡义务教育均衡发展，农村义务教育学生资助体系。2017 年 5 月，教育部、财政部出台《关于全面实施城乡义务教育教科书免费提供和做好部分免费教科书循环使用工作的意见》，对全国城市和农村地区义务教育阶段学生免费提供教科书。2017 年，中央财政下达免费教科书补助资金 149 亿元，比上年增加 39 亿元，增长 35.45%。持续加大对农村义务教育的投入，全面改善农村义务教育薄弱学校基本办学条件。2012～2017 年，中央财政累计投入专项资金 1336 亿元，带动地方投入 2500 多亿元，用于新建改扩建校舍、采购课桌凳、图书及生活设施设备等。继续实施乡村教师支持计划，实施连片特困地区乡村教师生活补助政策，全年补助资金 49.20 亿元，同比增幅 11.12%。2017 年，全国县及县以下文化事业费 457.45 亿元，同比增加 14.5%。中央补助地方文化事业专项转移支付资金 45.52 亿元。《公共文化服务保障法》《公共图书馆法》正式颁布实施，为农村公共文化服务体系建设提供了法制保障。2017 年，我国全面实施农村基本公共卫生服务项目，促进基本公共卫生服务逐步均等化，向城乡居民免费提供基本公共卫生服务，国家对基本公共卫生服务的财政补助人均比上年提高了 5 元，并增加了服务项目。

（3）加快构建城乡统一的社会保障体系。国家进一步完善新农合政策。2017 年 4 月，国家卫生计生委、财政部发布《关于做好新型农村合作医疗工作的通知》，将财政对新农合的人均补助标准提高 30 元，并逐步缩小政策报销比和实际报销比之间的差距。进一步完善大病保险政策，将贫困人口大病保险起付线降低 50%，将儿童白血病、儿童先天性心脏病、食管癌、胃癌、结肠癌、直肠癌、终末期肾病等大病集中救治范围覆盖至所有农村参合贫困患者，并将罹患儿童先心病、儿童白血病的城市参合贫困患者同时纳入专项救治范围。支持各地对贫困人口采取“先诊疗、后付费”的政策，对县域内医疗机构垫付的贫困人口报销资金要及时足额予以支付。

此外，国家在城乡养老保险制度和最低生活保障制度加快了统筹并轨，出台了一些相互衔接和配套的政策，并加快构建完善农村社会救助体系。

2018 年，农业农村经济政策将以实施乡村振兴战略为总抓手，以市场化为导向，推进质量兴农、品牌强农，坚持绿色发展，将成为农业农村发展的新趋向；促进三产融合，为乡村发展培育新动能；加强农村人才培养，为农业农村发展注入新活力；强化农村公共事业，为乡村融合发展提供有力保证。在国家政策导向的作用下，预计 2018 年，质量兴农、绿色发展、三产融合将成为农业农村经济发展的突出特点，农业生产将稳定发展，农民收入有望继续较快增长，农村社会将保持和谐稳定。

第4章

中国农村普惠金融服务创新的调查分析

——以贫困地区农村为例

本章基于贫困农村地区普惠金融服务的需求与供给调查①，聚焦贫困地区农村普惠金融发展中存在的问题，在深入分析调查问卷数据基础上，形成相关政策建议。我们认为，贫困地区农村普惠金融是我国农村普惠金融重要组成部分，并具有一定特殊性。其服务创新不仅仅是先进金融服务理念、金融服务组织、金融服务产品、金融服务模式、金融服务技术的创新，也包括贯彻落实已有普惠金融服务模式与经验的创新，特别是与农村实际情况相结合的特色化、在地化②创新。这些创新不一

① 2016年，中国金融教育发展基金会与Visa公司共同在大兴安岭南麓连片特困区及周边贫困县启动了“中国普惠金融及教育‘金惠工程’国际示范区”项目。该项目通过开展面向农牧民与农村中小学生的金融知识普及教育，面向乡镇领导干部和农村金融机构从业人员的能力建设以及相关研究等工作，推进片区普惠金融发展水平。项目覆盖吉林省、黑龙江省与内蒙古自治区41个国家级贫困县，目标于三年内惠及500万农牧民。项目组（中国金融教育发展基金会组织、长春金融高等专科学校实施）于2016年6月赴吉林8县和2017年6月赴黑龙江及内蒙古11县开展了基于需求端的问卷调查，深入贫困县自然村一级，对农牧民开展问卷调查，分别获取了吉林省1258份和黑龙江省和内蒙古自治区1752份有效问卷，共计3010份。在此基础上，最终形成《大兴安岭南麓连片特困区及周边贫困县农村金融能力分析报告》。

除特别注明外，本章所有数据均来自于：中国金融教育发展基金会、长春金融高等专科学校、中国人民大学中国普惠金融研究院、Visa公司，《大兴安岭南麓连片特困区及周边贫困县农村金融能力分析报告》，2017。

② 根据张永升、李会芳在《农村金融普惠的逻辑与途径》（国家行政学院出版社）一书中的解释，在地化是相对于全球化的另一种趋势或理念，是指在一个国家或地区，任何经济或商品流动必须适应地方需求才能可持续发展。笔者认为，金融在地化，可以被视作金融机构、产品、服务、模式等能够被某一特定地区社会所接受的状态。

定是最新研究成果或最新金融科技的应用，但能够为贫困农村普惠金融发展起到重要推动作用。

一、中国农村普惠金融服务创新的供给调查分析

从金融基础设施、金融教育与宣传、金融服务等方面来看，调查地区的普惠金融创新在供给侧相对滞后，特别是在最基层的村镇，供给不足问题就更加突出。

（一）金融基础设施滞后

首先，金融机构下沉和现代化金融服务设备普及力度明显不足。在 1752 名受访者中，大多数表示当地（指所在的行政村镇）没有银行或农信社等银行类金融机构的经营网点；自助取款机的普及率相对较高，但使用频次不高，而支持微信、支付宝等在城市已经较为普及的扫码支付形式的终端投放量较少。农村金融基础设施在覆盖范围、综合服务能力、现代化设备普及等方面还有较大进步空间。需要注意的是，虽然助农取款点或综合金融服务站在基层村镇的占比较高，但由于服务人员素质不高、设备成本和管理成本较高导致服务收费较高、部分服务站功能单一且不持续开放，这些金融机具并没有起到很好的服务效果。

表 4-1　　被调研地区（村）金融机构、机具情况

	有	无
银行或信用社	260	1492
助农取款点/综合金融服务站	859	893
自动取款机	871	881

其次，金融机构类型单一，农村信用社和国有银行处于绝对主导地位。一是从银行层面来看，农村信用社、邮政储蓄银行、中国农业银行网点较多，城市商业银行、村镇银行网点很少，全国性股份制银行没有设立网点。二是从其他金融机构层面来看，保险类金融机构网点有限，互联网金融公司不会在乡镇设立网点，证券公司、基金公司、财务管理公司等更是不会在贫困村设立机构（见图 4.1）。因此，金融机构的供给主要是商业银行，至少在脱贫之前，在贫困村很难考虑金融组织集聚

以及不同种类的金融机构协同服务问题。

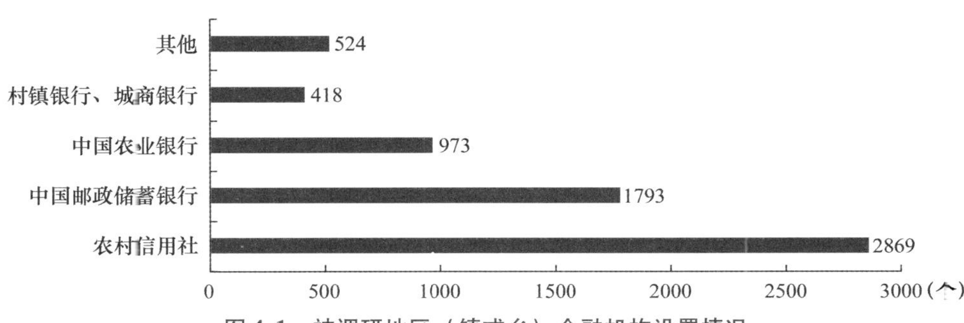

图 4.1 被调研地区（镇或乡）金融机构设置情况

（二）金融教育供给不足

1. 金融教育覆盖面较低

在 1752 名受访者中，在接受调查前一年内没有参加任何金融培训的农民占 90% 以上（见图 4.2）。金融机构缺乏为农民提供有针对性金融教育的动力，这也直接导致农民金融素养较低。金融教育虽然无法在短期内带来直观经济利益，但在农村整体金融环境欠佳以及农民金融知识普遍匮乏的情况下，金融教育低覆盖使农民难以对金融产品应用以及金融服务在农业生产的重要作用有最基本的认知，直接抑制了农村潜在金融需求的提升。

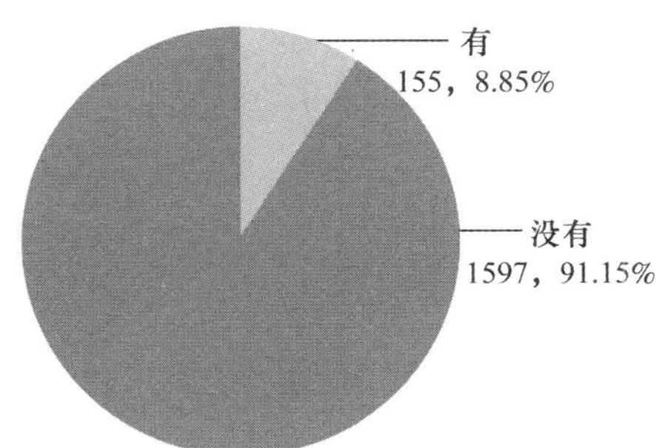

图 4.2 受访者参加金融教育培训情况

同时，金融教育培训的供给主体单一，政府部门和专业教育机构发挥作用十分有限。在 155 名接受过金融教育培训的受访者中，78% 受访者参加由银行、农信社、小贷公司等组织的培训，只有 32% 的受访者接受过由政府部门和专业教育机构组织的培训。结合当前农村金融市场现状，银行类金融机构成为金融教育培训的主要供给主体，其他金融机构缺乏组织基本金融培训的积极性。政府部门对金融知识普及重视程度还不够，较少举办公益性质金融培训。

2. 金融教育宣传不足

在 1752 名受访者中，有近 65% 的农民表示金融机构没有进行金融教育宣传[①]，近 14% 的农民表示不知道是否有金融教育宣传，两项合计近 80%（见图 4.3）。在此情况下，金融教育宣传的广度和深度，宣传内容设计是否符合农民需要、宣传效果是否达到预期等更是无从谈起。

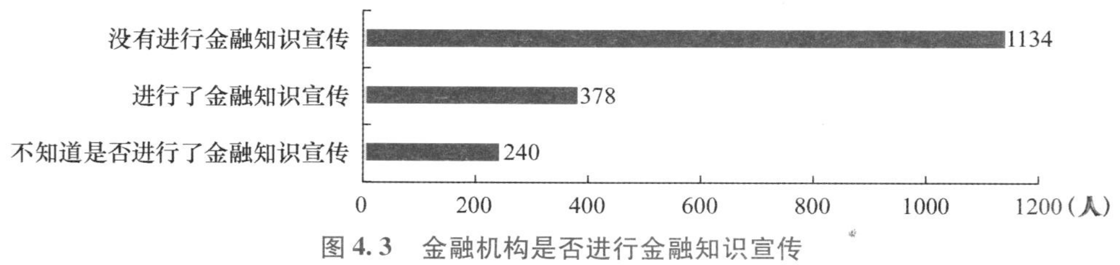

图 4.3　金融机构是否进行金融知识宣传

3. 金融知识供给渠道有限

调查发现，农民获取金融知识的主要渠道并不是金融机构举办的培训或宣传，而是通过电视节目这一传统信息传播方式。同时，随机性发放的传单也成为金融知识宣传主要渠道之一。此外，大部分农民没有通过向周围熟人询问（如亲戚、邻居、朋友等）从而获取金融知识的习惯，这说明在农村金融环境欠佳、农民金融素养较低的情况下，农民群体内部自然传播所能发挥的作用很有限，金融机构组织的集中培训和日常宣传仍有很大提升空间（见图 4.4）。

（三）金融服务水平有待提高

1. 金融服务种类较少

除基本的银行业务外，其他金融服务供给不足。受访者大多表示当地金融机构（主要是银行）可办理业务是支取现金、缴纳费用和储蓄存款，而表示可以办理贷款、保险、外汇以及理财等其他金融服务的人数相对较少（见图 4.5）。剔除受访者由于自身金融需求较少，并且对金融机构可提供服务认知有限的因素外，金融机构在基层提

① 鉴于绝大部分金融教育培训来自银行，因此金融宣传教育的调研主要针对农民经常去的银行和农信社类等银行类金融机构。

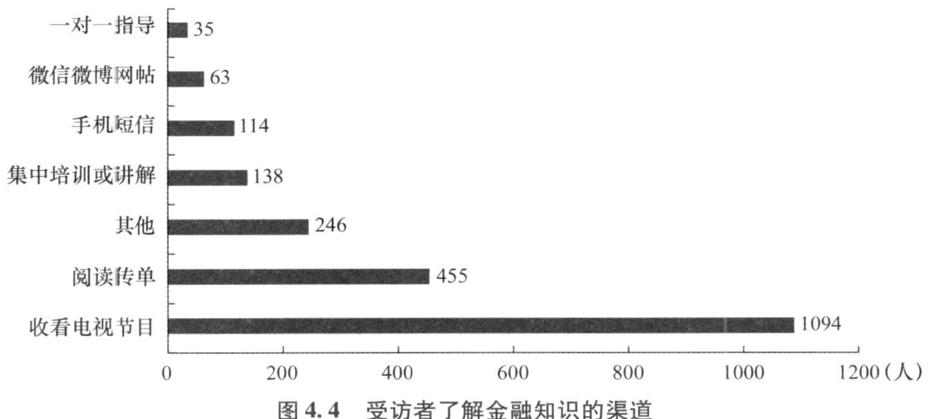

图 4.4　受访者了解金融知识的渠道

供的金融服务和金融产品较少是主要原因。例如，在银行卡使用方面，在 3010 位受访者中，借记卡功能主要体现在支取政府补贴以及最基本的储蓄功能方面，借记卡使用具有一定的被动性；信用卡在被调查地区覆盖率很低，且农民对信用卡功能非常不熟悉，也没有利用信用卡实现资金短期融通和信用消费的意愿，甚至有一定排斥态度。根据调研结果，仅有 86 人开通信用卡，占受访者比重为 2.85%；其中，只有 24 人使用过信用卡，4 人使用过分期付款业务。此外，银行卡后续使用率较低，调查中约 61% 的农民不愿意多花钱（如手续费）以享受更多银行卡服务。

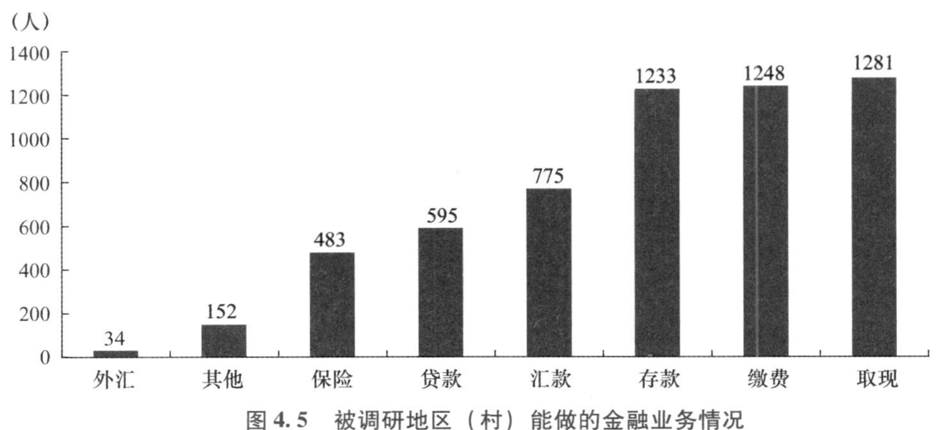

图 4.5　被调研地区（村）能做的金融业务情况

2. 金融服务供给渠道单一

调查地区金融服务供给渠道较为单一，银行占据绝大部分份额，这与金融服务供给结构（主要是一般性借贷）和农民需求结构（储蓄、支取现金和农业生产）高度相关。保险机构、小额信贷和担保机构、证券机构以及网络金融机构可提供服务或者说农民能够接受并便于操作的金融服务很少（见图 4.6）。

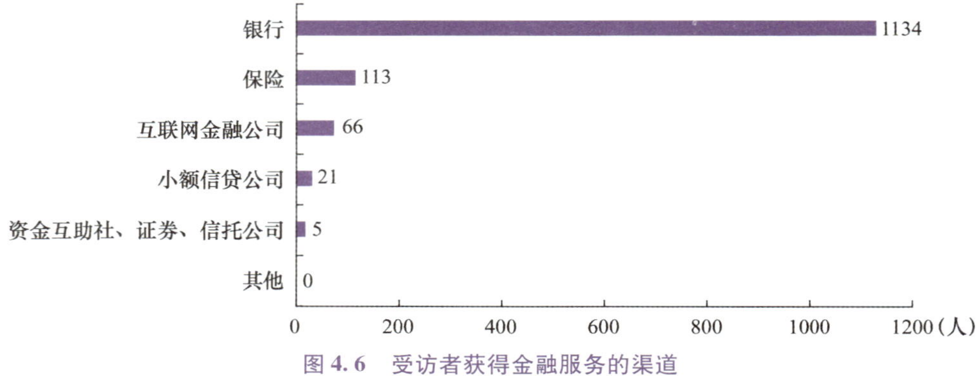

图 4.6　受访者获得金融服务的渠道

注：其他类包括典当行、基金管理公司、网络借贷公司（P2P）、地下钱庄等。

仅就银行业金融机构提供的贷款服务来看，也仍然存在供给不足问题。在已经从金融机构获得贷款的 426 名受访者中，仍有 38% 的人同时有民间借贷行为；在没有从正规金融机构申请贷款的 1326 名受访者中，有 27% 的农民有民间借贷行为，同时有小部分农民使用高利贷。这固然有熟人社会借贷便利且借贷利率低于正规金融机构的因素，但也从侧面反映出正规金融机构提供贷款资源十分有限。

3. 金融服务的便捷性有待提高

根据调查，对贫困地区农民而言，金融服务没有考虑农民金融素养较低、收入水平较低的现实情况。在 3010 个受访者中，对金融机构改善建议集中体现在简化手续、降低费用、增设营业网点和缩短审批时间等方面（见图 4.7），这表示农民希望金融服务可以更加快速、便捷、便宜。

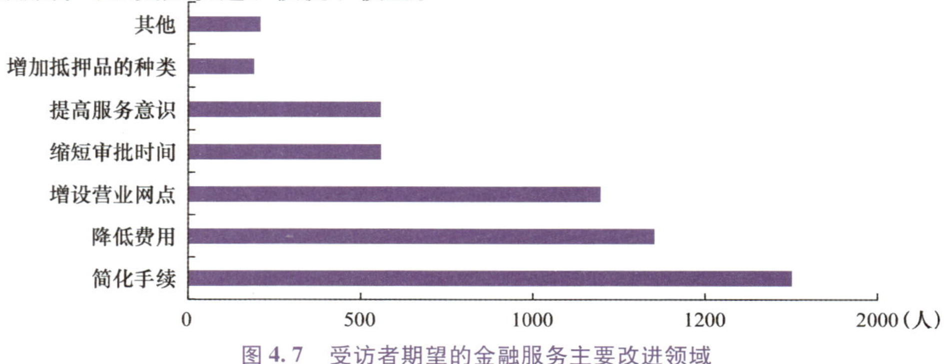

图 4.7　受访者期望的金融服务主要改进领域

二、中国农村普惠金融服务创新的需求调查分析

在调研地区，农民贷款需求更加多样化，金融创新在一定程度上提升了金融需求满足度。同时，农民对金融教育的需求较为强烈，但在一段时间内仍无法通过互联网金融服务等方式实现融资需求。

（一）贷款需求趋于多样化

总体而言，贫困地区农民资金需求逐步出现多样化特征。首先，从贷款用途上看，农业生产贷款是农民贷款的主要需求。随着我国社会主义农村经济的持续发展、农业结构的优化升级以及农民对美好生活的向往，这一领域贷款需求持续增加，也应成为普惠金融创新的重点领域。同时，随着农民收入水平逐年上升，用于房屋建造和子女教育的贷款占据一定比重。此外，在除上述贷款外的其他贷款需求中，用于医疗的贷款占据很大比重，这从侧面反映出在我国医疗保险和补贴机制尚不健全的情况下，农民不得不因为看病而申请贷款。其次，从贷款金额上看，农民贷款规模呈现上升趋势，3 万 ~10 万元贷款需求最多，占比 44%；1 万 ~3 万元贷款次之，占 41%；农民通过贷款提升生产和生活质量主动性有所提升。再次，从满足贷款需求的金融渠道上看，正规金融机构（农村信用社、农业银行、邮政储蓄银行、村镇银行）仍占有主要地位，农民更倾向于通过正规金融机构、传统融资渠道和简便易行的方式获得贷款。此外，调查发现贫困农村也出现了信用卡借款，虽然数量较少，但也体现出农民愿意运用更多渠道满足贷款需求的主动性。

（二）金融创新有利于促进农民的贷款需求

农民贷款遇到的最大问题，是有效抵押物、有效担保以及个人信用难以达到贷款最低标准，使得贷款无法获批，这在很大程度上抑制了农民贷款需求。在 158 名曾有过贷款未通过经历的受访者中，没有抵押物或者被认为抵押物不足的有 71 人，占 45%；无人担保的为 49 人，占 31%，个人信用纪录欠佳或没有个人信用记录的为 30 人，占 19%。调查中还发现，在政府相关政策的支持下，普惠金融创新能够有效解决这一问题，提高农民贷款申请的通过率，激发农民融资需求。例如，在吉

林省和黑龙江省相继推出土地收益保证贷款[①]这一创新做法后，上述两省农民申请该贷款的比例明显高于没有进行创新的内蒙古地区[②]（见表4-2）。

表4-2　　三省农民申请过的贷款类型对比

省区	小额信用贷款		担保贷款		政府贴息贷款		直补贷款土地收益贷款		网络借贷资金互助社		总计
	人数	占比	人数	占比	人数	占比	人数	占比	人数	占比	
吉　林	264	50%	165	31%	24	5%	68	13%	1	0.2%	522
黑龙江	38	22%	109	63%	2	1%	23	13%	0	0%	172
内蒙古	72	31%	152	66%	1	1%	1	1%	3	1%	229

（三）较少通过新型融资渠道实现金融需求

农民对新型融资渠道了解较少，且信任程度较低。因家庭收入水平较低，基础网络设施匮乏所限，无法获得目前在城市已经普及的互联网金融服务。在3010个受访者中，68%的人没有电脑，92%的人没有使用过网上银行，89%的人没有使用过手机银行；在417名建档立卡贫困户中，使用过网上银行的仅占5%，使用过手机银行的仅占16%；在1335名没有建档立卡的贫困户中，使用过网上银行的仅占9.5%，使用过手机银行的占21%。

同时，第三方支付在调研地区普及程度还不高，在1752个受访者中，微信支付方式相对最为普及，但也仅占25%，支付宝、京东等支付方式所占比重更低（见图4.8）。在使用微信支付方式的农民中，60%的人有微信账户但几乎不使用或每月很少使用，只有约50%的人绑定了银行卡。此外，调查发现，家庭收入较高、年龄结构偏低、受教育程度较高、身体保持健康的农民金融需求相对较多，对金融投资和互联网金融的认识和兴趣较高。

---

① 土地收益保证贷款是指金融机构基于农民所有的土地的未来预期收益，实现对农户的贷款。在实践中，主要是农户先将土地流转给政府设立的物权融资公司，增强土地流转的可信度和可操作性，再由后者做出担保并向向金融机构申请贷款。

② 此处仍仅指调研所覆盖的地区，并不是指三个省的所有县乡村。

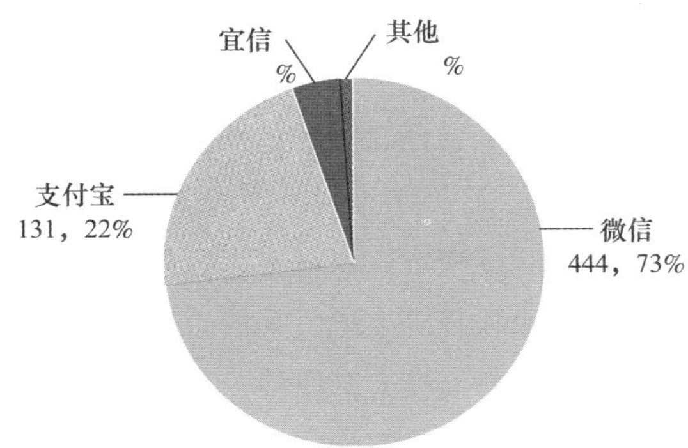

图 4.8 受访者使用第三方支付情况

（四）金融教育需求较高

调查发现，虽然贫困地区农民教育水平和金融素养不高，金融知识欠缺，但接受免费金融教育意愿较为强烈，特别是受访者在贷款注意事项、预防电信和网络诈骗、有效识别假钞、如何便捷实用自助取款设备和手机银行等方面的需求较为突出。

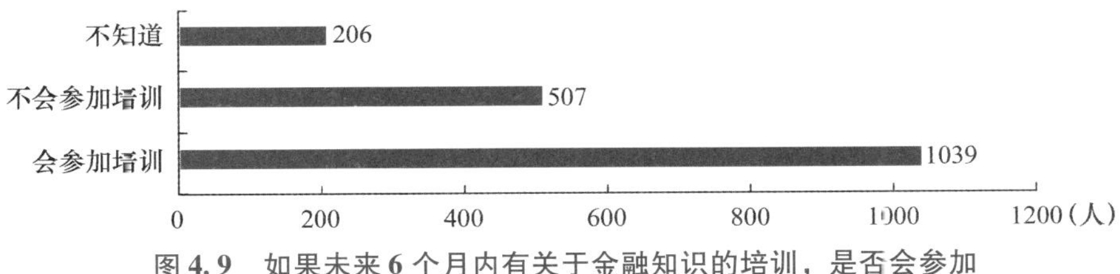

图 4.9 如果未来 6 个月内有关于金融知识的培训，是否会参加

三、当前中国农村普惠金融服务创新存在的问题

基于调查地区普惠金融服务的供给与需求分析，当前贫困地区农村普惠金融服务创新在发展思路、供给制度安排、与农民金融需求的匹配度、在地化创新等方面仍存在一些问题。

（一）农村普惠金融发展思路存在偏差

农村普惠金融的最大特征，是实现农村、农业、农民可持续发展。从调查结果来看，贫困地区农村普惠金融的发展思路存在偏差。按照市场经济原则，以商业性机构为市场主体，以市场化竞争为基础的发展理念，与现阶段贫困地区农村经济金融发展实际，或者说与目前发展阶段不契合。这一理念带来的后果是，基于利益最大化的商业经营主体难以覆盖最需要金融服务的弱势群体，政府只能通过发放补贴的方式弥补现行普惠金融无法覆盖人群（贫困农民等），对这些农民而言，普惠金融已经成为特惠金融。尽管从长期来看，农村普惠金融的可持续发展仍需要遵循市场经济原则，但在短期内，在农村普惠金融发展的攻坚期，缺乏政府有力支持和政策引导的、以市场竞争为基础的发展模式，使得普惠金融供求两端都难以发力。

按照市场经济的逻辑，在市场竞争充分的基础上，农村金融市场将进一步细分，金融机构的网点设置、服务产品、服务对象等将下沉，小微企业、村镇企业、农户、弱势群体将获得更好的金融服务。但现实情况是，在商业金融机构无法获得预期收益的情况下，上述所谓的低端客户并没有获得更好的金融服务，金融资源没有“向下走”，反而在一定程度上重新回到了城市，且主要集聚在大城市中。

（二）农村普惠金融供给存在制度性缺陷

如上所述，农村普惠金融供给在金融基础设施、金融机构、金融服务、金融教育等方面均存在缺陷，但这些问题在很大程度上是制度性缺陷所导致的。一方面，普惠金融的供给主体如农商行、农业银行等机构，其法人治理结构存在利润最大化内生动力，这就使得就贫困地区而言，金融资源配置也是倾向于能够获得更大利润的地区和领域——农信社倾向于县城和中心乡镇，商业银行倾向于城市。同时，现阶段农民在保险和证券领域的需求较少，这两类金融机构难以在短期内投入大量资源深耕农村金融市场。特别是在贫困地区，金融机构提供优质金融服务、推动金融创新的意愿较弱。虽然有国家政策要求，国有或集体金融机构必须制定并实施普惠金融发展措施，但国家对这些机构的考核和绩效要求仍主要是商业指标。在此情况下，金融机构在农村开展业务体现出与一般金融业务的特殊性，正外部效应并不明显。同时，对民营商业性金融机构缺乏政策引导，在短期内难以获利的情况下，其在农村市场投放资源的动力更弱。

另一方面，带有社会企业性质的公益性或非营利性金融组织的作用发挥有限。从调研来看，调查地区资金互助社之类的金融组织发挥的作用很小，甚至可以忽略不计，新型资金互助合作社等机构完全没有发展起来。全国范围内的情况也是如此，例如，从 2006 年起，国家在贫困地区鼓励发展贫困村资金互助项目，由财政部和国务院扶贫办及地方政府拿出了近 50 亿元、在 1.2 万个贫困村开展，但截至目前还有多少项目正常运转，取得的成效如何，国家或地方政府没给出任何统计数字。在很多地方，这个项目和机构早已不复存在①。

（三）农村普惠金融创新滞后于农民金融需求

随着生产和生活水平的提高，农民金融需求增加，主动获取金融服务的意愿明显增强，特别是在传统信贷领域。目前，贫困地区的金融创新有一定的制度性阻碍，再加之农村整体信用水平和教育水平偏低，且成本投入短期内难以获得显著的经济效益，金融创新在满足农民需求、激发农民潜在需求方面的作用还不明显。调查发现，最大的现实性问题是贷款抵押物难以达到银行放贷标准的问题、农民难以获得并理解金融服务信息，以及农业保险提供的保障和覆盖范围与农民投保诉求不匹配的问题。

（四）农村普惠金融创新尚难实现在地化

在农村地区，普惠金融创新并不一定是最新金融科技、金融产品、金融服务模式的创新，结合本地化特征，实现已有金融产品、服务、模式与当地农村实际相结合的创新，面向贫困人群等特定群体，以全体农民为创新对象才是主要着力点。但要实现金融在地化，需要在某一特定地区有中长期普惠金融发展规划，需要投入较多的人力、物力和时间做好前期市场调研，同时要与贫困地区精准扶贫政策相结合。调查发现，虽然有通过政府设立的第三方机构解决农民贷款抵押物不足难题的案例，但此类创新并没有形成示范效应。同时，利用互联网等金融科技推动传统金融服务发展、提升金融服务便利化的创新尚有欠缺。

---

① 杜晓山："农村普惠金融可持续发展之路"，http：//www.financialnews.com.cn/ll/ft/201808/t20180813_143994.html，2018－8－13。

四、促进中国农村普惠金融服务创新发展的政策建议

（一）调整贫困农村普惠金融发展思路

在贫困地区经济发展水平较低，整体金融环境欠佳、金融基础设施薄弱、农村普惠金融仍处于成长期的情况下，建议将以市场竞争为基础的农村普惠金融发展思路调整为市场竞争与政策支持并重的发展思路，根据当前贫困地区农村金融发展的现实情况，从制度上、政策上将贫困农民、弱势群体作为普惠金融的重点扶持对象，逐步弱化财政补贴为主要方式的特惠金融，持续推动普惠金融对这些人群的覆盖面，实现互助型金融、商业性金融、政策性金融、中小微金融、互联网金融共同发展的局面。

（二）重点抓好农村普惠金融供给侧改革

做好农村普惠金融供给的制度性改革，重点是建立多层次的金融组织结构，发挥各类金融机构的协同作用。

一是继续发挥商业金融机构的积极作用。在一定时期内，坚持农信社和农业银行、邮政储蓄银行在农村金融市场上的主导作用；改革对国有和集体商业金融机构开展普惠金融的绩效考核方法，将农村普惠金融成效作为整体经营绩效和金融资源配置的重要组成部分。

二是有针对性的发挥政策性金融的作用。我国目前没有设立针对农村金融市场的政策性金融组织，但可以采用“分账经营”的方式委托商业金融机构针对某一领域、某一类人群开办政策性业务，特别是可以通过政策性业务的方式，将金融创新与精准扶贫政策有效结合。

三是重视资金互助合作社等不以营利为目的或者以保本微利为目的的互助性、社会性机构和中小型金融机构的发展，给予资金互助组织法律地位保障和更大的发展空间；充分此类机构发挥小额信贷便利，满足成员多元化需求的优势，利用此类机构更好地推动金融创新在地化。

四是适度发挥保险类金融机构、证券类金融机构与银行类金融机构的协同作用。在现阶段，重点是扩大保险类金融机构在农业保险方面的供给程度和产品创新，证

券类金融机构则以提供宣传教育为主。

五是鼓励互联网金融公司与传统金融机构探讨业务对接的可能性，利用传统金融机构现有经营网点，共同探索金融服务新模式。特别是在第三方支付和与农业生产、农民生活大项支出相关的小额信贷服务方面，可以作为未来一段时间内创新的重点领域。

（三）大力促进金融服务创新

根据调查结果，贫困地区农村普惠金融创新应主要在理念、流程、产品等方面发力。一是金融服务理念创新。贫困地区农村普惠金融创新要更多地考虑如何通过金融支持帮助农民脱贫并实现生活水平的持续提升，以及如何使用更加灵活的模式、产品和服务，通过农民能够接受、愿意接受的方式，将可以在农村地区投放的金融资源合理配置的问题。二是金融服务流程创新。简化贷款、担保业务的程序，降低金融服务成本，进一步发挥助农取款点和金融综合服务站“小而全”的作用，根据农民融资需求和风险保障需求设计一体化服务流程。三是金融产品创新。结合国家土地、扶贫和金融监管政策，在国家法律法规允许范围内，根据农民家庭、村镇小微企业和专业合作社的差异化需求，设计具有在地化特征的金融产品，特别是能够提升农民抵押能力和风险保障能力、解决农民教育、医疗、住房等多元化资金需求、有助于提升农业经营可持续发展、有利于金融扶贫的金融产品。

（四）加强普惠金融服务创新相关基础设施建设

一是在加大金融机具总体数量的前提下，注重金融机具的合理投放和智能化、综合化服务程度，合理布局金融网点。二是大力提升网络基础设施建设力度，增强电脑、智能手机等基本互联网终端在农村的持有率，为互联网金融服务的拓展、移动支付方式覆盖面的扩大打下坚实的物质基础。三是推广数字化普惠金融，逐步改变农民对现金支付和传统金融渠道的严重偏好，加快开发具有在地化特征的支付工具，进一步延伸农村移动支付网络，使农民便于使用数字结算支付工具。

（五）制定金融教育中长期规划

调查发现，金融教育对贫困地区农村普惠金融创新具有重要作用。贫困农民接受金融教育和宣传的愿望十分强烈，但相关供给却较为滞后。值得注意的是，金融教育和宣传在短期内很难看到直接效果，但其对农民金融素质的提升影响巨大，从而大大拓展了金融创新的可能性。建议制定政府牵头、金融机构主导、专业教育机构辅助的金融教育中长期发展规划，将金融教育作为普惠金融服务供给与创新的重要基础；分阶段、分批次、分不同受众举办金融服务大讲堂，制度化、定期化的金融知识入农家等活动，帮助农民增强风险承受能力，逐步加大金融知识普及深度，这也是实现在地化金融创新的有效手段。

参考文献

[1] 陈耸，王呈斌，刘际陆．农户视角下的农村普惠金融发展成效实证研究．浙江金融，2018（1）

[2] 董晓林，朱敏杰．农村金融供给侧改革与普惠金融体系建设．南京农业大学学报（社会科学版），2016，16（6）

[3] 杜晓山．发展农村普惠金融的思路和对策．金融教学与研究，2015（3）

[4] 顾宁，张甜．基于普惠金融发展的农村信用体系创新研究．财经问题研究，2018（2）

[5] 贾立，汤敏，胡晶晶．中国农村普惠金融发展水平研究．吉林金融研究，2016（6）

[6] 吕进中，杨少芬，詹东新，赵晓斐，杨秀萍，倪李澜，张茂林．基于农民专业合作社的农村普惠金融创新实践与思考．福建金融，2017（5）

[7] 彭向升，祝健．促进中国农村普惠金融发展的思路探讨．农业经济，2017（4）

[8] 谢升峰，田东山，彭辉，邓德波．实现农村金融全覆盖的普惠金融体制创新．金融经济，2014（14）

[9] 杨红丽，甘海燕．新疆农村普惠金融服务创新的思考——基于农户金融需求的视角．新疆财经，2016（3）

[10] 曾之明，汪晨菊，余长龙．普惠背景下农村消费金融服务创新探究．消费经济，2018，34（2）

[11] 张航，李宏畅．互联网金融创新促进农村普惠金融发展研究．农村经济与科技，2015，26（9）

[12] 周孟亮．普惠金融与精准扶贫协调的路径创新研究．南京农业大学学报（社会科学版），2018，18（2）

[13] 中国金融教育发展基金会、长春金融高等专科学校、人民大学中国普惠金融研究院、Visa公司．大兴安岭南麓连片特困区及周边贫困县农村金融能力分析报告，2017

第二部分

各专业领域的农村普惠金融服务创新

第5章

中国农村信贷服务创新

一、中国农村信贷概览

（一）我国农村信贷总体情况

中国人民银行数据显示，2017年末，本外币农村（县及县以下）贷款余额25.1万亿元，同比增长9.3%，增速比上年末高2.8个百分点，全年增加2.5万亿元，同比多增6060亿元；农户贷款余额8.1万亿元，同比增长14.4%，增速比上年末低0.8个百分点，全年增加1万亿元，同比多增880亿元；农业贷款余额3.9万亿元，同比增长5.7%，增速比上年末高1.5个百分点，全年增加2187亿元，同比多增394亿元（见表5－1）。

表5－1　近年我国金融业农村信贷投放情况表　单位：万亿元

	2013	2014	2015	2016	2017
金融机构人民币各项贷款余额	71.9	81.68	93.95	106.6	120.1
农村（县及县以下）贷款余额	17.29	19.44	21.61	23	25.1
农户贷款余额	4.5	5.36	6.15	7.08	8.1
农业贷款余额	3.04	3.4	3.51	3.66	3.9

资料来源：整理自中国人民银行每年发布的《金融机构贷款投向统计报告》。

银行业金融机构涉农贷款作为参考数据，在一定程度上可以管窥我国农村信贷总体情况。银保监会数据显示，截至2017年末，银行业金融机构涉农贷款投放实现持续增长，全国涉农贷款余额达到30.95万亿元，比年初增长3.08万亿元，同比增长9.64%，占各项贷款的24.84%。其中，农户贷款余额8.11万亿元，比年初增长1.04万亿元，同比增长达到14.41%；农村企业及各类组织贷款余额17.03万亿元，比年初增长1.51万亿元，同比增长6.97%；城市涉农贷款余额5.81万亿元，比年初增长0.54万亿元，同比增长11.30%。全年发放扶贫小额信贷余额2496.96亿元，支持建档立卡户607.44万户，同比分别增长50.57%和51.08%；银行业金融机构乡镇覆盖率为95.99%，行政村基础金融服务覆盖率为96.44%。

表5-2　　2017年我国银行业金融机构涉农贷款主要情况　　单位：万亿元

监管指标/项目	金　额	监管指标/项目	金　额
涉农贷款余额	30.95	农户贷款余额	8.11
农村企业及各类组织贷款余额	17.03	城市涉农贷款余额	5.81
扶贫小额信贷余额	0.25		

资料来源：中国银保监会。

表5-3　　我国银行业金融机构近年涉农贷款情况　　单位：万亿元

年份	2013	2014	2015	2016	2017
金额	20.9	23.6	26.4	28.2	30.95

资料来源：中国银保监会。

截至2017年末，全国农村合作金融机构涉农贷款余额89701.5亿元，同比增长9.49%。其中农商银行涉农贷款余额64641.9亿元，同比增长9.93%；农信社涉农贷款余额23666.1亿元，同比增长8.32%；农合行涉农贷款余额1393.5亿元，同比增长9.11%。

截至2017年末，民营银行以网商银行为例，网商银行累计服务农村客户75万户，信贷余额中11.9%为涉农贷款，年末涉农贷款余额为39亿元。

（二）我国农村信贷结构

信贷结构需要与宏观经济的发展需求相适应，农村信贷结构需要以建设农业大国、农业强国为长期目标，以实现“农业强、农村美、农民富”为核心要义。原银监会主席尚福林向十二届全国人大常委会作关于农村金融改革发展工作情况的报告中指出，当前农村金融改革发展仍面临一些突出问题，要优化涉农信贷投放结构，并增强资本市场支持“三农”的能力。农村信贷资金的投向主要是农业贷款、农户贷款和乡镇企业贷款。

中国银保监会数据显示，截至2017年末，我国涉农贷款中农户贷款余额8.11万亿元，占涉农贷款比26.2%，占各类贷款总额比6.29%；农村企业及类组织贷款余额17.03万亿元，占涉农贷款比55.02%，占各类贷款总额比13.2%。

在涉农信贷投放主体结构中，2017年末中国银行涉农贷款余额1.3万亿元；中国农业银行涉农贷款余额3万亿元；中国工商银行涉农贷款余额近1.9万亿元；中国建设银行涉农贷款余额突破1.7万亿元；交通银行涉农贷款余额0.65万亿元；农商银行涉农贷款余额6.46万亿元；农信社涉农贷款余额2.37万亿元；农合行涉农贷款余额0.14万亿元。如图5.1所示。

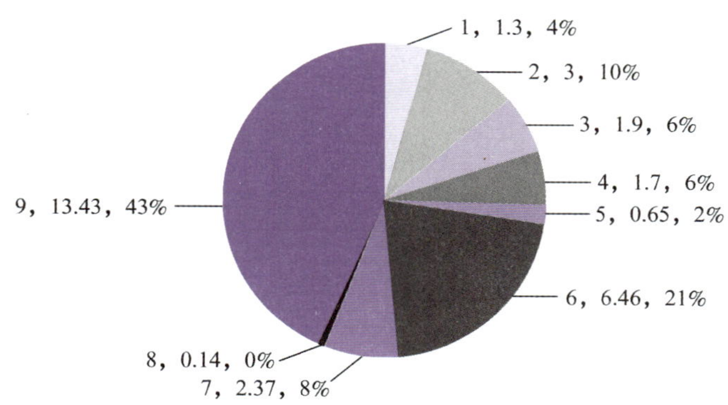

图5.1　2017年我国银行业金融机构涉农贷款投放主体结构图

资料来源：机构年报、社会责任报告及中国银保监会。

（三）我国农村信贷特点分析

随着农业供给侧结构性改革进入“深水区”，农村信贷政策及信贷市场发生了深刻变化，特别是在我国经济进入新常态的大背景下，我国农村信贷呈现以下特点：

1. 促进农业可持续发展的涉农贷款占比较少

涉农贷款虽然在各项贷款中占有较大比重，但主要集中在传统的农林牧渔生产、农用物资和农副产品流通方面，而对农业产生长远影响和可持续发展的农业科技、农田基本建设、农村基础设施建设、农产品出口所需资金支持不够。

2. 提升生活层次的消费贷款等发放不足

农户贷款主要局限于解决传统农业生产资金需求，对于农户多种生产经营贷款需求、扩大农村消费需求的消费贷款，参与机构少，发放数量小。

3. 涉农贷款短期限与农村经济发展周期变化情况不相适应

农村信贷经营上尚未突破“春放秋收”的传统模式，贷款的一般期限控制在一年以内，而农村产业结构调整及产业化项目生产经营所需资金量较大，贷款周期一般都较长，基本上是一年以上，二者时间的不一致给广大农村企业和农户生产经营融资造成困难。

4. 小额农贷无法满足规模化生产需求

随着农业和农村经济结构的调整，农业生产要素构成也由土地密集型、劳动密集型向资金密集型转变，农村资金需求量急剧增加，多数金融机构提供的涉农贷款是小额农贷，一般在 10 万元以下，只能满足购买化肥等农用物资和从事简单再生产的资金需求，而对购买大型农机具或发展养殖畜牧业等扩大经济来源的贷款需求明显不足，一般收割机每台售价超过 20 万，小额农贷显然无法满足。

5. 信用贷款发放比重小

虽然近年来涉农贷款保证方式已从单一的抵押贷款向联保贷款和信用贷款转变，但以信用形式发放的贷款占比较低，并且主要集中在农村金融机构。

二、农村信贷理论及政策创新发展状况

（一）国外农村信贷服务创新现状

我国于 1994 年从国外引入小额信贷技术，国际信贷的发展对我国农村信贷服务有着重要的影响，了解国际范围内的农村信贷服务创新情况对全面认识我国农村信贷情况有着十分重要的作用。

北美、欧洲、东亚、东南亚由于自然环境、政治经济环境不同，农业的发展程度也不同，其农村信贷服务的形态有着各自的特点与模式。

1. 美国农村信贷服务

美国是世界上农业最发达的国家之一，农村金融服务由商业银行、农村信用合作系统、政府农贷机构、政策性农村金融和保险机构等共同组成。

美国联邦储备银行规定商业银行的农业贷款占贷款总额的25%以上将在税收方面享受优惠。美国的农村信用合作系统由联邦中期信贷银行、合作社银行、联邦土地银行组成，设立农业信用管理局管理该系统，美国以法律形式规定对信用社的优惠政策：免征各种税赋；建立信用社存款保险；信用社不缴存款准备金；信用社可以参照市场利率自主决定存贷款利率。政府农贷机构由农民家计局、商业信贷公司、农村电气化管理局三个机构组成。其中农民家计局主要是对不能从商业银行借到低利率的青年农民提供适合农业生产周期的借款，这是一种“无追索权贷款”。美国的政策性农村金融机构为小企业管理局，专门向不能从其他正常渠道获得充足资金的小企业提供融资帮助。

美国与农村信贷配套的农业保险十分发达。美国农业保险运行主要分为三个层次：第一层次为联邦农作物保险公司（风险管理局），主要负责全国性险种条款的制定，风险的控制，向私营保险公司提供再保险支持等；第二层次为有经营农险资格的私营保险公司，它们与风险管理局签订协议，并承诺执行风险管理局的各项规定；第三层次为农作物保险的代理人和查勘核损人，美国农作物保险主要通过代理人销售，他们负责具体业务的实施。

2. 日本农村信贷服务

日本农村金融是以私人金融机构为主，金融机构之间分工明确，监管严格，重大金融事宜需交内阁讨论决定。银行制度等立法要经国会批准。大藏省对日本银行及民间机构进行监督管理。

日本的合作金融为农林渔业协同组合系统所办理的信用事业。农协三级信用机构之间既互相协作又相互独立，经营自主权较大。这种体制的特点是将合作金融机构与国家产业政策相结合，服务领域比较固定，信息资源比较充分，有利于政府对基础行业的扶持。

日本的政府金融是指国家和地方政府团体为了达到其特定的政策目的，利用财政资金投资、放款和认购债券，或对民间金融机构等实行放款利息补贴等优惠措施，以促进金融机构向外放款。日本专门从事金融活动的政府金融机构主要有日本输出入银行及日本开发银行和十家金融公库。日本政府金融在贷款方面的特点是根据政府的政策法令，建立了各种贷款制度，以及为执行这些制度给予各种形式的财政干预。

3. 印度农村信贷服务

印度农村金融体系具有鲜明的多层次性，各金融机构之间既分工明确，又相互合作。这一金融体系构成了“6+1”领头银行型模式，即印度储备银行、印度商业银行、农业信贷协会、地区农村银行、土地发展银行、国家农业农村开发银行、存款保险和信贷保险公司。该模式的主要特点在于用“领头银行”计划的制度安排确保金融对农村地区的支持。在农村金融发展中，印度推行“领头银行”计划，就是在一个地区，必须有一家领头银行负责该地区的发展开发工作，该银行必须向国家规定的优先发展的行业（如农业）提供金融支持。

印度政府在《印度储备银行法案》《银行国有化法案》《地区农村银行法案》等有关法律中，对金融机构在农村地区设立机构网点提出要求。如《银行国有化法案》明确规定，商业银行必须在农村设立一定数量的分支机构，将其放款的一定比例用于支持农业发展。印度储备银行规定，商业银行在城市开设 1 家分支机构，必须同时在边远地区开设 2~3 家分支机构。在今天的印度，平均每 2 万个农户就有 1 家农村金融机构为之服务。

印度储备银行确定了“优先发展行业贷款”制度，要求商业银行必须将全部贷款的 40% 投向包括农业、中小企业、出口等国家优先发展行业，其中贷款的 18% 必须投向农业及农业相关产业。如果达不到规定比例，差额部分的资金以低于市场利率的资金价格存放到国家农业农村发展银行，由该银行对地区农村银行进行再融资，也可购买印度农业农村发展银行的债券。

印度的农业保险充分发挥了保险在分散农业经营中风险的重要作用。印度的农业保险实行自愿保险与有条件的强制保险相结合的方式，即进行生产性贷款的那些农户必须参加相关农业保险，其他的保险如牲畜保险，实行自愿原则，由农户根据自己的条件选择是否参加。

4. 印度尼西亚农村信贷服务

印度尼西亚小额信贷部是印度尼西亚唯一的一家从事小额信贷业务的国有商业银行。目前主要业务集中在小企业贷款和小额信贷上，分别占其全部业务的 51% 和

31%。印度尼西亚国有商业银行在农村金融市场上具有较高的信誉，而国有商业银行的信誉是小额信贷在印度尼西亚获得成功的保障。通过开展有吸引力的储蓄和贷款产品服务，制定工作激励和奖惩制度，建立有效的内部管理和监控系统。将低收入农户的财产作为贷款抵押；针对不同收入水平的客户，相应提供他们需求的各类存、贷款服务。

5. 孟加拉国农村信贷服务

孟加拉国格莱珉银行主要向农户发放小额信贷，被誉为世界上规模最大，效益最好的扶贫模式，此组织与其创始人穆罕默德·尤努斯一起获得了 2006 年的诺贝尔和平奖。

格莱珉银行从 1996 年开始，完全依靠自身市场化运作获得资金，并进入稳定发展时期，其层级组织结构由两部分组成：一部分是分为四级的组织机构，：总行－分行－支行－营业所。另一部分是分为三级的借款人机构：即会员中心－会员小组－会员。

格莱珉银行作为一种成熟的扶贫金融模式，主要特点为：瞄准最贫困的农户，并以贫困家庭中的妇女作为主要目标客户；提供小额短期贷款，按周期还款，整贷零还，这是模式的关键；无须抵押和担保人，以五人小组联保代替担保，相互监督，形成内部约束机制；按照一定比例的贷款额收取小组基金和强制储蓄作为风险基金；执行小组会议和中心会议制度，检查项目落实和资金使用情况，办理放、还、存款手续，同时还交流致富信息，传播科技知识，提高贷款人的经营和发展能力。

（二）国内农村信贷服务创新现状

这些年来我国的金融市场发展迅速，由此也产生了大量的金融产品。总的来看，我国的农业仍旧占据着主体地位，而金融服务在农村确是比较薄弱的区域，农村金融的发展还比较欠缺。实际上，农民有着旺盛的金融需求，这是农业市场化、农村经济产业化发展的大势所趋。正因如此，创新农村金融信贷服务创新就显得意义重大。

加快农村金融改革，解决农村、农民贷款难问题是我国现阶段金融工作的重点，农村金融信贷服务对农村经济的发展有着重要的推进作用，创新农村金融信贷服务，激活农村金融信贷行业活力，对我国三农发展有着重大意义。就目前的情况来看，传统的农业生产方式已悄然改变，而农村信贷服务对农业的支持仍然比较薄弱，不但难以满足农业基本生产资金需求，更无法适应农村经济结构调整，制约了农村经济的长远发展。目前我国农村信贷服务创新主要表现在以下方面。

1. 农村金融机构信贷品种日益丰富

近年来，全国各地县市涉农金融机构不断更新思想观念，拓宽信贷支农渠道，因地制宜地推出了多种形式的农村信贷产品，如“白银质押贷款”“公司 + 基地 + 农户贷款”“中介组织 + 农户贷款”“农户存单质押贷款”“保证贷款”、金穗“惠农卡贷款”“好借好还小额信用贷款”等，极大地提高了农村金融服务质量和效率。以“白银质押贷款”为例，是湖南省某县市为有效解决辖内金银冶炼企业融资难问题而推出的，该县金融机构从 2005 年起推出了“白银质押贷款”业务，几年来深受企业欢迎。至今年 6 月末，该县金融机构共计发放白银质押贷款 9.8 亿元，余额达 3.96 亿元，占同期全县贷款余额的 21.57%，较好地满足了金银冶炼企业的资金需求，有力地推动了地方经济的快速发展。

2. 农村信贷产品和服务方式创新不断发展

2008 年 11 月，中国人民银行会同银监会联合下发了《关于加快推进农村金融产品和服务方式创新的意见》，决定在中部 6 省和东北 3 省选择粮食主产区或县域经济发展有扎实基础的部分地区组织开展农村金融产品和服务方式创新试点，启动探索。目前我国农村信贷产品及服务创新主要集中在以下几个方面。

（1）农户小额信用贷款。农户小额贷款是指以农户自然人为贷款对象，基于农户的信誉，在核定的额度和期限内向农户发放的不需抵押、担保的贷款，是农信社信贷的一种创新产品。农户小额贷款采取“一次核定，随用随贷，余额控制，周转使用”的管理方法。加上“客户一证通”“信用一证通”等服务手段的创新，简化了农户的贷款手续，有利于拓展农村信贷市场，而且是针对农户放款且额度较小，本身具有分散风险的特点。

（2）农村农户联保贷款。农户联保贷款作为农信社开办的一种创新贷款方式，有效解决了长期困扰农民的贷款担保难问题。同时，对提高农信社信贷资产质量和支农贷款管理水平发挥了积极作用。以湖南某县信用联社为例，依据《农户联保贷款管理办法》规定，从 2002 年 6 月开始在全县推行农户联保贷款，实现了信贷资金的良性循环。该县信用联社要求信用社根据当地村委的推荐，指派包片信贷员逐户上门走访、座谈，了解农户的经营项目、发展计划、自有资金、尚缺资金数额以及个人社会信誉记录、经济状况、经营能力和偿债能力等，然后写出调查分析材料，信用社再进行集体审核。通过审核，确定每个农户的贷款额度，并建立农户经济档案，一户一档，写出可行性报告，报信用社审批小组审批。经过严格条件审核合格后，信用社就可以办理放贷手续。

（3）个体经济户等级授权贷款。该产品旨在支持地方经济发展，合理简化贷款手续，方便城区个体经济户贷款。以湖南某县为例，在深入调查论证、多方征求意见的基础上，推出个体经济户贷款信用等级授信管理新业务。这是全县农信社继小额农贷、农户联保贷款、创建农村信用工程后信贷服务手段的又一重大创新，迈出全县农信社“巩固农村，抢占城市”经营战略的重要一步。贷款户信用等级评定程序是：一是客户申报。客户向农信社提出书面申请，填写反映信用等级评定标准的申报审批表，向农信社提供生产经营和资金资产等情况，向农信社提供信用等级评定资料。二是信贷员（客户经理）调查。根据客户申报，信贷员按授信标准逐项调查，承担该客户授信贷款风险的第一责任。三是农信社评审定级。四是联社复查评审。五是建档发证。

（4）大中型项目贷款。项目贷款是一种投资活动，是在一定时间内耗费一定资金用于建立能产生效益的资本的活动过程。这里指农村的大中型投资项目贷款，发放周期与项目投资周期相辅相成。

一般情况下项目贷款额大，风险也大，贷款质量至关重要。以项目的可行性为基础，对项目投资主体也就是贷款人要进行严格审查。发放项目贷款前的市场调查工作需要对项目进行分析、论证、评价。

（三）我国涉农信贷政策分析

我国政府重视农村信贷工作，着力丰富和完善金融机构的涉农信贷政策体系。2015 年 2 月银监会发出《关于做好 2015 年农村金融服务工作的通知》；2015 年 7 月财政部、农业部、银监会印发《关于财政支持建立农业信贷担保体系的指导意见的通知》；2016 年 12 月国务院办公厅印发《关于完善支持政策促进农民持续增收的若干意见》；2017 年中央 1 号文件《中共中央　国务院关于深入推进农业供给侧结构性改革加快培育农业农村发展新动能的若干意见》确要求落实涉农贷款增量奖励政策；2018 年 8 月银保监会发布《关于进一步做好信贷工作提升服务实体经济质效的通知》要求要强化小微企业、“三农”、民营企业等领域金融服务，降低融资成本。

随着各项政策的落地实施，有助于加强对金融机构涉农信贷业务的政策引导，促进涉农信贷结构优化，强化涉农信贷风险控制，对提高我国“三农”信贷管理的精细化水平具有积极作用。但总体而言，农村信贷服务离我国“三农”日益增长的金融需求还存在一定距离。主要表现在以下几个方面。

1. 农村信贷总量投入不足

中国银保监会数据显示，2017 年，全国银行业金融机构涉农贷款投放实现持续增长。截至 2017 年 12 月末，全国涉农贷款余额达到 30.95 万亿元，同比增长 9.64%，占整个银行业金融机构贷款 25%。其中，农户贷款余额 8.11 万亿元，同比增长达到 14.41%；农村企业及各类组织贷款余额 17.03 万亿元，同比增长 6.97%；城市涉农贷款余额 5.81 万亿元，同比增长 11.30%。我国涉农贷款投放持续增长，但与我国“三农”经济的整体发展的需求相比，对比金融机构涉农贷款在总贷款余额的占比，我国现在对农村地区投入的贷款总量仍然有较大的增长空间。

中国社科院发布的《“三农”互联网金融蓝皮书》中指出，自 2014 年起，我国“三农”金融缺口超过 3 万亿元；目前，农村只有 27% 的农户能从正规渠道获得贷款，40% 以上有金融需求的农户难以获得贷款。特别是，当前涉农贷款的不良率偏高已成为风控难点。在一些地区，农户贷款不良率过高，已影响涉农金融机构信贷业务的可持续性以及持续信贷投入的积极性。

2. 农村信贷环节多、手续繁

银行业金融机构针对农民的主要是小额贷款，这种小额贷款的期限大多为 1 年或 1 年半，贷款额度各机构不尽相同，但多数不超过 1 万元。此外，银行出于风控需要，制订的信贷审批流程长，贷款手续烦琐，审批环节多，难以满足农民及乡镇企业贷款简单快捷的要求。

3. 农村信用体系建设薄弱

农村信用体系是我国信用体系的重要一环。成熟的农村信用体系不仅可以节约农户借贷成本和时间、加快普惠金融体系构建，对农村信贷效率、质量都发挥重要影响。由于我国农村人口众多、地域环境复杂、文化风俗各异，农村信用体系建设仍处于探索试点阶段，存在诸多亟待解决的问题。

三、中国农村信贷服务创新展望

党的十九大报告指出中国特色社会主义迎来了新时代，提出了“乡村振兴战略”，农村金融需要紧紧围绕十九大提出的伟大目标的实现提供强有力的支撑。农村信贷服务的创新与发展需要在深化金融体制改革、建设现代金融体系的进程中，不断增强金融服务实体经济能力，提高直接融资比重，深化利率和汇率市场化改革，守住不发生系统性金融风险的底线，以满足人民日益增长的美好生活需要为出发点，以服务乡村振兴战略为落脚点，创建具有中国特色的社会主义农村金融体系。

（一）农村信贷服务创新要坚持服务实体经济

习近平总书记在第五次全国金融工作会议上强调，金融是实体经济的血脉，为实体经济服务是金融的天职，是金融的宗旨，也是防范金融风险的根本举措。十九大报告指出，深化金融体制改革，增强金融服务实体经济能力。

新形势下，银行业金融机构要从党和国家经济社会发展全局出发，进一步突出重点、加快创新、探索模式、强化保障，以不断完善“三农”信贷体系及完善小微企业信贷体系为抓手，引导农村信贷服务实实在在地投向实体经济。

银行业金融机构应在监管部门的指导下调整信贷结构，创新担保方式，优化业务流程，为小微企业提供优质高效的金融服务。在“三农”金融服务方面，应充分发挥政策性金融、商业性金融和合作性金融的作用，加大对农业科技和农村基础设施等重点领域的信贷支持力度。农村信贷服务创新要重点支持经济结构调整、节能减排、环境保护和自主创新，特别要加快解决农村金融服务不足、小型微型企业融资难问题。

农村信贷服务创新应切实加强对农业农村基础设施建设的信贷支持，建立健全涉农中长期信贷投放的激励机制，鼓励和引导银行业金融机构特别是政策性银行围绕农田水利基本建设、农业综合开发、统筹城乡发展、农业商品基地建设等重点领域，针对各类农村基础设施项目的信贷需求特点，创新涉农信贷管理模式，完善涉农信贷管理制度，切实加大信贷投放，积极提供多元化融资便利。

（二）通过农村信贷服务创新不断提升普惠金融可得性

十九大指出新时代我国社会主要矛盾是人民日益增长的美好生活需要和不平衡

不充分的发展之间的矛盾。农村信贷服务是我国建立健全普惠金融体系的重要组成部分，加强对小微企业、“三农”和偏远地区的金融服务，推进金融精准扶贫，鼓励发展绿色金融，通过农村信贷服务的创新将不断提升我国普惠金融的可得性。

近年来，各地银行推出了各种信贷新产品，有动产质押贷款、循环贷款、存货融资、整贷零偿贷款等，是农村信贷服务的创新尝试。农村信贷服务在产品创新、机制创新、渠道创新上应着重解决农村金融服务“最后一公里”问题，进一步扩大普惠金融覆盖面，缩小城乡金融服务差距，增强人民群众对金融服务的满意度。

农村信贷服务创新在践行普惠金融的过程中要将精准扶贫作为重要抓手，力促全国贫困地区金融服务显著改善，农村贫困人口显著减少，贫困群众获得感显著增强。应当针对扶贫对象的实际情况和现实需要，大力创新金融产品，不断满足扶贫对象的各类需要，切实将扶贫工作落到实处，致力于农业产业扶贫，充分发挥金融杠杆的作用，创新信贷模式，助推产业发展，探索促使“输血式”扶贫向“造血式”扶贫转变的新路子。

（三）通过农村信贷服务创新提升金融系统抗风险能力

防止发生系统性金融风险是金融工作的永恒主题。中国人民银行原行长周小川在《守住不发生系统性金融风险的底线》中指出：总体看，我国金融形势是好的，但当前和今后一个时期我国金融领域尚处在风险易高发期，在国内外多重因素压力下，风险点多面广，呈现隐蔽性、复杂性、突发性、传染性、危害性特点，结构失衡问题突出，违法违规乱象丛生，潜在风险和隐患正在积累，脆弱性明显上升，既要防止“黑天鹅”事件发生，也要防止“灰犀牛”风险发生。

我国农业受自然灾害与市场影响大，且农业保险发展相对滞后，农业贷款风险较高。农村信贷服务手续较烦琐、周期较长，农村信贷的普惠可得性仍有待提升，农村信贷服务的滞后会造成我国系统性金融风险因素的增加。

农村信贷服务创新需要重点抓好贷款的全周期管理，针对客户准入、授信、审批、用信和贷后管理等各个环节，把风险防控措施做细做实，平衡支持实体经济与强化风险管理的关系，保持信贷资产质量的总体稳定。农村信贷服务创新将带来信贷产品多样化、信贷效率的提升、涉农信贷结构的优化，尤其是金融科技在农村信贷服务创新中的应用将大大提升涉农信贷风控能力与水平，从而增强系统性金融风险的防范能力。

第6章

农产品期货市场发展及服务“三农”的实践与创新

2017年是我国实施乡村振兴战略的开局之年，是粮食收储制度改革的关键一年，也是我国农产品期货市场快速发展的一年。农产品市场化改革加快推进，农产品价格波动明显加大，农业生产经营的市场风险逐步提升，农业生产经营主体规避风险的需求显著提高。农产品期货期权市场紧紧围绕服务农业实体经济，不断进行探索尝试，有效地促进了农业供给侧结构改革。在2017年中央1号文件指导下，“保险+期货”试点范围不断扩大，创新开展收入保险试点，通过基差点价收购探索出“订单农业+保险+期货（权）”等新模式。豆粕期权成功上市并平稳运行，实施并推广玉米集团化交割等一系列创新和制度设计，为期货市场更好服务“三农”打下坚实的基础。在创新和实践过程中，农产品期货期权也面临一些短板与不足，比如上市农产品期货和期权数量总体较少，风险管理体系还不完善，“保险+期货”缺少中央财政资金补贴难以大面积推广等。为提高我国农产品期货、期权市场运行质量，更好地服务农业实体经济，建议深入推进农产品市场化改革，加快完善上市品种品系，尽快推出农产品场内期权，推动中央和地方财政补贴“保险+期货”试点，着力培育壮大新型农业经营主体。

一、2017 年中国农产品期货期权市场整体运行情况

（一）农产品期货成交规模持续扩大

2017 年，我国农产品期货市场的总成交量达到 8.12 亿手，总成交金额为 40.79 万亿元，分别占我国期货市场总成交量和总成交额的 26.64% 和 24.98%。其中，大连商品交易所（以下简称“大商所”）的 10 个农产品期货成交量为 5.29 亿手，占全国农产品期货成交量的 65.21%，成交额为 17.46 万亿元，占全国农产品期货成交额的 42.80%。郑州商品交易所（以下简称“郑商所”）的 10 个农产品期货成交量为 1.93 亿手，占全国农产品期货成交量的 23.80%，成交额为 9.58 万亿元，占全国农产品期货成交额的 23.49%。上海期货交易所（以下简称“上期所”）的 1 个农产品期货（天然橡胶）成交量为 0.89 亿手，占全国农产品期货成交量的 10.99%，成交额为 13.75 万亿元，占全国农产品期货成交额的 33.71%。就农产品期货品种而言，玉米、鸡蛋等品种成交活跃，成交规模增长较快。根据美国期货业协会（FIA）统计，2017 年世界交易量排名前 20 位农产品期货和期权产品中，中国农产品期货品种有 12 个，占比过半（如表 6－1 所示）。

表 6－1　　2017 年全球前 20 位农产品期货和期权合约成交量排名

排名	合约	交易所	2017 年（手）	2016 年（手）	增长率（%）
1	豆粕期货	大连商品交易所	162877864	388949970	－58.1%
2	玉米期货	大连商品交易所	127323949	122362964	4.1%
3	玉米期货	芝加哥期货交易所	89876782	85625219	5.0%
4	天然橡胶期货	上海期货交易所	89341052	97371256	－8.2%
5	菜籽粕期货	郑州商品交易所	79736545	246267758	－67.6%
6	棕榈油期货	大连商品交易所	68046475	139157899	－51.1%
7	白糖期货	郑州商品交易所	61073198	117293884	－47.9%
8	豆油期货	大连商品交易所	57158378	94761814	－39.7%
9	大豆期货	芝加哥期货交易所	54504169	61730753	－11.7%
10	玉米淀粉期货	大连商品交易所	50433910	67445264	－25.2%

续表

排名	合约	交易所	2017 年（手）	2016 年（手）	增长率（%）
11	鸡蛋期货	大连商品交易所	37262376	22474739	65.8%
12	软红冬小麦期货	芝加哥期货交易所	33717805	31059726	8.6%
13	11 号糖期货	ICE 美国期货交易所	30961148	33115334	-6.5%
14	豆油期货	芝加哥期货交易所	30232316	29429298	2.7%
15	黄大豆 1 号期货	大连商品交易所	26324058	32570158	-19.2%
16	1 号棉花期货	郑州商品交易所	26068232	80530129	-67.6%
17	豆粕期货	芝加哥期货交易所	25996399	25953938	0.2%
18	菜籽油期货	郑州商品交易所	25994757	27312246	-4.8%
19	玉米期权	芝加哥期货交易所	23884970	22794484	4.8%
20	大豆期权	芝加哥期货交易所	16980581	20109648	-15.6%

资料来源：全球期货业协会（FIA）。

（二）参与农产品期货市场的主体结构不断优化

2017 年大商所农产品期货市场的主体结构日趋合理，具体表现在参与客户数量较上年有显著提升，持仓客户数量有明显的增长，法人客户占比有所上升。其中豆二、鸡蛋期货的参与客户数、法人客户数和持仓客户数都有显著的增长。

2017 年，大商所调整黄大豆二号期货合约和规则，以充分发挥黄大豆二号期货市场功能，更好地服务产业和实体经济。制度调整后，豆二期货的客户数量显著增长，客户结构进一步优化。其中参与客户数和持仓客户数明显提升，分别较上年增长 65.52% 和 691.25%。虽然个人客户仍是参与豆二期货交易的主体，但是法人客户数同比增长 462.50%，投资者结构较上年更加合理。表明豆二期货合约和规则调整有效地调动了产业企业客户的积极性。

2017 年鸡蛋期货参与客户 27.6 万户，同比增长 27.59%，持仓客户 21.33 万户，同比增长 38.3%。鸡蛋期货交易的客户数量稳步增长，交易的主体以个人客户为主，但是法人客户有显著增加，较上年增长 24.65%，客户结构总体稳定。

值得关注的是，玉米和玉米淀粉期货参与客户数和持仓客户数较上年略有减少，但法人客户数量仍保持增长趋势。2017 年玉米和玉米淀粉期货法人客户数分别较上年增长 8.55% 和 6.61%，表明随着玉米市场化改革的深入推进，玉米产业以及下游玉米淀粉产业逐渐活跃，现货企业对期货市场的认可度进一步提高，将会吸引更多主体企业参与其中（如表 6 - 2 所示）。

表 6 - 2　　2017 年大商所农产品期货市场投资者结构

项目 品种	参与客户数（户）		法人客户数（户）		持仓客户数（户）	
	2017 年	同比增减（%）	2017 年	同比增减（%）	2017 年	同比增减（%）
玉米	286513	-6.40	6576	8.55	235740	-4.12
玉米淀粉	185800	-10.13	5127	6.61	142888	-8.00
豆一	183268	-0.38	178735	-0.52	134105	8.44
豆二	144	65.52	45	462.50	633	691.25
豆粕	364887	-18.17	7994	-2.61	284555	-19.80
豆油	215040	-5.29	6584	-1.11	160681	1.77
鸡蛋	275984	27.59	5527	24.65	213310	38.30
棕榈油	256144	-7.23	6803	-1.53	194789	-5.04
胶合板	287	-79.08	22	-18.52	189	-75.83
纤维板	279	7.72	12	0.00	145	0.69

资料来源：2017 年大连商品交易所品种运行情况报告。

（三）功能发挥日益完善

1. 农产品期货价格发现功能整体提升

大商所上市农产品期货价格发现功能总体表现良好，呈现以下几个特点：一是大商所农产品期货品种期现价格相关性整体水平较高，不同品种之间有所差异；二是交易所进一步完善制度，使部分品种价格相关性较上年明显增强。

在大商所的 10 个农产品期货中，期现相关性系数在 0.8 以上的期货品种达到 5 个，较 2016 年增加 1 个。排名前五的分别是豆油、鸡蛋、豆二、棕榈油、豆粕。2017 年豆油的期现价格相关系数为 0.98，较上年小幅上升，相关性依然维持在较高水平，表明豆油期货价格发现功能发挥良好。

鸡蛋期现价格相关性系数为 0.94，较 2016 年明显提升，增长近四倍。主要原因是大商所创新鸡蛋交割制度，使产业客户参与鸡蛋期货交割的积极性进一步增强，交割量大幅增长，期现基差缩小。

玉米和玉米淀粉期现价格相关性显著提高，期现价格相关性系数分别达到 0.69 和 0.64，分别较上年增长 13.11% 和 12.28%。这主要得益于 2016 年国家取消了玉米临储收购政策，价格反应更加灵活，市场机制得以有效的发挥。另外，大商所在玉米期货品种上设立集团交割并增加交割仓库，促进交割量的增长，经过一年的市场运行，玉米期货价格能够及时反应现货市场的变化情况，期现价格相关性显著增强，为下游产业链的价格机制提供了有力的保障。

棕榈油期现相关系数为 0.82，较 2016 年略有回落。因为我国棕榈油完全依赖进口，国内外棕榈油价格具有较高的联动性。但是从中长期看，随着我国棕榈油国际化进程的加快，将会进一步吸引国内棕榈油企业进入期货市场，我国棕榈油期现价格走势也会趋于一致，相关度将会逐渐提高（如表 6 – 3 所示）。

表 6 – 3　　2016 ~ 2017 年大商所农产品期货期现价格相关性

品种	期现价格相关性（系数）		增长（%）
	2017 年	2016 年	
豆油	0.98	0.97	1.03
豆粕	0.8	0.9	–11.11
棕榈油	0.82	0.92	–10.87
玉米	0.69	0.61	13.11
玉米淀粉	0.64	0.57	12.28
鸡蛋	0.94	–0.34	376.47
黄大豆一号	0.44	0.41	7.32
黄大豆二号	0.88	0.95	–7.37
纤维板	0.35	0.20	75.00
胶合板	0.38	0.06	533.33

资料来源：2017 年大连商品交易所品种运行情况报告。

总体看，大商所农产品期货价格能及时体现现货市场的状况，期货、现货市场价格运行平稳，部分品种期现价格相关性较 2016 有明显提升。随着制度的改革和创新，期货市场的价格发现功能将进一步得到有效发挥。

2. 农产品期货套期保值功能较好发挥

2017 年大商所农产品期货套期保值功能总体表现良好，套期保值效率继续保持较高水平，并且较上年有所提升，不同品种之间的套期保值效率差异较大。套期保值效率达到 70% 以上的农产品期货品种有 5 个分别是豆油、鸡蛋、豆粕、棕榈油、豆二。

2017 年豆油期货的套期保值效率达到了 90.74%，比 2016 年的 91.72% 小幅下降，但是仍然保持在较高水平。我国的大豆加工规模已成为世界第一，大豆压榨企业越来越需要通过期货市场规避价格风险。在长期的经营实践中，规模以上企业几乎全部利用期货市场进行套期保值，在管理风险，稳定生产经营方面卓有成效。

鸡蛋套期保值效率为 87.76%，较 2016 年显著提升，同比增长 114.68%。主要原因是大商所进行的鸡蛋交割制度创新，进一步满足了产业客户的套保需求，降低现货价格下跌给企业带来的风险。制度的创新降低了产业客户参与鸡蛋期货交易的交割难度，增加了交割量，降低了交割风险，市场效率显著提高，套保效果进一步增强。

2017 年棕榈油的套期保值效率为 77.66%，同比上升 37.94%，表明相关企业利用期货市场套保的实际效果良好。2017 年，由于国际棕榈油产量开始恢复，棕榈油库存回升，而且豆油产量也在不断增加，豆棕价差降低，棕榈油成交疲弱，现货价格走低，基差变动幅度缩小，市场套期保值效果回升。

玉米淀粉的套期保值效率达到 30.36%，较上年有所提高，同比增长 36.27%，主要原因是受玉米深加工补贴政策的影响，玉米淀粉相关企业大量收购玉米，市场主体的参与度提高，玉米以及玉米淀粉价格上涨，在一定程度上导致产业内竞争加剧。另外玉米收储制度的改革，为玉米产业链上下游企业带来了机会，同时也面临着一定的风险。企业为了有效规避价格波动的风险，合理利用期现货市场，套期保值参与度有所提高。

此外，2017 年下半年，豆二新合约才上市，市场价格波动较大。2017 年豆二套期保值效率为 77.23%，较上年略有下降，但是仍保持在较高水平。从长期来看，豆二期货新合约规则实施后，更能适应市场的发展需求，满足相关企业的避险需求。价格贴近现货价格，市场参与度提高，套期保值效率将会有所提升（如表 6－4 所示）。

总体看，2017 年大商所半数以上的农产品期货套期保值效果较好，能够帮助企业较好地规避现货市场价格波动的风险，大商所期货品种相关产业企业利用期货进行套期保值的水平也有所提升。

表 6 – 4　　2016 ~ 2017 年大商所农产品套期保值效率

品种	套期保值效率		增长（%）
	2017 年（%）	2016 年（%）	
豆油	90. 74	91. 72	–1. 07
豆粕	80. 26	91. 96	–12. 72
棕榈油	77. 66	56. 3	37. 94
玉米	39. 78	57. 64	–30. 99
玉米淀粉	30. 36	22. 28	36. 27
鸡蛋	87. 76	40. 88	114. 68
黄大豆一号	38. 39	54. 61	–29. 70
黄大豆二号	77. 23	82. 00	–5. 82
纤维板	12. 84	29. 60	–56. 62
胶合板	12. 81	29. 50	–56. 58

资料来源：2017 年大连商品交易所品种运行情况报告。

（四）豆粕期权成功上市并平稳运行

2017 年 3 月 31 日，国内首个商品期货期权——豆粕期权在大连商品交易所上市交易，经过 9 个月的初期发展，豆粕期权市场整体运行平稳有效，不但实现了“稳起步”目标，而且市场规模逐步扩大，投资者参与程度逐步提升。

1. 豆粕期权规模快速增长

截至 2017 年底，豆粕期权交易规模、投资者数量较上市初期有较大增长。豆粕期权上市首日成交量为 2. 3 万手，12 月份日均成交量达到 2. 6 万手，是上市首日的 1. 1 倍，日均成交量占标的期货的比例是上市初期的 2 倍；上市首日持仓量为 1. 6 万手，2017 年年底的期末持仓量增长到 16 万手，是上市初期的 10 倍，日均持仓量占标的期货的比例是上市初期的 14 倍。上市首日，开通期权权限的投资者数量仅逾千户，截至 2017 年年底，开通期权权限的投资者数量接近 8000 户，是上市初期的 7 倍，并且一半以上的客户都参与交易了豆粕期权，累计参与期权交易的客户数是上市初期的 10 倍（如图 6. 1 所示）。

2. 豆粕期权功能初步显现

随着市场规模的逐步扩大，豆粕期权功能初步显现。首先，期权为产业客户套

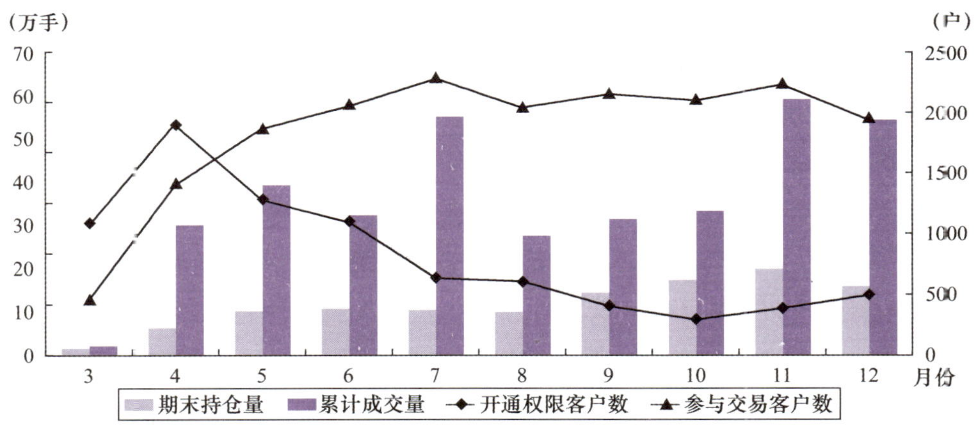

图6.1 2017年豆粕期权整体交易情况

资料来源：大连商品交易所。

保提供了新工具。使用期权套保除了避免价格反向变动风险外，还保留了价格向有利方向变动时的收益，而且买入期权无须支付保证金，提高了资金管理效率。而仅用期货套保时，期货与现货盈亏相抵，无法获得收益。其次，期权为机构客户提供了多样化的投资工具，有利于其构建策略，利用期权的高杠杆特性提高投资收益、平滑投资收益曲线、积累商品期权交易经验等。机构客户的参与可以有效改善期货市场结构。再次，场内期权为场外期权提供了有效的对冲工具和定价基准。场外期权可利用场内期权对冲波动率风险，并且报价也参考场内期权，使场外买卖价差不断缩小，场外期权成本逐渐降低，市场价格更加透明。

二、期货期权市场服务“三农”的实践和创新

(一)“保险+期货”试点规模扩大与模式创新

2017年，大商所对25家期货公司联合8家保险公司在黑龙江、吉林、辽宁、内蒙古、河北、安徽和重庆7个省区开展的32个（玉米22个、大豆10个）“保险+期货”试点项目给予立项，其中价格险23个（玉米16个，大豆7个）、收入险9个（玉米6个，大豆3个）。从试点数量上看，较2016年的12个试点相比，增长166%，共计服务188个合作社和80201个农户，较2016年增长一倍以上。试点项

目涉及玉米共计 67.83 万吨，其中价格险 55.67 万吨，收入险 12.15 万吨；涉及大豆共计 11.40 万吨，其中价格险 9.60 万吨，收入险 1.80 万吨。32 个试点总计涉及 206.4 万亩土地。

1. 价格险试点保障水平更高，价格更低

2017 年试点项目中，玉米价格险的平均目标价格为 1690 元/吨，较 2016 年的 1537 元/吨提高了 153 元/吨，增长 10%。平均保费为 66.43 元/吨，较 2016 年的 122 元/吨降低了 55.57 元/吨，降低 46%；大豆价格险的平均目标价格为 3857 元/吨，较 2016 年的 3734 元/吨提高了 123 元/吨，增长 3%，平均保费为 171.73/吨，较 2016 年的 178 元/吨降低了 6.27 元/吨，降低 4%（如表 6－5 所示）。通过提升目标价格，有效提高保障水平，通过降低保费，有效减轻农户参保负担，提高参保积极性。实践中，东北玉米和大豆主产区参保主体获得切实的保障效果，对试点的认识和理解不断提高，并且间接促进了当地农户土地流转。

表 6－5　2017 年大商所“保险＋期货”的价格险试点情况

序号	省份	品种	现货量（万吨）	面积（万亩）	目标价格（元/吨）	是否国家级贫困县	农民缴纳保费比例	支持金额（万元）	理赔总额（万元）
1	黑龙江	玉米	2.2	3.10	1675	是	6.98%	200	57.78
2	黑龙江	玉米	2.25	30	1687	否	22.22%	100	30
3	黑龙江	玉米	2.2	2.7	1670	是	0	100	0
4	黑龙江	玉米	2.2	3.63	1720	是	0	100	49.39
5	黑龙江	玉米	9.02	14.17	1640	是	0	400	0
6	吉林	玉米	1	1.5	1732	否	20%	100	40
	吉林		1.2	1.8	1732	否	0%		3.6
7	吉林	玉米	2.2	4.89	1720	是	20%	200	104.94
8	吉林	玉米	0.5	0.74	1739	否	0	200	33.5
	吉林		1.7	3.13	1723	否	0		86.7
9	内蒙古	玉米	2.2	3.67	1715	是	10%	100	45.52
10	内蒙古	玉米	8.8	14.48	1685	是	0	480	200.11
11	辽宁	玉米	2.2	4.13	1720	否	3.22%	100	54.39
12	辽宁	玉米	2.20	4.4	1706	否	法库 15% 北票 2%	200	66

续表

序号	省份	品种	现货量（万吨）	面积（万亩）	目标价格（元/吨）	是否国家级贫困县	农民缴纳保费比例	支持金额（万元）	理赔总额（万元）
13	辽宁	玉米	2.2	4.4	1820	否	15%	200	187
14	辽宁	玉米	2.2	4.4	1710	否	15%	200	54.12
15	河北	玉米	2.22	2.47	1666	是	0%	200	0
16	安徽	玉米	9.18	1.84	1670	是	贫困户免收；其他 20%	400	80.8
17	黑龙江	大豆	1.3026	7.41	3896	是	0	100	250.66
18	黑龙江	大豆	1.45	11.80	3874	否	11.70%	200	174.5
19	黑龙江、吉林	大豆	0.5	3.55	3835	否	0	200	20
	黑龙江		0.8	5.71	3874	否	0		63.2
20	黑龙江	大豆	1	6.67	3850	否	20%	200	272.23
	黑龙江		0.3	2	3850	否	20%		81.67
	黑龙江		0.2	1.33	3850	否	0%		54.45
21	黑龙江	大豆	1.3	7	3900	是	12.12%	200	152.14
22	辽宁	大豆	1.3	7.81	3810	否	0	200	67.57
23	安徽	大豆	1.45	9.68	3816	是	大户 20% 贫困户 0%	200	291.44

资料来源：大连商品交易所。

2. 创新玉米和大豆收入险试点

经过 2016 年的试点经验总结以及对美国作物保险制度的借鉴，2017 年大商所创新开展收入保险试点，即保障农民的预期收入，当实际收入低于预期收入的时候，赔付农民差额部分，兼顾了农业生产中价格和产量两个核心要素。“收入险”相较于“价格险”，提供的保险保障更为全面，能更有效地满足农民多层次风险管理需求。

2017 年大商所共计创新开展了 9 个收入险，其中 6 个玉米收入险试点和 3 个大豆收入险试点。6 个玉米收入险试点分别在黑龙江、辽宁、安徽和重庆地区开展，平均每亩目标收入为 775.33 元，平均保费为 58.91 元/亩。3 个大豆收入险试点在黑龙江的赵光农场和嫩江地区开展，平均每亩目标收入为 499.47 元，平均保费为 56.66 元/亩（如表 6－6 所示）。

表 6-6　　2017 年大商所“保险+期货”的收入险试点情况

序号	省份	品种	现货量（万吨）	面积（万亩）	目标收入（元/亩）	目标单产（吨/亩）	是否国家级贫困县	农民缴纳保费比例	支持金额（万元）	理赔总额（万元）
1	黑龙江	玉米	1.5	2.5	1013	0.6	是	16.66%	200	101.36
2	黑龙江	玉米	1.5	2.42	1066.4	0.62	否	20%	200	133.5
3	辽宁	玉米	1.5	2.53	1018.42	0.5/0.6	否	2%~15%*	200	85.63
4	辽宁	玉米	1.64	3.82	400	0.43	否	0	200	454.16
5	安徽	玉米	4.51	10.03	756	0.45	是	20%	200	0
6	重庆	玉米	1.5	3.6	695.78	0.25/0.45	是	20%	200	106.73
7	黑龙江	大豆	0.6	4.33	490	0.15	否	18.94%	200	309.00
8	黑龙江	大豆	0.6	3.78	544	0.16	否	16.54%	200	247.06
9	黑龙江	大豆	0.6	5	474	0.12	否	15.00%	200	146.2

注：*铁岭县及北镇市：农户自缴 15% 保费；建昌县：农户应缴纳 10% 的保费，实际缴纳 2%。

资料来源：大连商品交易所。

收入保险从产量和价格两个方面为农民提供更贴合实际的收入保障，大商所引导南华期货联合阳光农险、九三集团在黑龙江省赵光农场开展了大豆收入险试点。

南华期货、阳光农险与投保户经过多次探讨后，基于赵光农场近年来种植情况，设定大豆保障亩产量 0.16 吨/亩，保险责任水平为 85%，保险价格为 4000 元/吨，以 9、10 月份大商所黄大豆一号 1801 合约收盘平均价为比价标准，即亩产保额为 0.16×85%×4000=544（元）。试点项目在价格保险的基础上尝试以期货价格为基准的大豆收入保险，保障价格和产量双向波动带来的风险，更加贴近农业生产实际，更加全面地保障农民收入。

（二）粮食收购与流通中试点推广基差贸易

2018 年，中央 1 号文件提出探索“订单农业+保险+期货（权）”试点。其实在 2017 年大商所“保险+期货”的试点项目中，就已经开始通过基差收购开展订单农业的尝试。在试点中，不止满足于通过保险保障农民的基本收入，更是要帮助农民拓展卖粮渠道，助力农民稳收、增收。南华期货在黑龙江开展的“大豆收入险”项目和永安期货在吉林开展的“玉米价格险”项目以及在东北地区开展的“大豆价格险”项目，分别引入了大型龙头企业九三粮油工业集团有限公司（简称九三集团）和吉林云天化集团（简称云天化）这两家大豆压榨和粮食经营企业。并承诺对于投保的品种，按照事先约定的基差，农民可以自主选择售粮的时机和价位，同时企业在期货市场进行套期保值操作，锁定基差风险。这样一来，价格保险与粮食销售实现了无缝对接，也将农业风险管理体系推向更深层次。

1. “收入险＋基差收购”模式试点

“订单农业”与收入保险相结合，为农民种地提供了更全面的保障。九三集团作为大豆收购方参与到“保险＋期货”试点中，以“期货＋基差”的方式与当地农户提供了粮食收购合同，提前确定收购农民的大豆，农民可以在约定期限之前的任一交易日收盘前选择当日期货价格作为销售价格。例如，九三集团与投保农户在2017 年 7 月份签订近 800 吨的大豆基差采购合同，在 −200 元/吨升贴水的基础上让利 40 元/吨，与投保农户约定在年底前农户可按照大商所黄大豆一号 1801 合约价格减 160 元/吨升贴水点价卖粮。通过本次试点签订基差合同的农户，在南华期货的指导下最终在 10 月中旬点价售粮，当时期货价格在 3800 元/吨左右，实际成交价格在 1. 78 ~ 1. 82 元/斤，随后市场价格下跌到 3500 元/吨。不仅农户获得了实实在在的收益，而且对于后续基差采购模式的宣传推广起到了很好的示范效应。

2. “价格险＋基差收购”模式试点

试点结合玉米现代农业产业化联合发展的新形式，创新性地引入龙头企业吉林云天化农业发展有限公司。不仅与合作社签订了订单合同，而且在该项目的点价售粮环节中，农民在玉米价格上涨时可以通过期货基差点价的方式提前或延后确定玉米价格，享受价格上涨收益。如果基差点价的价格低于玉米入库时实际市场价格，吉林云天化将按市场价收购。农民在订单农业的价格决定过程中享有选择权，也在一定程度上规避了订单农业中农民的信用风险（图 6. 2 所示）。

（三）利用期权与期货工具组合管理风险能力不断提升

1. 豆粕期权的市场功能与豆粕期货形成互补

豆粕期权的成功上市运行，丰富了投资者进行风险管理的工具选择。与期货相比，期权在实现价格锁定的同时，可以让有能力的企业更精细化、更灵活地管理风险，增强其市场竞争力。豆粕期权的市场功能与豆粕期货形成互补，一是利用期权可以在保值的基础上收获市场向其有利方向变动的收益；二是通过卖出期权，赚取

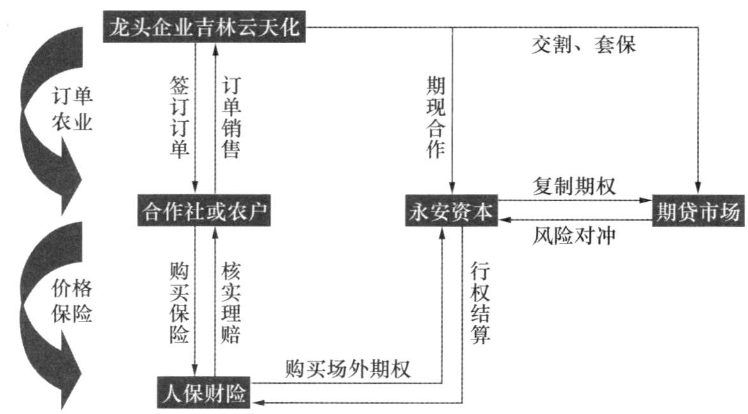

图 6.2　永安资本订单农业项目试点流程图

资料来源：大连商品交易所。

时间价值，增强收益；三是通过灵活的期权交易策略满足不同市场预期和风险偏好的投资者风险管理需求；四是除了方向性交易外，还可以进行波动率交易；五是期权市场的资金利用效率更高，买入期权套保操作简单，不需要频繁调整持仓头寸或追加保证金。

2. 豆粕期权在产业客户中得到良好应用

参与豆粕期权市场的产业客户，可分为上游油脂类企业、中游贸易类企业和下游饲料类企业三类。在目前油脂油料行业普遍利润不高，竞争比较充分的情况下，产业客户对风险管理的需求已不再仅限于锁定成本或销售价格，更多地是希望通过运用衍生工具增加利润，增强资金利用效率，而传统期货保值很难做到这一点。豆粕期权的推出，能使企业在增加收益的同时，开展更加灵活的风险管理。并已在企业经营中得到了良好应用，受到了产业客户的认可。上游压榨企业根据期现货头寸和对市场未来走势的看法，同时结合波动率变动预期，有选择地买入期权或者卖出期权套保。中游贸易企业通过卖出（浅）虚值看跌期权抵补采购成本，从而降低采购价格，增加销售利润。下游饲料企业在一口价或点价交易的同时，通过卖出虚值看跌期权降低点价成本。

（四）农产品期货期权制度调整优化

1. 建立并实施玉米集团化交割制度

随着玉米收储制度改革的推进，玉米市场化程度进一步提高，玉米价格波动加大，玉米期货市场规模也不断扩大，大品种特征已初步显现。市场对扩大交割库容的需求进一步增强，大商所借鉴期货分级结算业务模式，创新性地推出集团交割业务。并对《大连商品交易所指定交割仓库管理办法》《大连商品交易所标准仓单管理办法》和《大连商品交易所交割细则》进行修改，在玉米品种上设立集团交割仓库，以集团化方式进行交割仓库管理，依托集团企业信用建立交割风险分层承担机制。截至 2017 年底，交割仓库（包含单体库、集团交割仓库及延伸库区）数量由 8 家增至 39 家。其中，延伸库区和集团交割仓库分库从无到有，分别设立 20 家和 10 家，单体库（非集团交割仓库及延伸库区）由 8 家增至 9 家；分布地点由 3 个增至 18 个，从辽宁省扩展至了东北三省一区；总库容由 660 万吨增至 1590 万吨，增加 141%，最低保证库容由 50 万吨增至 105 万吨，增加 110%。通过集团化交割制度，大商所逐步实现了玉米期货交割区域从港口向东北地区的延伸（如表 6－7 所示）。

表 6－7　大连商品交易所玉米集团交割仓库名录

序号	集团交割仓库名称	地址	与基准库升贴水（元/吨）	协议库容（万吨）
1	中国储备粮管理总公司	内蒙古通辽市	－100	5
2	中粮贸易有限公司	吉林省松原市	－135	5
		吉林省长春市	－130	5
3	维维食品饮料股份有限公司	黑龙江省绥化市	－195	5
4	浙江省农村发展集团有限公司	黑龙江省绥化	－195	5
5	嘉吉投资（中国）有限公司	吉林省松原市	－135	5
6	瑞利控股有限公司	吉林省四平市	－100	5
7	雏鹰农牧集团股份有限公司	吉林省白城市	－140	5
8	吉林云天化农业发展有限公司	吉林省松原市	－135	5
9	厦门象屿股份有限公司	黑龙江省绥化市	－195	10
10	陕西粮农集团有限责任公司	内蒙古通辽市	－100	5
11	河北省粮食产业集团有限公司	吉林省公主岭市	－100	5

资料来源：大连商品交易所。

集团交割业务具有以下优势：一是信用度高。交易所选择玉米产业内银行资信好、行业内信誉程度高的大型企业作为集团交割仓库，要求其注册实物仓单前缴纳一定金额的银行保函用于解决交割纠纷，并承担交割风险。二是实现风险分层管理。

集团交割仓库授权分库办理交割业务、收取相关费用和开具发票，负责对分库进行管理，分库产生的交割风险、交割纠纷引发的赔偿等经济和法律责任均由集团交割仓库承担。随着玉米市场化改革的深入推进，期现货套保需求会进一步增长。通过集团化方式设置交割仓库，在产区设置延伸库等，既可有效满足市场交割需求，切实提升玉米期货市场功能，又可为玉米交割走出东北产区、走向全国提供经验借鉴。

2. 放宽豆粕期权持仓限额

为进一步满足产业客户利用豆粕期权开展风险管理的需求，促进豆粕市场规模的稳步扩大，自 2017 年 9 月 15 日结算时起，豆粕期权持仓限额由上市初期的 300 手放开至 2000 手，并根据市场运行情况循序渐进放开持仓限额。持仓限额放开后，市场活跃度有所提高，豆粕期权日均成交量达到 1.9 万手，日均持仓量 15 万手，较调整前分别增长 12% 和 72%。

3. 拟增设华南地区为豆油期货交割库并实施动态升贴水

近年来，华南地区大豆压榨产能和豆油现货规模显著增加。产业客户对华南地区设立豆油交割库的需求越来越强烈。但华南地区与基准交割仓库所在区域华东地区豆油价格之间价差关系不稳定，难以设置固定升贴水。因此，经过研究，大商所计划于 2018 年实施固定区间内动态升贴水制度，该数值为交割月前月的现货两地价差，且最高为 -100 元，最低为 -200 元。动态升贴水制度是国内期货市场的一项重要创新。该制度破解了现货区域间价格相关性不强而导致难以设定固定升贴水的难题，使豆油华南设库成为现实，不仅有助于油粕期货品种功能的更好发挥，也为其他品种扩展交割区域、优化升贴水设置方式提供有益借鉴，对整个期货市场的发展具有重要意义。

三、期货市场服务“三农”中遇到的主要问题

（一）政策与市场双轨制影响期货市场价格发现

收储制度改革激活了市场，玉米和大豆的价格形成机制基本确立。期货市场较好地发现价格的同时，阶段性地受到政策因素的影响，一定程度上抑制了其功能的进一步发挥。以玉米为例，临储拍卖启动前后的价格形成机制有较大差异。从新粮

上市到临储拍卖前，玉米价格形成主要由市场供需决定，即市场机制起主导作用。2017 年的新粮上市伊始，由于市场供需偏紧，价格整体上涨，市场价格虽有波动，但幅度不大。贸易商收购速度快，下游企业收购价格调整频率高。临储拍卖启动后，一方面陈粮的最低拍卖指导价影响市场预期，由于陈粮品质尚可，下游企业在新陈玉米价差范围内，选择收购陈玉米作为替代，新玉米价格涨速放缓，同时出现陈粮溢价拍卖情况。另一方面临储拍卖启动后，下游企业和贸易商普遍处于观望状态，市场收购价格基本稳定在一个区间内，价格活跃度明显下降。现货市场由于供给的增加，供需实现平衡，政策、消息和国际市场的变化仅对期货市场影响，现货市场和期货市场联动性较前期有所下降。

（二）资金短板限制“保险 + 期货”试点规模的进一步扩大

目前的“保险 + 期货”试点的保费补贴主要来自以下几个方面。一是交易所给予试点补贴，2017 年大商所 32 个试点补贴资金共计约 7000 万元，占试点项目补贴资金比重超过 8 成。二是农业农村部对其中两个项目给予资金支持。三是地方政府对 11 个试点项目给予不同形式和不同程度的资金支持。总体看，试点获得政府和被保险人（农户和合作社等）的高度认可。经过两年的试点经验积累，粮食主产区的各级地方政府基本认同该模式，并希望其在稳定粮食生产，保护农民收益方面发挥更大的作用。很多地方政府正在通过各种方式主动了解，并积极参与试点工作。但应看到，试点的参保农产品（粮食）数量总体较少，与现货粮食数量相比是杯水车薪。随着市场化改革的深入推进，农产品（粮食）价格的波动幅度加大，再加上种植成本的快速上涨，农民对市场风险的管理需求进一步提升。仅依靠交易所的补贴资金以及地方政府的项目补贴是不可持续的，难以支持试点规模的进一步扩大。

（三）场外期权成本较高降低了风险管理效果

目前“保险 + 期货”试点过程中，主要是通过保险公司向农户（包括合作社）承保，同时向期货公司的风险管理子公司购买对应品种的场外期权以实现对冲。而风险管理子公司在卖给保险公司场外期权的同时，必须要利用期货市场复制场外期权进行风险再对冲。但由场外期权通过期货品种的风险对冲成本高、风险大，这就导致保险费、期权费用较高，一定程度限制了试点项目的规模，降低了风险管理的效果。

一方面，由于期权的收益曲线存在非线性的特点，波动率、偏度等风险是无法通过期货简单对冲掉。如果风险管理子公司期初对标的资产波动率估计不当，或者标的期货价格在行权价附近大幅波动，交易产生的滑点、手续费等都会影响最终的对冲结果，甚至可能给风险管理子公司带来损失。另一方面，当客户承做买入期权时，在期初只需支付少量的权利金，风险管理子公司则需要在期货市场单边买入或卖出期货进行对冲，如果期货价格在行权期内出现急速上涨或下跌，风险管理子公司要用自有资金追加较大额度的保证金。据测算，如果玉米场内期权推出，市场直接参考隐含波动率定价，再加上流动性提升带来的交易成本的下降，“保险 + 期货/期权”的运营成本与业务成本总体将大幅下降。以一个 3 万吨、4 个月保险期的玉米试点项目为例，在玉米场内期权推出后，场外期权定价波动率能够下调 2% ~ 3%，期权费可下降约 7 ~ 12 元/吨，为农户节省保险费用约 20 万 ~ 36 万元。

（四）期货市场服务“三农”的广度和深度总体有待加强

一是目前我国农产品期货品种品系还不完善，场内期权数量较少，尚未形成较为完整的风险管理链。农产品作为初级生产要素，生产周期长，产业链上品种多，需要较为完善的上市品种体系，为产业链各环节提供风险管理工具。目前虽然我国上市品种不断增加，但与农业实体经济品种规模相比，依然较小。二是参与农产品期货的法人客户占比与发达国家相比仍处于低位，参与主体的知识结构和认知程度总体弱于其他行业。我国农产品期货参与主体相对有色等其他行业，还不成熟，对待期货等工具的理解和认知不足，多年来受农业支持保护政策的影响，尚未建立足够的风险管理意识。三是期货市场尚未与其他金融市场有机结合。多数情况下农产品期货市场作为金融工具与银行、保险、涉农信贷等并列存在，缺乏有效联动机制，限制了期货市场功能的进一步发挥。

四、进一步增强期货市场服务“三农”的建议

（一）深入推进农产品市场化改革

一是继续深入推进玉米和大豆收储制度改革。完善“价补分离”机制，增强政

策实施的持续性和预期性，减少对市场的干预，为小麦和稻谷的市场化改革提供经验借鉴。二是探索参考期货价格制定调控政策。建立包含期货价格的市场预警指标体系和市场化的调控机制。推动收储制度改革向种植端延伸，促进形成市场化的种植结构调整机制。

（二）加快完善农产品期货期权品种品系

一是完善农产品上市机制，建立全产业链风险管理体系。探索尝试农产品期货上市备案制度，简化重点领域和重要农产品上市流程，优先上市贫困地区优势特色期货品种。完善农业产业链上市品种，打造全产业链风险管理体系。二是加快推出更多农产品场内期权，有效发挥期权市场功能。降低风险管理子公司在场外期权风险对冲过程中发生损失的可能性，为场外期权和“保险＋期货”试点提供更加有效的对冲工具，增强保险方的履约能力，对农户和企业收益形成更加有力的保障。

（三）探索开展“保险＋期货”财政补贴试点

一是借鉴美国等成熟经验，开展由中央和地方财政资金支持的农民收入保险。探索中央财政采用以奖代补的方式支持粮食主产县（市）开展“保险＋期货”试点。二是研究并推出适合不同主体、不同费率、不同保障程度的多层次农业保险产品（业务）。在政策性农业保险的基础上，增加一定比例的商业保险或再保险产品，满足不同经营主体的需求。三是支持贫困地区开展优势特色农产品保险与期货再保险。

（四）进一步培育壮大新型农业经营主体

一是明确农业合作社和龙头企业等新型经营主体是农业风险管理的主力军，是连接和带动中小种植户的桥梁，更是期货市场的主要服务对象。新型经营主体既有参与期货市场的客观条件（规模经营），又有风险管理的迫切需求，应着力提升其现代经营管理理念和能力。二是鼓励新型经营主体积极参与模式创新与试点。重点推广基差贸易、订单农业、期保合作和银期合作等，以此推动形成新型经营主体、小农户的利益联结机制，促进与现代农业的有机衔接。三是继续通过开展农业产业大会和培训等方式正面宣传期货市场，推广现代农业经营方式和经营理念，积极引导新型经营主体管理市场风险，稳定收益。

第7章

中国农村保险服务创新

2017年，农业保险积极探索服务创新，保费收入和风险保障水平持续提升，经营主体创新能力不断增强，保险扶贫工作也取得阶段性成效。目前促进我国农业保险服务创新的政策体系尚存在一些问题，包括对于新型农村经营主体的保障水平有待提高、财政补贴政策有待优化、税收优惠的力度有待提高、经营模式有待创新、大灾风险分散制度有待完善以及制度风险有待防范。为了更好地促进农业保险服务创新，要进一步完善农业保险的政策体系，包括提高对于新型农业经营主体的保障水平、优化财政补贴政策、提高税收优惠的力度、促进经营模式创新、完善大灾风险分散制度以及防范与化解制度风险。

一、2017年农业保险服务创新的进展

2017年，在政策的有力支持下，我国农业保险在服务创新方面取得了新的进展。保费收入和风险保障水平持续提升，经营主体创新能力不断增强，保险扶贫工作也取得一定成效。

（一）规模和覆盖面持续扩大

2017年，我国农业保险参保农户达2.13亿户次[①]，同比增长4.6%；原保费收

① 即户数与次数的综合测算。

入达到 479.1 亿元，较 2016 年的 417.7 亿元同比增长 14.7%，延续了 2005 年以来保费逐年增长的态势。全年共提供风险保障 2.79 万亿元，较 2016 年的 2.16 万亿元同比增长 29.2%，较原保费同比增速高出 14.5 个百分点；风险保障占农业产值的比重为 24.3%，是原保费的 58.2 倍。截至 2017 年底，我国农业保险原保费规模居世界第二位，畜牧业保险和森林保险规模居世界第一位。

2017 年，我国农业保险全年共支付赔款 334.5 亿元，简单赔付率为 70%；受益农户达 0.54 亿户次，同比增长 18%。继 2016 年之后，农业保险赔付金额再次超过各级财政补贴总额，较好地弥补了农业生产的直接经济损失。

（二）服务创新能力不断增强

一是保障程度明显提升。在中央大灾保险政策带动下，农业保险保障程度显著提高。全年共提供风险保障 2.8 万亿元，同比增长 29.2%，较保费收入增速高出 14.7 个百分点。水稻、玉米、小麦大灾保险平均保险金额分别达 907 元/亩、741 元/亩、751 元/亩，增幅分别达 93%、104%、101%。

二是产品创新能力不断增强。在特色险种方面，2017 年，我国农业保险地方特色保险产品达到 196 种。地方特色优势农产品保险全年实现保费收入 81.2 亿元，同比增长 31.8%，占农业保险总保费收入的 17%；参保农户 1333.7 万户次，同比增长 12.7%。

在价格保险方面，2017 年，已有北京、江苏、四川等 33 个省市启动或制定了农产品价格保险试点方案，试点品种包括生猪、蔬菜、粮食作物和地方特色农产品共 4 大类 72 种。2017 年，价格保险共实现保费收入 12.9 亿元，同比增长 24.9%，参保农户 65.3 万户次，同比增长 63.2%；提供风险保障 227.2 亿元，同比增长 41.6%。

在“保险－期货”联动产品方面，“保险＋期货”试点继续扩大。2017 年，试点扩展到黑龙江、新疆、云南等 20 个省（市、自治区），品种增加到玉米、大豆、棉花、白糖、天然橡胶、鸡蛋、苹果等七类，共涉及现货规模约 96.15 万吨，为 2016 年的 3.5 倍，各期货交易所供保费补贴总额 1.23 亿元，为 2016 年的 5.2 倍。

指数保险方面，已备案 19 个省（区、市）57 款天气指数保险产品，标的涵盖涉及玉米、水稻、小麦、花卉、蔬菜、水产、果业、茶叶、橡胶等农产品。种植保险开办省份达 29 个，保险标的从单一的水稻扩展至玉米、小麦和蔬菜等多个品种，保险责任从传统的自然灾害风险扩展至种子质量风险等，保费收入 1.1 亿元，同比增长 72.14%。渔业保险开办省份达到 26 个，实现保费收入超过 4 亿元，同比增长 31%。

三是技术创新作用更加凸显。大数据、遥感监测、电子地图绘制、无人机查勘、手机查勘验标系统定点抽测、生物智能识别等技术的应用更加广泛，带动了农业保险的转型升级，提高了农业保险经营管理和对农户服务保障的效率，也为农业保险走高质量可持续发展道路奠定了技术示范基础。比较典型的例子有：河南利用遥感技术完善小麦产区区域产量保险服务，广东江门利用遥感监测、无人机低空查勘等多项技术相结合的方式大幅提升综合理赔效率，平安财险公司利用无人机远程分析、多模态生物智能识别等技术提升保险服务能力等。此外，一些农业保险公司通过与互联网公司合作，探索利用大数据对农户授信，推广保险产品。例如，安华农业保险股份有限公司与蚂蚁金服合作，运用大数据平台结合公司自有保险数据增信的方式，向农户推广额度为 1000 ~ 20 万元的"大数贷"。只要征信情况良好，农户只需在本人实名登记的手机上利用支付宝即可申请贷款和还款，享受无抵押、无担保的小额贷款服务。

（三）保险扶贫取得阶段性成效

自从 2015 年 11 月中央扶贫开发工作会议以来，保险业助推脱贫攻坚工作一直在持续推进。政策层面，2016 年保监会和国务院扶贫办联合发布了《关于做好保险业助推脱贫攻坚工作的意见》；实践层面，保险业探索了河北阜平"金融扶贫，保险先行"、宁夏"脱贫保"、河南兰考"脱贫路上零风险"等典型模式，保险扶贫取得了积极进展和阶段性成效。

一是农业保险成为精准扶贫的重要保障。2017 年，农业保险全年共向 5388.3 万户次的受灾农户支付赔款 366.1 亿元，农业保险作为扶贫保障体系，有效防止贫困农户因灾返贫致贫。

二是以小额贷款保证保险、农业保险保单质押为核心的保险扶贫增信体系，推动信贷资源向贫困地区投放，推动产业脱贫政策落地。截至 2017 年 8 月，小额贷款保证保险试点已实现保费收入 4 亿元，保险金额 348.6 亿元，支持农户和小微企业获得银行融资 315.9 亿元。

三是以保险资金支农融资和直接投资为核心的保险扶贫投资体系，引导保险资金流向贫困地区。如保监会批准人保集团设立 250 亿元的支农支小资管产品；保监会支持行业设立中国保险业产业扶贫投资基金，基金首个项目已落地，为国家级贫困县河北省阜平县产业脱贫龙头项目香菇种植基地提供 5000 万元的资金支持。

二、我国农业保险服务创新中政策支持体系存在的问题

2007 年以来，我国对农业保险的政策支持力度不断加大，促进了农业保险的服务创新。但目前促进我国农业保险服务创新的政策体系尚存在一些问题，包括对于新型农村经营主体的保障水平有待提高、财政补贴政策有待优化、税收优惠的力度有待提高、经营模式有待创新、大灾风险分散制度有待完善以及制度风险有待防范等。

（一）对于新型农村经营主体的保障水平有待提高

首先，农业保险不能有效满足新型农业经营主体的异质性需求。近年来，我国农业生产体系出现结构性变革，传统农户面临分化与转型，新型农业经营主体快速发展。截至 2016 年底，我国新型农业经营主体总量达到 280 万个。其中，家庭农场 87.7 万家，农民合作社 179.4 万家，农业产业化组织达到 38.6 万个。多种形式适度规模经营面积占比超过 30%。与传统小农户相比，新型农业经营主体具有以下几个特点：第一，新型农业经营主体的种植面积远远大于传统小农户，其农业收入水平也较高。第二，规模化与专业化生产经营使得新型农业经营主体的种植品种较为单一，风险集中度高于传统小农户。第三，新型农业经营主体普遍意识到农业保险是灾后风险融资的重要方式，愿意主动购买农业保险；而传统小农户则主要出于基层行政组织的强制性要求购买农业保险，新型农业经营主体对农业保险的购买意愿和愿意支付的保费水平也显著高于传统小农户。

与农业经营主体的上述显著性变化相比，我国农业保险政策主要以一般农户为出发点，将农户视为“同质”的整体，将已经分化的“异质性”的农户简单地抽象为“同质性”，抹杀了已经日益分化的农户的不同需求特点。这使得目前农业保险

以面向传统小农户的低保障、广覆盖的成本保险为主，不能满足新型农业经营主体的差异化需求。

其次，农业保险对新型农业经营主体的保障水平亟待提升。2017 年，为了提高重要粮食作物保障水平，我国在 13 个粮食主产省选择 200 个产粮大县开展大灾保险试点，在一定程度上提高了新型农业经营主体三大主粮作物的保障水平。但从全国范围看，玉米、水稻、小麦三大粮食作物亩均保险金额仍然仅为 388 元，仅相当于物化成本的 80%，不到全部生产成本的 40%，不能适应现代农业高成本、高投入的生产特点，难以满足规模化经营主体的保障需求。

最后，财政的保费补贴政策没有很好地体现对新型农业经营主体发展的支持。目前财政对农业保险实行统一保费补贴政策，补贴比例与投保人的种植规模以及保险产品的保障水平都没有关系，没有能够很好地体现促进新型农业经营主体发展的政策导向。

（二）财政补贴政策有待优化

2007 年以来，财政对农业保险保费的补贴金额逐年增长，补贴品种日益增加，补贴比例不断提高，补贴区域日趋扩大。农业保险保费补贴已成为财政支农的重要手段和农业保险快速发展的重要推动器。当前，农业保险发展的新形势对财政补贴提出新要求。一方面，现代农业和地方特色农业发展、基本公共服务均等化等要求进一步优化目前的保费补贴政策。另一方面，要适应将部分“黄箱”补贴改“绿箱”补贴的要求，拓展补贴结构，提高补贴的总量水平，从而进一步提升农业保险的支农地位。

首先，地方特色农业的发展要求拓宽补贴品种。发展地方特色优势农业，是提高农业产业化水平、推进农业现代化的必然要求，是优化资源配置、提高农业综合生产能力的重大举措，是发挥比较优势、提升农产品市场竞争力的客观要求。各地特色与优势产业形成，要求相应的农业保险产品为之保驾护航。而目前中央财政提供保费补贴的品种却是“自上而下”确定的，虽然大都是关系国计民生的大宗农产品，具有重要的战略意义，但由于补贴品种数量有限，难以满足各地区和农户差异化的农业保险需求，不利于支持地方政府“自下而上”的诉求和政策导向，从而削弱了政策性农业保险的效果。目前，我国得到农业保险保费补贴的农产品品种只有

16 种，而美国农业保险保费补贴的农作物和畜牧产品多达 130 多种。可见，尽管近年来我国农业保险补贴品种的数量在逐年增加，但与发达国家相比差距甚远。尤其是地方特色农作物和特色养殖产品的保险，至今没有纳入中央财政补贴保费的支持体系，只是地方财政给予单独的保费补贴。可见，农业保险保费补贴的品种范围有待拓展，以适应地方特色优势农业发展的需要。

其次，基本公共服务均等化要求完善差异化补贴政策。目前农业保险的保费补贴政策同时存在横向失衡和纵向失衡问题。其中，横向失衡表现为，同级政府之间由于财力不均匀所导致的农业保险保费补贴的不平等。中央财政与地方财政“联动补贴”农业保险保费的机制容易产生地区间补贴不公平的现象。原因在于，虽然中央财政的保费补贴已经部分地考虑到各地财力的差异，在一定程度上向中西部地区倾斜，但由于各省经济发展与财力的巨大差异，地方财政对中央财政保费补贴的配套能力往往取决于地方的经济发展水平和财政实力。因而，一些农业大省、往往也是财政弱省，最需要农业保险和保费补贴，但由于财力有限，对中央财政保费补贴的配套能力较差，不能及时或者难以提供相应的地方财政保费补贴，导致中央财政相应的保费补贴资金拨付滞后，进而影响整个保费补贴资金的到位。而一些工业大省、往往也是财政强省，对中央财政保费补贴的配套能力很强。这就使得最需要农业保险保障的地区反而更少、更滞后地享受到中央财政的保费补贴，而相对富裕的地区却更多、更及时地享受到中央财政的保费补贴，从而产生补贴累退效应。

纵向失衡是指不同层级政府的收入状况与支出责任不相称，这在农业保险中突出表现为省级以下的政府、特别是市县级政府不仅负责提供农业保险的相关公共服务，而且还承担着沉重的筹资责任。这种分散化的筹资安排是农业保险公共服务的地区差距不断扩大的重要原因。因此，需要调整各级政府的筹资结构，需要强化省级财政的筹资力度，充分发挥省级财政转移支付对地方财政财力的均等化作用。

最后，提升农业保险支农地位要求进一步拓展补贴项目结构。近年来中国对农业的补贴支持快速增长，农业支持总量和主要农产品补贴水平大幅提高。但价格支持和挂钩补贴逐步成为主要政策工具，对市场的干预和扭曲作用日益明显。因此，应充分发挥政策性农业保险在支农的作用，促进财政支持农业方式的改革。为提升农业保险的支农地位，需要进一步拓展补贴的项目结构。

世界银行对 63 个开展了种植业保险的国家和地区的调查显示，实行保费补贴、经营管理费用补贴、损失评估补贴、再保险补贴、研发和培训等其他项目补贴的国家和地区的比例分别为63%、16%、6%、32%、44%。[①] 可见，国际上，对农业保险的中央财政补贴大多是保费补贴、保险经营机构经营管理费用补贴和再保险补贴。同时，一些国家（比如印度）提供损失评估补贴。另外，44%的被调查国家与地区提供其他形式的补贴，包括对农业保险新产品与计划研发费用以及农户与农业保险员工的保险意识教育和培训提供支持。但是目前，我国中央财政对农业保险的补贴项目仅限于保费补贴这一种方式，补贴项目较为单一。这具体体现为：一是农业保险经营机构经营管理费用补贴制度尚未建立。目前仅在个别试点地区，地方财政对农业保险经营机构给予了相应的经营管理费用补贴。例如，北京市按照农业保险保费总收入10%的标准，对经营机构的经营管理费用进行财政补贴。二是财政支持的农业再保险制度尚未建立。目前，仅在浙江、上海和北京等个别经济发达的地区，政府运用财政资金购买再保险，以降低农业保险经营风险。中央财政对再保险补贴的缺位，导致中央财政与地方财政协同联动下的农业大灾风险分散体系尚未建立。三是损失评估以及其他形式的补贴制度也没有建立。

（三）税收优惠的力度有待提高

目前农业保险享受的税收优惠政策主要包括：一是免征增值税。此前农业保险免征营业税，营改增后，相应地免征增值税。二是免征印花税。三是降低企业所得税收入计算比例。四是对保费准备金实行企业所得税税前扣除政策。上述税收优惠政策促进了农业保险的发展。但与其他国家和地区农业保险税收优惠政策相比，我国农业保险税收优惠的力度还较小。

首先，所得税优惠的力度比较小。美国、日本、菲律宾、法国及我国台湾地区，都是对农业保险免征一切税赋或免征所得税和营业税。但我国经营农业保险业务的市场主体的所得税优惠的力度比较小。财政部于2016年发布《关于延续支持农村金融发展有关税收政策的通知》规定，自2017年1月1日至2019年12月31日，对保险公司为种植业、养殖业提供保险业务取得的保费收入，在计算应纳税所得额时，

① Mahul, Olivier; Stutley, Charles J.. 2010. Government Support to Agricultural Insurance: Challenges and Options for Developing Countries. World Bank.

按 90% 计入收入总额。可见，所得税的纳税负担仍然较为沉重。而且所得税优惠的政策一直是通过文件延续，尚没有以法律法规的方式予以固定下来。

其次，大灾准备金的税收优惠力度较小。2009 年，财政部和国税总局联合下发《关于保险公司提取农业巨灾风险准备金企业所得税税前扣除问题的通知》，规定“保险公司经营中央财政和地方财政保费补贴的种植业险种，按不超过补贴险种当年保费收入 25% 的比例计提的巨灾风险准备金，准予在企业所得税前据实扣除”。这就意味着，积累的大灾风险准备金超过当年种植业保险费总收入的 25%，多出来的部分按规定要交纳“所得税”。这不利于鼓励保险公司积累应对超常风险损失的大灾风险准备金。事实上，一些保险公司按照保费收入 25% 的阈值来建立和调整大灾准备金，不愿意扩大其规模，以规避税收。

最后，利润准备金不适用税收优惠政策。2013 年 12 月 8 日，财政部发布的《农业保险大灾风险准备金管理办法》规定，保险机构应当分别按照农业保险保费收入和超额承保利润的一定比例，计提大灾准备金（以下分别简称保费准备金和利润准备金），逐年滚存。保险机构当期计提的保费准备金，在成本中列支，计入当期损益；计提的利润准备金，在所有者权益项下列示。保险机构计提大灾准备金，按税收法律及其有关规定享受税前扣除政策。可见，在目前的政策下只有保费准备金在税前列支，享受税收优惠。而利润准备金则从净利润中提取，不享受税收优惠。

（四）经营模式有待创新

在实践中，农业保险（尤其是种植业保险）的经营模式通常具有两个典型特征：一是基于个别农户的多风险保险产品。保险公司要按照农户的不同损失程度比例赔偿，且最大赔偿限额随着作物的生长期变化。这就意味着在理论上应该做到承保到户与理赔到户。二是政府有关部门行政推动，包括从省到市、县、乡镇和村的层层组织与发动，在理赔过程中参与沟通与谈判等。目前这种经营模式产生了成本高昂与违规行为严重的问题，不利于农业保险的可持续发展。

首先，成本高昂。基于个别农户的多风险保险的经营成本高昂，使得农业保险面临巨大的可持续发展压力。根据调研与测算，某公司在河南省五个市开展的小麦保险的亩均承保成本为 5.3 元，已经远远超过了农户每亩 3.6 元的自缴保费（参见表 7－1）。

表 7－1 某公司亩均承保成本 单位：元/亩

费用类别	平均	1 市	2 市	3 市	4 市	5 市
县乡两级推动会和培训会	0.22	0.1	0.3	0.2	0.10	0.4
宣传材料印制及发放	0.23	0.2	0.2	0.2	0.33	0.2
投保清单登记造册	0.16	0.1	0.1	0.2	0.32	0.1
协保员工资	1.93	1.5	3	1.5	1.67	2
公示、车辆费用等	0.29	0.2	0.13	0.3	0.43	0.4
凭证印制、打印成本及设备	0.18	0.2	0.17	0.2	0.17	0.17
保单的印制及成本	0.18	0.179	0.179	0.2	0.179	0.179
工作经费	1.18	0.7	0.34	0.3	3.94	0.6
现场验标及相关车辆费用	0.16	0.2	0.2	0	0.11	0.3
省公司印制宣传折页费用	0.56	0.56	0.56	0.56	0.56	0.56
其他	0.20	0	0.5	0.4	0.00	0.1
亩均承保成本（收费到户）小计	5.30	3.94	5.68	4.06	7.81	5.01

资料来源：河南省保监局。

同时，理赔环节也成本高昂。按照基于个别农户的多风险保险的理赔要求，保险公司必须在不同的时间点进行三次查勘定损，查勘量巨大，定损手续烦琐，成本支出不堪重负。

其次，违规行为严重。由于经营成本高昂，目前农业保险主要依赖行政的强力推动，以降低承保和理赔成本。但由于对地方政府相关部门的行政权力约束不够以及保险公司自身内控不足，造成虚假承保、虚假理赔和虚假费用等违规问题相当突出。虽然保险监管部门不断加大监管的力度，对部分保险公司在农险领域的违法违规行为进行严厉的处罚，并多次开展农业保险专项治理整顿工作，但通过编造保险事故或是扩大部分农户损失程度进行赔付、赔款用于返还代垫保费等问题仍然屡禁不绝，不仅损害了农户的利益，而且难以发挥农业保险的政策效应，从而危及了农业保险发展的根基。

可见，目前农业保险的经营模式在某种程度上陷入了“违规经营找死，合规经营必死”的两难困境。即对于基于个别农户的多风险保险产品，如果在小规模分散经营状况下运作，则经营成本很高，面临巨大的可持续发展压力。如果在行政的强力推动下经营，则非常容易发生违规现象，严重伤害农业保险的声誉，与农业保险的政策目标相悖。

农业保险经营模式出现问题的根本原因在于，我国农户以小规模分散经营为主的国情与传统农业保险产品之间本质上不相容。

传统农业保险产品的可持续发展往往要求规模化经营。规模化农户由于种植面积大，可以有效降低农业保险的交易成本，提高农业保险的可持续发展能力。国际经验也表明，采取 MPCI 产品经营相对成功的国家往往其农场经营规模较大。比如，目前美国农场的平均规模约为 2700 多亩。加拿大农户的经营规模则更大，2015 年，曼尼托巴省农业服务公司（MASC）每张农业保险保单的平均承保面积为 6542 亩，阿尔伯塔省农业金融服务公司（AFSC）每张保单平均承保面积更是高达 7703 亩。在发展中国家中，菲律宾的农业保险经营较为成功，这与其主要承保规模相对较大的水稻和玉米生产农场有很大的关系。

小规模分散经营造成传统农业保险产品不可持续。近年来，虽然我国新型农村经营主体发展迅速，但规模化经营的实际占比仍然较为有限。据农业部统计，截至 2016 年底，我国经营规模在 50 亩以下的农户有近 2.6 亿户，占农户总数的 97% 左右，经营的耕地面积占全国耕地总面积的 82% 左右，户均耕地面积 5 亩左右。据初步测算，近 10 年来我国农村土地流转面积的年均增速约为 3%。未来 30 年，综合考虑土地流转加快的趋势和新型城镇化对农村劳动力的吸纳作用，我国农村土地流转面积的年均增速有望达到 3% ~4%。据此估算，到 2020 年，经营规模在 50 亩以下的小农户仍将有 2.2 亿户左右，经营的耕地面积约占全国耕地总面积的 80%；到 2030 年为 1.7 亿户，经营的耕地面积比重约为 70%；到 2050 年仍将有 1 亿户左右，经营的耕地面积比重约为 50%。因此，在相当长一个时期，小农仍将是我国农业生产经营的主要组织形式，小规模分散经营仍然是我国农业的主导性经营形态。相应的，每份保单的承保面积相当有限。2017 年，农业保险参保农户 2.13 亿户次，承保主要农作物 21 亿亩，据此计算，每户次承保面积仅为 9.86 亩。在这种情况下，农业保险承保和理赔的成本都很高。为了降低经营成本，实践中市场主体大多依靠地方政府推动农业保险发展，这使得在行政权力约束不足的情况下出现了很多违规行为。

（五）大灾风险分散制度有待完善

政策性农业保险需要建立大灾风险分散制度，以便应对农业巨灾风险损失对农业保险制度稳定性的冲击，促进政策性农业保险制度的可持续发展。

2007 年以来的中央 1 号文件中，多次提到建设政策性农业保险的大灾风险分散制度。在 2013 年开始实施的《农业保险条例》中，也明确规定，"国家建立财政支持的农业保险大灾风险分散机制，具体办法由国务院财政部门会同国务院有关部门制定"。2013 年财政部发布的《农业保险大灾风险准备金管理办法》从市场主体层面推动建立大灾风险分散机制。同时，2014 年成立的中国农业保险再保险共同体为农业保险提供再保险支持。

但总体来看，我国农业保险大灾风险分散制度尚不健全。随着农业保险降费、提高保障程度、不允许封顶赔付以及经营成本的提高，近年来部分省市已经出现较大程度的超赔，农业保险大灾风险准备金制度已经不足以应对大灾风险，需要研究再保险、大灾风险融资安排等制度选择与设计，以健全和完善农业保险大灾风险分散制度。

（六）制度风险有待防范

首先，政府对公司微观经营渗透和不当干预的风险仍在相当程度上存在。政府对公司微观经营行为的不当干预内生于一些地方农业保险公私合作的边界不清，以及相关权力缺乏有效约束。笔者在实践调研中发现，一些地方的政府部门干涉保险机构的业务活动，要求保险机构签订不合规范的保单；克扣、截留保险费的财政补贴款；以掌管的财政补贴资金拨付权力为武器，迫使保险公司不恰当的多赔，甚至没有灾害也要求赔偿；在缺乏经验依据的条件下，压低保险费率等。上述风险事实上都源于政府权力缺乏有效的约束及其衍生出的对公司经营行为的不当干预，这在很大程度上漠视甚至践踏了商业运作的基本原则，使保险经营机构正当保险费收入减少和赔付率人为地提高，扩大了保险损失成本，或者不能给遭受灾损的投保农户足额赔付，既损害了保险人的合法利益，也损害了被保险人的利益，影响到农业保险制度的健康和可持续发展。

其次，农险市场主体的准入与退出机制扭曲。目前农业保险的市场准入基本放开，市场竞争主体大幅增加。但由于行政权力对于资源配置的高度控制，不同市场主体的竞争发生扭曲，在很大程度上推高了经营成本，降低了市场效率，甚至在一定程度上异化为对权力的寻租。一些供给主体较多市场竞争激烈的地方，寻租现象比较普遍和严重。另一方面，农险市场的退出机制尚未真正建立。一些经营不规范、侵害农户利益的市场主体虽然受到监管部门的行政处罚，但违规成本有限，

最后，农户在农业保险治理结构中在相当程度上处于缺位状态。一直以来，农业保险虽然事关农户，但由于小农户其本质上缺乏需求，农业保险很大程度上成为了政府的“需求”。这样，农户作为被虚置的主体，成为农业保险治理结构中沉默与被动的绝大多数。我们在以前的田野调查中发现，不少农民虽然掏钱参加了农业保险（或者干脆就没有自己掏钱，保费被垫交），但对于农业保险表现漠然，对保障内容、条款等知之甚少。农业保险目前围绕财政补贴资金分配的自上而下的制度安排，使得政府与公司成为主导（尤其是政府具有一边倒的发言权），特别是政府天然成为农民的代言人，成为事实上的需求主体，而农民则参与程度很低，从而使得政府、公司、农民之间缺乏利益制衡与协调机制。显然，这种高高在上的制度安排很难真正满足农民的需求，也很难对农民的合理诉求及时响应。如果农业保险制度的三个主体——政府、公司、农民之间出现利益失衡，就会导致制度操作偏离预定的目标，长期偏离目标的操作就会颠覆制度本身。这种危险的矛头事实上已经出现，在一些地方农业保险一定程度上已经异化为权力寻租的工具。

三、促进我国农业保险服务创新的政策建议

为了更好地促进农业保险服务创新，要进一步完善农业保险的政策体系，包括提高对于新型农业经营主体的保障水平、优化财政补贴政策、提高税收优惠的力度、促进经营模式创新、完善大灾风险分散制度以及防范与化解制度风险。

（一）提高对于新型农业经营主体的保障水平

当前农业保险发展已经进入促进现代农业发展的新阶段，要“从有至优”，即要着眼于提高保障程度，满足新型农业经营主体规模化经营对于农业保险的更高的风险保障要求。

第一，明确逐步提高农业保险保障水平的政策路线图。首先，保障水平要尽快实现物化成本全覆盖。其次，保障水平从物化成本提高至完全成本（包括土地成本和劳动力成本）。要逐步将地租成本和劳动力成本等纳入中央财政保费补贴的农业

保险产品的保障范围。并建立保障水平动态调整机制，满足广大农户和农业生产经营组织不断增长的风险保障需求。再次，保障水平从完全成本保险提高到产量保险。最后，保障水平从产量保险提高到收入保险。目前各地的价格指数保险、保险 + 期货试点有其积极意义，但局限性很大，且短期内难以大规模推广，商业可持续性有待观察，有必要将农业保险的主流产品引导至产量保险，并为向收入保险发展夯实基础，实现从纯粹的价格保险到收入保险的超越。

第二，加强针对新型农业经营主体的产品创新。农业保险要从当前主要面向传统小农的单一的产品体系向兼顾新型农村经营主体的多元化、多层次体系发展。要开发"高保费、高保障"的专属性产品，满足新型农业经营主体的异质性需求，适应其高投入、高成本的要求。同时，产量保险、价格保险、收入保险的改革试点可以主要面向新型农业经营主体，从而将农业保险的创新性供给奠基于真实的需求基础之上。

第三，要依托新型农业经营主体创新农业保险经营模式。依托新型农业经营主体的规模化经营及其内生的农业保险需求，可以有效降低农业保险的交易成本，有助于建立可持续发展的农业保险经营模式。

第四，财政要加大农业保险服务新型农村经营主体的支持。目前中央财政主要对"低保费、低保额"农业保险产品提供保费补贴，有必要适时改变补贴的原则，将面向新型农村经营主体的高保障创新产品纳入中央财政补贴范畴，为满足新型农业经营主体差异化需求的专属性产品提供保费补贴，以提高农业保险保障水平，促进现代农业的发展。

另外，保费补贴要适时向规模化经营的新型农村经营主体倾斜。规模化经营的新型经营主体土地利用率、产出率、商品化率高，为国家粮食稳定的贡献大，国家对政策性农业保险的保费补贴理应向其倾斜。因此，有必要改变统一的保费补贴政策，将农业保险保费补贴政策的完善与优化与培育新型农业经营主体、促进农业规模化经营有机结合起来，即将补贴比例与投保人的种植规模与保险产品的保障水平结合起来，重点补贴农业规模化生产的新型农村经营主体，重点补贴保障水平高的保险产品，以加快构建新型农业经营体系。

值得指出的是，一些地方政府已经在积极探索将调整完善农业三项补贴政策与支持农业保险发展有机结合起来，并取得了有益的经验。比如，中原农业保险为新型经营主体提供的高保障保险产品，就是在河南省级财政支持下研发的，新增的保额与保险责任所对应的财政补贴全部由省级财政负担。河南省财政厅统筹农资综合补贴中调整 20% 的资金、种粮大户补贴试点资金和农业“三项补贴”增量资金，通过支持面向新型农村经营主体的专属农业保险产品，有效提高了农业“三项补贴”的政策效能，很好地实现了支持适度规模经营和新型农业经营主体的政策目标。

（二）优化财政补贴政策

要充分借鉴国外公共财政补贴农业保险的经验，加快完善和优化我国农业保险财政补贴政策，具体包括：基于地方特色农业发展的需要扩大中央财政补贴品种，以差异化的补贴政策实现农业保险公共服务的均等化，拓展补贴结构以提升农业保险支农地位。

首先，基于地方特色农业发展的需要扩大中央财政补贴品种。要基于地方特色农业发展的需要进一步增加保费补贴品种，尽可能扩大中央财政补贴的品种范围，满足地方的需求。中央财政要设立特色农产品保费补贴项目，逐步对各地具有地方优势特色的农产品保险提供保费补贴。

中央财政还可以通过以奖代补的方式，支持各地具有地方优势特色的农产品保险的发展。比如，中央财政对符合条件、纳入奖补范围的险种，按照地方财政执行开展、且实际到位的保费收入规模的一定比例给予适当奖补。

比如，河南特色农业非常丰富，如洛阳牡丹、焦作山药、信阳茶叶、新郑大枣、灵宝苹果、鄢陵花卉、豫南肉鸭、豫北肉鸡、豫西南肉牛等。地方政府和农户希望保险公司发展优势特色农业品种保险业务，为地方特色产业提供专项保险产品。这些基于地方农业发展需要开发的优势特色农业保险品种都有必要纳入中央财政补贴范围，通过保费补贴或是以奖代补等方式，更好地支持现代农业的发展。

其次，以差异化的补贴政策实现农业保险公共服务的均等化。要基于实现基本公共服务均等化的要求，进一步优化地区差异化的保费补贴政策，实现农业保险的横向公平。按照比东部、中部和西部地区更加细分的区域确定地区差异化的中央财政补贴比例。中央财政的补贴比例要充分考虑到各地经济和社会发展水平的差异，并与地方财政的支持能力结合起来。在地方财政较为拮据的情况下，中央财政补贴比例要高一些；对于富裕地区而言，补贴比例要低一些。如美国的医疗救助（Medicaid）采用联邦和州两级供款模式，即联邦政府和各州分担医疗救助费用。联邦政府拨给各州的配套经费是以各州的人均收入为基础，根据下面的公式计算出来的：

$$P = 100 - 45\frac{S^2}{N^2} \text{和} 50 \leqslant P \leqslant 83$$

式中，P 是联邦政府的资助率；N 和 S 分别代表全国和各州的人均收入。如果一个州的人均收入等于全国的平均水平，联邦的配套率就是55%；对人均收入在全国平均水平以上的州来说，50%是最小的配套率；对收入较低的州来说，83%是最大的配套率。这种灵活的补助方式可以很好地解决各地经济发展不平衡情况下中央政府补贴的公平性问题，同样值得在确定农业保险保费补贴比例时参考。

另外，地方各层级政府的补贴比例与水平也要与该地区经济发展水平以及财政负担能力相挂钩。特别地，应尽量降低直至取消市级、特别是所有县级财政①的补贴比例，以减轻地方政府特别是不发达地区地方政府的财政负担，实现农业保险公共服务的纵向公平。

最后，拓展补贴结构以提升农业保险支农地位。我国作为世界贸易组织成员，对农业的补贴受到世界贸易组织规则的约束。中国入世时承诺，农产品“黄箱补贴”不得超过产值的8.5%，据有关测算，中国已经逼近这条“黄线”。继续增加现有补贴种类的总量，将使我国在世界贸易组织规则总体范围内的支持空间进一步缩小，不利于我国充分利用规则调动种粮农民积极性、进一步提高种粮农民收入水平。因此，需要根据 WTO 规则调整和改革农业补贴政策，将部分“黄箱补贴”改为“绿箱补贴”，即将一部分农业补贴转为在世界贸易组织规则中使用不受限制的补贴，比如对农业保险的支持。

为了提升农业保险在支农体系中的地位和作用，要进一步拓展补贴结构，建立

① 从2017年开始，中央财政对产粮大县三大粮食作物保险进一步加大了支持力度。《中央财政农业保险保险费补贴管理办法》规定，对省级财政给予产粮大县三大粮食作物农业保险保险费补贴比例高于25%的部分，中央财政承担高出部分的50%。其中，对农户负担保险费比例低于20%的部分，需先从省级财政补贴比例高于25%的部分中扣除，剩余部分中央财政承担50%。在此基础上，如省级财政进一步提高保险费补贴比例，并相应降低产粮大县的县级财政保险费负担，中央财政还将承担产粮大县县级补贴降低部分的50%。当县级财政补贴比例降至0时，中央财政对中西部地区的补贴比例，低于42.5%（含42.5%）的，按42.5%确定；在42.5%~45%（含45%）之间的，按上限45%确定；在45%~47.5%（含47.5%）之间的，按上限47.5%确定。对中央单位符合产粮大县条件的下属单位，中央财政对三大粮食作物农业保险保险费补贴比例由65%提高至72.5%。

中央财政对农业保险经营机构经营管理费用和农业再保险以及其他形式的补贴制度。中央财政对农业保险经营机构经营管理费用的补贴比例及数额，要兼顾政策需要以及不同险种间费用的差异性，实行差异化的经营管理费用补贴。比如，1995 年，美国将巨灾保险计划（CAT）和多种风险产量保险（MPCI）的保障程度更高的产品（buy-up coverage）的费用补贴率分别设定为 14% 和 31%（当然，此后实际费用补贴率稳步下降）。同时，还要建立中央财政对农业再保险的补贴机制。另外，建议研究和探索对农业保险提供其他形式补贴的方式与方法。比如，一些保险公司正在积极探索商业模式的创新，以适应和促进现代农业发展。可以为这些公司在新的商业模式探索中发生的大量的信息化、基础建设等投入提供恰当的支持。还可以借鉴国际通行做法，对农业保险新产品与计划研发费用，以及农户与农业保险员工的保险意识教育和培训提供相应的支持。

（三）提高税收优惠的力度

为了支持农业保险发展，保险机构经营农业保险业务要逐步实现免征一切税收。为此，要逐步提高农业保险的税收优惠力度。

首先，降低并固定企业所得税收入计算比例。目前农业保险业务企业所得税按照 90% 计入收入总额，建议进一步有效降低计入收入总额的比例，并通过法律法规的方式固定下来，增强市场主体的预期。

其次，对承担赔偿责任的大灾风险准备金不征收所得税。因为大灾风险准备金不是利润，而是一种责任准备金。用免税政策鼓励保险公司积累大灾风险准备金。如果暂时做不到完全免征所得税，则可以大幅度提高纳税门槛，例如，大灾风险准备金累计超过本公司当年毛保险费收入的 160%、200% 或者 300% 以上部分，才可以征收“所得税”。同时，可以规定不得随意将大灾准备金转移用途，或转入利润或资本公积等，对于转移用途的资金部分应当征收所得税，从而鼓励保险公司积极建立和积累大灾准备金，使其能够真正应付大灾风险损失的赔付责任，增强农业保险的可持续发展能力。

最后，对利润准备金实行税收返还政策。为了鼓励农业保险机构多提大灾风险准备金，建议对其提取的利润准备金实行税收返还政策，返还的税款计入大灾风险准备金。

（四）促进经营模式创新

为了实现农业保险经营模式创新，要建立普惠性农业保险体系，以指数保险取代传统的农业保险产品，降低交易成本，提高供给效率，从而增强农险的可持续发展能力。

首先，建立普惠性农业保险体系。普惠性农业保险体系的核心是，“政府补助保费保基本、农户自愿参保保增量”，即由政府全额补贴保费，提供最基本的风险保障，农户可以根据需要通过额外缴费提高保障水平。如上所述，在小规模分散经营占主导的农业经营模式下，向农户收取保费的成本异常高昂，甚至保险公司的承保成本已经超出了农户的自缴保费，不符合经济效率的原则。因此，对农户的缴费实行全额补贴，可以降低承保环节的成本。同时，也在一定程度上遏制农业保险经营中的虚假承保、虚假理赔等违法违规行为。

建立普惠性农业保险体系也是发达国家的重要经验。美国的巨灾保险（Catastrophic Coverage，CAT）就是联邦政府为农场主提供最基本风险保障的普惠性农业保险产品。农场主一般都在巨灾保险基础上，额外缴费购买保障程度更高的保险产品。中国可以借鉴美国的经验，创新农业保险的经营模式，探索建立普惠性农业保险体系。

其次，以指数保险取代传统的农业保险产品。传统的农业保险产品要求核保到户、验标到户、查勘定损到户，在小农经济条件下经营成本非常高，在实践中难以规范运作。因此，要进行农业保险的产品创新，主要以指数形态的保险产品取代当前的物化成本保险。

指数保险（包括区域产量保险和天气指数保险等）将损害程度指数化为特定区域农作物的平均产量或是气象数据指标，其赔偿基于预先设定的参数是否达到触发水平，而非实际损失，因此通常不需要核保到户、验标到户、查勘定损到户。可见，指数保险本质上是通过产品创新，将小规模分散经营的农户聚合成虚拟的规模农场，从而有效降低农业保险在承保、定损以及赔付环节的成本。

在选择合适的产品形态方面，印度农业保险的经验提供了很好的启示。和中国类似，印度也是小农经济占主导地位。由于农户的经营规模有限，印度主要发展区域产量保险和天气指数保险。印度的经验表明，农业保险产品形态的选择要与农户的经营规模相适应。为了适应小规模分散经营的基本国情，我国要创新农业保险产品形态，克服传统农业保险产品经营成本高的不足。

值得关注的是，中原农业保险股份有限公司通过产品创新，在创新经营模式方面做了积极的探索。公司先后开发针对传统农户的小麦和玉米区域产量保险。公司根据目前传统农险产品开办中存在的问题和传统农户种植风险特点，开发了针对传统农户的小麦区域产量保险产品。从公司运营来看，区域产量保险具有多方面的优势，一是节约时间成本。二是减少理赔成本投入。三是理赔流程简单易行。同时，将节约的成本用于农业保险承保理赔技术的研究和创新，在区域产量保险承保和理赔中应用卫星遥感技术，承保时采用卫星遥感影像宏观把控作物种植面积，保证承保信息的真实性和准确性；理赔时采用作物长势卫星遥感监测和地面现场勘查测产相结合的产量评估新方法，提高样本点的代表性和样本点选择的科学性，使产量测定结果更接近实际产量。可见，区域产量保险的创新有效化解了传统农业保险面临的经营困境。一是解决保险公司服务能力不足的问题。将区域产量下降作为理赔触发条件，赔偿与投保区域的整体风险挂钩，保险公司无须确定投保农户的具体位置和个体损失程度，摆脱了不可能真实定损到户的现实困境。二是承保理赔客观透明。与政府农业、统计部门成立联合测产小组，开展区域产量测产工作，结果公开透明；引入天气指数保险技术，气象数据的唯一性和客观性保证了理赔结果的公信力。三是解决依法合规问题。区域产量数据和气象数据的客观性、透明性解决了虚假、任意理赔问题；区域风险的不确定性，虚假投保不会带来必然的理赔，极大压缩了虚假投保、虚假理赔的存在空间。

最后，为促进农业保险经营模式创新提供相应的政策支持。第一，将指数保险纳入中央财政补贴范围。这样可以鼓励市场主体积极探索以指数保险取代物化成本保险，促进农业保险的产品创新，推动农业保险经营模式的转型。第二，为构建普惠性农业保险体系提供补贴。实施普惠性农业保险后，财政需要新增加两部分补贴资金：一是目前农户约 20% 的自缴保费；二是可保种植面积全面覆盖后新增加的保费补贴。通过增加对农业保险的保费补贴，可以同时推动农业补贴的市场化改革。另外，值得指出的是，如果用指数保险产品取代传统的农业保险产品，则由于指数保险产品的费率较低，财政因此支出的保费补贴可能会少很多。美国的经验表明，区域产量保险（GRP）费率是基于个别农场的产量保险（APH）费率的 1/3。第三，促进与指数保险发展相关的基础设施建设。发展指数保险要求具备很高质量的数据。比如，对于天气指数保险，产品开发需要质量可靠、不易篡改、可以自动获取的气象数据。但我国地域辽阔，地面气象观测站点分布不够充分，制约了天气指数保险的发展。因此，要增加气象站点建设，完善与指数保险发展相关的基础设施。同时，统计、农业、气象等部门要加强协调与合作，通过数据共享以及校验，提高数据的可得性与真实性。

（五）完善大灾风险分散制度

从国际农业保险大灾风险分散制度的实践看，主要有以下两种制度安排。

一是由再保险和其他融资方式两个层次组成。其中，第一层大灾风险损失分散的安排是由保险公司购买再保险，第二层是在此基础上安排其他融资方式，如向政府借债、向金融机构融资或者发行巨灾债券等。美国农业保险大灾风险分散制度大致如此，不仅有财政支持的再保险，而且当大灾发生，准备基金不足支付赔款时可以向“商品贷款公司”借款。

二是由再保险、大灾风险基金和其他融资方式三个层次组成。其中，第一层大灾风险损失分散的安排是再保险，第二层安排是保险公司在正常年份建立的大灾风险准备金，第三层安排是其他风险融资计划。加拿大农业保险大灾风险分散制度大致如此：除了再保险外，各省的农业保险公司在正常情况下建立类似于“大灾准备金”的基金，该基金由正常年份的责任准备金结余形成，不纳任何税赋，可以无限制累积。遇到大灾损失，当年准备金不足时可以动用基金。同时建立了融资安排，如果动用基金仍然不足以支付赔款，可以向联邦和省的财政部门借款。

我国可以在借鉴国际经验以及已有风险分散制度安排的基础上，进一步完善大灾风险分散制度。首先，完善农业保险再保险体系。探索为农业保险再保险提供一定比例的保费补贴；充分利用国内、国际两个再保险市场，转移、分散农业大灾风险；探索对不同风险区域的农业保险业务互换，均衡地域风险；优化农业保险再保险共同体的运作机制，降低业务逆选择风险，实现风险分散与风险对价的匹配。其次，完善大灾风险准备金制度。鼓励保险公司在正常经营年份积累大灾风险准备金，从而在不同年度之间分散风险。最后，建立融资安排。在再保险摊回赔款、大灾准备金均不足以支付赔款的情况下，启动相应的融资安排，为经营农业保险业务的公司提供流动性支持。

（六）防范与化解制度风险

首先，要秉持法治原则，规范和约束农业保险中权力的运行。法治理论认为，权力的“知止”单靠主权者的自律是做不到的，其权力边界应通过外在力量的约束来划定和实现。目前的《农业保险条例》虽然规定了相关政府部门对农业保险的政策支持，但没有有效界定和约束政府在农业保险经营活动中的权力边界，例如，已有的罚则几乎全部针对保险公司，而对于政府可能的违规行为却没有任何相应的罚则。农业保险的相关立法要进一步完善，特别是要基于法治思维，通过规范和约束权力，保障市场主体的权利与自由，要通过外部约束明晰政府在农业保险经营活动中的权力边界，有效防范和化解农业保险面临的制度风险。

其次，探索农险市场主体的准入与退出机制。农业保险市场在相当程度上存在行政权力支配市场资源配置的现象。不同市场主体的竞争在一定程度上异化为对权力的寻租。除了规范权力的运行外，要探索农险市场主体的准入与退出机制。为此，一方面在市场准入上引导公司对农业保险专业化经营，增强持续经营的预期，从而鼓励保险公司增加对农业保险的资源投入，提升服务的质量。另一方面，要建立真正的市场化退出机制，赋予公司以硬性的市场约束。经营行为不规范、侵犯农户利益、经营绩效低下的市场主体要退出市场，从而提升市场主体的违规成本，发挥市场机制良币驱逐劣币的正向激励作用。

最后，建立农民参与农业保险决策和运营的机制。法治理念还重视权力的制衡。当一个社会中存在某种权力的时候，必须有另一种权力能够制约它，排除一权独大，但目前在农业保险制度架构与治理结构中，则明显缺乏权力的制衡，这突出表现在农户几乎缺乏任何的参与权力。因此，有必要将农民参与农业保险制度的运行和监督作为重要的发展方向，发挥农户这一重要主体的积极性，构建农民与政府以及公司之间的利益制衡与协调机制，解决农业保险治理结构中农户本质上缺失的问题，使农户由被虚置的主体回归真实的需求方，从而促进农业保险回归其本来的政策目标。

为此，要鼓励和扶持农民和农业生产经营组织建立为农业生产经营活动服务的互助合作保险组织，充分发挥农村互助合作保险组织农户参与程度高、经营管理成本低、有助于防范逆选择与道德风险以及促进防灾减损等制度优势。同时，支持农村互助合作保险组织与保险公司探索各种形式的合作模式，既增加农户和合作组织对于农业保险决策与运行的参与，又有利于降低农业保险制度运行的交易成本，实现优势互补与协同发展。

执笔人：张承惠　朱俊生　孙　飞

第三部分

各类金融机构开展的农村普惠金融服务创新活动

第8章

国家开发银行普惠金融服务创新实践情况

国家开发银行（以下简称“开发银行”）是我国最早提出并探索开展普惠金融的金融机构之一，早在2003年就提出了“人人享有平等融资权”的理念。一直以来，开发银行都是普惠金融的有力探索者和践行者，对中国普惠金融的发展产生了积极的推动作用。2017年，开发银行全面贯彻落实党中央、国务院关于普惠金融发展的决策部署，积极支持《推进普惠金融发展规划（2016～2020年）》实施，不断探索创新理念、方法和机制，在支持脱贫攻坚、服务“三农”发展、维护教育公平、推动社会养老体系建设、缓解小微企业融资难融资贵等方面取得了良好成效。

一、2017年主要工作与成效

（一）“三融”“四到”齐发力，打好打赢脱贫攻坚战

贫困地区、贫困人口是中国普惠金融的“主战场”。2017年是决胜脱贫攻坚的关键一年。在广泛调研和深入实践的基础上，开发银行按照“融制、融资、融智”的“三融”扶贫策略，“易地扶贫搬迁到省、基础设施到县、产业发展到村（户）、教育资助到户（人）”的“四到”思路方法，不断加大脱贫攻坚工作力度。截至2017年底，开发银行累计发放精准扶贫贷款1.36万亿元，贷款余额1.11万亿元，全年新增发放4445亿元，覆盖983个国家级和省级贫困县。

1. 聚焦重点难点，大力实施脱贫攻坚“三大行动”

为更好发挥开发性金融对脱贫攻坚的先锋先导作用，开发银行大力实施深度贫困地区脱贫攻坚、定点扶贫、东西部扶贫协作“三大行动”，建立起了整合资源、凝聚合力的大扶贫格局。

一是开展深度贫困地区脱贫攻坚行动。研究制定《关于开发性金融支持深度贫困地区脱贫攻坚的实施意见》并发布《关于印发进一步支持深度贫困地区脱贫攻坚实施方案的通知》。在四川凉山举办深度贫困地区脱贫攻坚推进会，发布《开发性金融支持深度贫困地区脱贫攻坚行动计划》，按照“信贷政策最优、贷款定价最优、审批流程最优、资源配置最优、服务方式最优”的“五个最优”工作原则，全面加大支持力度。截至 2017 年底，向“三区三州”累计发放精准扶贫贷款 1649 亿元，全年发放 541 亿元。

二是推动实施东西部扶贫协作行动。建立 14 家东部分行、16 家西部分行的东西部扶贫协作联系机制，通过与地方政府签署四方合作协议、建立开发性金融合作办公室等方式，建立信息互通、资源共享的协作机制。召开开发性金融支持东西部扶贫协作座谈会，发布《关于加强东西部分行产业扶贫协作的通知》和《关于加强东西部扶贫协作项目开发评审工作的通知》，完善东西部扶贫协作项目开发评审工作要求，细化加强东西部分行产业扶贫协作的方式方法。截至 2017 年底，开发储备东西部扶贫协作项目 22 个，2 个项目实现承诺，6 个项目贷款发放 56 亿元。

三是积极推进定点扶贫行动。召开开发银行定点扶贫工作座谈会，制定《关于组织开展定点扶贫行动的工作方案》，积极做好开发银行 4 个定点县和 1 个对口支援县的扶贫工作。2017 年全年向定点县和对口支援县发放精准扶贫贷款 77 亿元，捐赠 1040 万元。加强与中央国家机关和单位的定点扶贫合作，举办中央国家机关定点扶贫挂职干部培训班，与 89 个中央国家机关建立合作关系，与 135 个县的挂职和驻村干部建立稳定联系机制，与其中 49 个县签订合作协议，为 84 个县编制规划，并为 129 个县设计融资方案。

2. 坚持“四到”思路，加大精准信贷支持力度

一是稳步推进易地扶贫搬迁业务。与有关部委和地方政府密切协作，参加国务院易地搬迁工作推进会、全国易地搬迁现场会，参加国务院多部门联合督导检查，有力保障全国易地搬迁资金需求。创新模式，授信 200 亿元支持广西国家储备林扶贫项目，带动林区建档立卡搬迁人口脱贫，为搬后脱贫发展探索新路子。截至 2017 年底，开发银行已累计承诺易地扶贫搬迁贷款 4483 亿元，将惠及 911 万建档立卡贫困人口；累计发放 871 亿元，实现全年新增发放 560 亿元；审批专项建设基金 216 亿元，投放 199 亿元。

二是继续推进贫困村提升工程。根据国务院关于统筹整合使用财政涉农资金试点的有关政策，研究提出借助财政涉农资金整合撬动信贷资金的创新举措，为贫困县建档立卡贫困村基础设施提供贷款支持。同时，研究探索通过投资定向债、财政注资、PPP 等方式支持贫困村提升工程，探索利用土地指标交易机制支持贫困村基础设施建设的业务模式。截至 2017 年底，全年发放贫困村提升工程贷款 1752 亿元，惠及 541 个贫困县、4 万个建档立卡贫困村、1895 万贫困人口。

三是推动产业扶贫业务创新发展。不断优化完善业务政策和方法标准。统筹推进龙头企业、“四台一会”、转贷款三大业务模式，本年实现产业扶贫贷款发放 652 亿元，覆盖 145 个贫困县，带动 26 万建档立卡贫困人口。以支持返乡创业为抓手支持脱贫攻坚，与发展改革委合作，在陕西安康、江西南昌召开两场返乡创业专题培训，培训覆盖 206 个试点县，支持 20 个返乡创业试点项目，发放 31 亿元。

四是不断提升助学贷款业务水平。扩大助学贷款覆盖范围，新增覆盖 143 个区县，受理金额增长 10%，受理人数增长 10%。实现高校、科研院所、党校、行政学院、会计学院等培养单位全覆盖，全日制普通本专科生、研究生、预科生全覆盖。截至 2017 年底，累计发放助学贷款达 1360 亿元，其中本年发放 252 亿元，累计支持家庭经济困难学生 2220 万人次，支持人数突破 1000 万。

3. 加大融制力度，加强脱贫攻坚机制建设

加强与各中央部委的沟通联系，开展联合调研，汇报扶贫工作进展，提出政策建议，参与政策创设。与发展改革委联合印发《关于开发性金融支持特色小（城）镇建设促进脱贫攻坚的意见》，探索以特色小（城）镇建设带动脱贫攻坚的方式方法；印发《关于开展开发性金融支持返乡创业促进脱贫攻坚有关工作的通知》，以支持返乡创业提升贫困地区内生动力。与工信部联合印发《关于开发性金融支持特色产业精准扶贫项目试点和矿物功能材料产业示范基地建设的通知》。与国土资源部探索利用土地指标交易机制支持基础设施建设的业务模式。与商务部联合推动精准扶贫追溯体系建设等工作。此外，积极推动省市县三级扶贫开发金融合作办公室建设，创新脱贫攻坚工作机制。截至 2017 年底，已在内蒙古、黑龙江、安徽等 14 个省份建立各级合作办 154 个，其中，省级合作办 6 个，市级合作办 36 个，县级合作办 112 个，落实与贫困地区各级政府脱贫攻坚合作协议 25 份。

4. 强化融智扶志，提升贫困地区内生发展动力

一是提供规划咨询服务。通过深入调研，考察扶贫项目、走访贫困群众、听取政府意见，研究分析当地资源优势和制约因素，为河南省卢氏县、河北省张家口市、湖南省大湘西地区等地编制完成规划咨询报告 34 篇，并推动 22 家相关分行以中央国家机关定点扶贫县或深度贫困县为重点，开展贫困县脱贫攻坚规划咨询工作。

二是开展贫困地区地方干部培训。全年举办 12 期地方干部培训班，培训贫困地区干部 1281 人次，实现 14 个集中连片特困地区全覆盖，有效提升了地方干部运用金融手段推进脱贫攻坚的意识和能力。聚焦深度贫困地区，先后组织举办了四川凉山、甘肃临夏、云南怒江 3 期地方干部研讨班，培训 31 个深度贫困县 330 余名地方干部，取得了实实在在的成效。

三是加强对贫困地区的人才支持。2017 年，开发银行向贫困地区派驻各类扶贫干部 241 人，除 183 名扶贫金融专员外，向 21 个贫困村派驻了 15 名第一书记，35 名驻村干部，此外还向 8 个贫困县派驻扶贫挂职干部 8 名，为贫困地区脱贫攻坚提供了有力的人才智力支持。

（二）支持农业供给侧结构性改革，培育农村发展新动能

开发银行一直高度重视支持“三农”发展，2017 年开发银行在产业结构调整、培育新型农业经营主体、推进农业对外合作等方面，不断加大工作力度。截至 2017 年底，开发银行累计发放现代农业贷款 2479 亿元，贷款余额 752 亿元。

1. 促进农业产业提质增效

一是支持高标准农田建设，打牢农业发展基础。支持肇东农业示范区、河南省黄泛区农场、甘肃省张掖地区等高标准农田项目，建设面积达 200 多万亩，农田基本建设贷款发放 420 亿元，余额 180 亿元。同时，积极支持大中型灌区、高效节水灌溉以及重点水源工程等民生水利项目建设，有效缓解了农业农村发展的资金瓶颈制约。

二是推动农业产业结构调整，提升产业发展水平。以服务农业龙头企业为主线，

重点支持中粮、黑龙江北大荒、中化及上海光明等大型农业集团发展壮大，支持优质农产品生产种植基地建设、促进加工产业转型升级、树立民族产业品牌，提升我国农业领域的话语权及竞争力，截至 2017 年底共计发放农业产业贷款 1433 亿元，贷款余额 388 亿元。

三是支持先进农机具生产体系发展。开展深入调研，研究确定支持我国先进农机体系发展的思路。对农机龙头企业德邦大为公司给予融资支持，实现支持农机发展的零突破，在加快构建我国先进农具生产体系方面发挥积极作用。

2. 培育新型农业经营主体

一是推动农村土地流转，提升规模经营水平。在黑龙江省产粮大县庆安县试点农村土地经营权流转，促进农村土地规模化、集约化经营。开发银行向大豆、高粱种植专业合作社发放土地流转贷款 8700 万元，流转土地面积 2.1 万亩，流转期限 14 年，有效解决了合作社的资金瓶颈问题，推动合作社发展壮大。

二是引导农业经营主体多方位合作，促进一二三产业融合发展。重点支持各省市开展田园综合体及国家现代农业示范区建设，引导企业集聚发展，引导农民加入组织生产，为农业新型经营主体开展规模经营和社会化服务创造有利条件。河南中鹤集团在开发银行的支持下，集中建成了 250 万平方米、可容纳 2.5 万人口的新型农村社区，构建了龙头企业带动新型经营主体发展的典型模式。

三是建立紧密的利益联结机制，保障农户分享产业链附加收益。推动龙头企业与合作社、农户等建立更为紧密的利益联结机制，探索出不同经营主体间“优势互补、利益共享、风险共担”的互利共赢运营模式。采取订单农业、股份分红、利润返还、租金收入等方式，拓宽农户收入渠道，使农户分享产业链延伸的附加收益。无锡高效生态农业项目采用“公司 + 基地 + 农户”的经营模式，通过土地租赁、集约化生产、产业化经营，使农户获得生产、务工及土地租赁收入。

3. 积极推进农业对外合作

近年来，开发银行发挥金融引擎和先导作用，支持“走出去”，服务“一带一路”建设，准确把握世界多极化、经济全球化深入发展的大趋势，有力推动了我国与世界各国农业合作进程。2017 年，开发银行作为成员单位，认真履行工作职责，全程参与农业对外合作部际联席会议机制的会议与研讨，积极参加相关部委组织召开的农业“走出去”会议和研讨，汇报、介绍支持农业“走出去”的理念、做法和经验，提出意见和建议。支持首农集团并购英国樱桃谷公司、光明集团收购英国第二大谷物食品生产公司、广垦集团海外橡胶种植等重大农业国际合作项目，累计发放农业国际合作贷款 584 亿元，贷款余额 194 亿元。截至 2017 年末，开发银行累计支持了 488 个农业对外合作和农业“走出去”项目，贷款余额 75.6 亿美元，发放贷款 213 亿美元，为中资企业提升国际竞争力、树立民族产业品牌、保障国家重要农产品安全提供了有力支持和全方位服务。

（三）支持教育事业发展，促进教育公平

2017 年，开发银行按照“政府主导，教育主办，开发性金融支持”的合作机制，实现“三个增长”（受理金额增长 10%；受理人数增长 10%；受理县数增加 143 个）“两个突破”（累计支持学生突破 2000 万，文件电子化县数突破 1000 个）。形成以风险补偿金为激励约束，以财政贴息为政策保障，以县级资助中心和高校为基础操作管理平台，以省级资助中心和开发银行各分行为省级统筹管理平台的合作共管、权责明确、风险共担的国家助学贷款运营模式。一是全面提升服务水平，简化建档立卡户、城乡低保户等学生办贷手续，通过设立 448 个高中和乡镇中心受理点，在 1017 个区县开展电子合同试点等工作，实现“家门口办贷款”“电子化办贷款”。二是创新业务发展，印发《关于生源地信用助学贷款风险补偿金结余奖励和亏空分担的指导意见》，加大对各地学生资助管理中心的奖励引导。三是推动中职助学贷款试点工作，在四川阿坝州成功推广中职学生助学贷款业务。四是为做好助学贷款借款学生的精准帮扶工作，国家开发银行主动承担社会责任，在持续加大力度推进助学贷款工作的同时，充分发挥在学生和企业之间的桥梁纽带作用。据初步统计，2012～2017 年，五年来国家开发银行总分行已为超 30 万贫困家庭学生举办助学贷款毕业生专场招聘会 42 场，组织参加企业超 1 万家，提供就业岗位近 20 万个，达成就业意向超 5 万个，有力地落实了党中央、国务院关于教育扶贫的决策部署。此外，积极破解教育基础设施融资瓶颈，支持青海、山西、内蒙古等地区校安工程建设，并支持四川凉山、新疆喀什等地区建设乡村幼儿园，为农村教育发展奠定了坚实基础。

（四）支持社会养老体系建设，拓展健康养老领域蓝海

2017 年，开发银行坚决贯彻落实党中央、国务院提出的健康中国战略，加大对

养老体系的融资支持力度，当年新增发放养老贷款额度超过百亿元，有力支持了我国养老体系的构建。截至 2017 年底，开发银行累计发放养老贷款 298 亿元，贷款余额 238 亿元；其中 2017 年新增发放 106 亿元。

1. 深化外部合作

一是持续加强与民政部合作，联合召开养老融资模式及产业化路径研讨会。二是与发改委研究合作支持居家社区养老服务业及养老用品产业发展。三是参加 2017 年全国医养结合工作会议、中国老龄产业创新示范基地研讨会、中国保险养老社区发展论坛等重要会议，积极建言献策。

2. 调整业务发展结构

积极应对政策变化，开发银行对养老项目开发结构进行调整，积极拓展市场化客户，重点支持有实力的央企、地方国企、上市公司及民营企业在养老产业投棋布子、投资建设示范性养老项目。

3. 探索模式创新

党的十九大提出养老既是事业也是产业，开发银行根据不同业态养老项目的特点，积极探索融资模式。以 PPP 模式支持了江西抚州市金溪县医养服务提升工程项目，探索农村敬老院和卫生院资源整合，以“使用者付费 + 可行性缺口补助”的方式构建回报机制，有效提升了金溪县整体医养服务水平，落实了“保基本、保基层”的健康扶贫战略。同时支持地方国企转型，建设区域内标杆养老项目，承诺了天津市旅游集团康宁津园、山西省投资集团孟母文教养老中心等一批项目；与大型客户建立“总对总”合作关系，支持万科、华润、中信国安合等企业在全国布局养老设施；加强机制建设，在河南支持中小型养老机构和地方轻资产的养老服务型企业。

（五）创新批发式融资机制，支持中小微企业发展

开发银行发挥自身优势和特点，坚持以批发的方式解决零售问题，不断创新融资模式，为中小微企业发展提供了有力的融资支持，特别是重点支持贫困地区小微企业和农户发展特色产业。截至 2017 年底，开发银行小微企业贷款余额 1.6 万亿元，惠及中小微企业、个体工商户、农户、创业青年等各类社会群体。

1. 推广“四台一会”贷款模式

开发银行将国际先进微贷技术与中国国情相结合，针对融资难、融资贵的关键

制约，研究探索出以管理平台筛选项目、统贷平台统借统还、担保平台提供担保、公示平台增强信息透明化、信用协会加强信用约束管理为核心的“四台一会”模式和方法。通过发挥开发性金融“搭桥铺路”的优势，整合政府、社会、银行、企业多方资源，共同推动市场建设、信用建设和制度建设，建立了以金融社会化理念为核心、以机制建设为基础的批发贷款模式，加强与地方政府规划和机制合作，因地制宜支持优势特色产业发展，大力支持扶贫开发、创业创新、健康养老、“三农”等领域的中小微企业发展壮大。通过创新方式方法，实现了以批发的方式解决零售问题，用标准化的方式解决千家万户的共性问题，为普惠金融的发展积累了经验。

2. 探索推动转贷款模式

开发银行借鉴德国信贷复兴银行经验，与符合准入条件的金融机构开展转贷款合作，发挥地方金融机构的积极作用，助力贫困地区的中小企业发展。通过向贫困地区的村镇银行、农村商业银行、农村合作银行、农村信用合作社、城市商业银行等中小银行业金融机构批发资金，合作银行再将资金转贷至企（事）业法人或国家规定可作为借款人的其他组织以及自然人，针对建档立卡贫困人口具有扶贫带动作用的中小企业。开发银行负责选择合作银行并提供贷款和信贷技术支持，合作银行负责开发、评审、管理转贷款，并承担转贷款信用风险。通过开展转贷款业务形成国家政策由政府到开发性金融机构再到商业银行的有效传导机制，引导商业性金融机构更多地投入到脱贫攻坚和中小企业发展中去。2017 年，开发银行共向 8 家银行新增授信 45 亿元、发放 31 亿元。截至 2017 年末，开发银行小微企业转贷款余额 21. 8 亿元。

3. 坚持加强风险管控，建立社会化的风险防控体系

作为国务院促进中小企业发展工作领导小组成员单位中的唯一金融机构，多年来，开发银行在积极支持中小微企业发展的同时，不断加强机制建设，通过发挥开发性金融“搭桥铺路”的优势，整合政府、社会、银行、企业多方资源，共同推动市场建设、信用建设和制度建设，创造性地构建社会化的风险防控体系。特别是通过推广完善‘四台一会”融资模式，建立民主审议、社会公示、联合监督等机制，构建“政府支持、合作机构分担、客户互保”为主要内容的风险分担和补偿机制，实现业务发展和风险控制的良性互动。

（六）支持棚户区改造，改善低收入群体住房条件

棚户区改造是党中央、国务院做出的重大决策部署，是关系国计民生的大事。开发银行从 2005 年支持辽宁棚改起步，支持了包头北梁、黑龙江“四煤城”等一大批棚改项目建设，逐渐奠定了棚改融资主力银行地位。特别是 2014 年专门成立住宅金融事业部，集中力量开展这项工作，产生了很好的效果。截至 2017 年底，累计发放棚改贷款 3.4 万亿元，支持了内蒙古阿尔山、江苏徐州等一大批项目建设，帮助超过 2000 万户居民“出棚进楼”，使百姓生活条件得到极大改善，给居民内心带来获得感与幸福感，同时改善了城市面貌。

（七）推动国际普惠金融交流合作

自 2011 年起，开发银行作为蒙特利尔联盟发起成员，和加拿大、法国、芬兰、墨西哥、巴西、沙特阿拉伯、印度、马来西亚、意大利等 8 个国家的开发性金融机构就普惠金融开展课题研究合作，深化沟通交流，学习国际先进经验。特别是从 2016 年开始，开发银行围绕数字金融等主题开展了深入研究和讨论，各国开发性金融机构分享了应用金融科技发展普惠金融的产品与思路，取得良好效果。

二、推进普惠金融工作面临的问题

（一）普惠金融服务的广度和深度不足

目前，金融机构服务小微企业、农民、城镇低收入人群、贫困人群和残疾人、老年人等特殊群体的普惠金融产品较少，在运行模式、业务流程和技术手段等方面还需要进一步创新，降低金融交易成本，提高金融服务的可得性和便捷性。

（二）普惠金融信用担保体系仍需健全完善

信息不对称、弱势群体缺乏有效信用结构等问题是阻碍普惠金融发展的显著障碍，小微企业等普惠金融服务对象目前缺少及时有效的信用信息平台，缺乏服务普惠金融的评级和信息中介机构。需要进一步加强信息公开，发展涉农领域及贫困地区担保体系建设以及政策性担保公司建设，从而有效防范各类风险的发生。

（三）需要加强对普惠金融发展的政策支持和制度建设

当前，我国开展普惠金融服务的服务内容相对同质化，各类金融机构的比较优势没有得到很好体现。需要进一步研究探索相关政策，建立起主体多元、分工合作、效率优先的普惠金融体系，并加强监管政策的差异化，在风险可控的前提下，为各金融机构创造适当宽松的普惠金融运营环境。

三、2018 年工作展望

2018 年，开发银行将按照党中央、国务院支持普惠金融发展的有关要求，进一步发挥开发性金融优势和作用，围绕扶贫、“三农”、教育医疗以及中小微企业发展等普惠金融重点领域，完善机制方法，创新思路举措，不断加大融资融智支持力度，为推进我国普惠金融发展做出更大贡献。

（一）深入推进“三大行动”，助力决战脱贫攻坚

一是加大对深度贫困地区脱贫攻坚的融资融智支持力度，全面推进规划咨询工作，并实现“三区三州”地方干部培训全覆盖。进一步夯实东西部扶贫协作基础，完善协作机制，创新协作举措，提升协作实效，引导东部分行支持企业赴西部投资并给予优惠贷款支持。大力推动定点扶贫工作，组织分行向总行党委签订责任书，层层压实责任，通过支持基础设施改善、公共服务提升和特色产业发展，以及提供扶贫资金捐赠、扶贫干部培训等全方位金融服务，为如期实现脱贫攻坚目标提供有力支撑。二是加强与相关部委沟通，积极参与土地整治工作顶层设计，研究土地增减挂钩制度，创新农村基础设施建设项目融资模式，稳步推进贫困村提升工程，探索创新业务模式，开展农村人居环境建设业务。三是加强与扶贫部门对接和行业研究，推进银政合作、龙头企业合作、东西协作成果落地，重点加大对深度贫困地区、易地扶贫搬迁后续产业、集中连片特困地区的支持力度，整合社会金融资源，创新投贷联动方式，提供全面金融服务。四是推进健康扶贫，加强与国家卫生计生委合作，加快推动健康扶贫政策落地，改善广大农村特别是贫困人口就医条件，提高医疗卫生服务水平。

（二）大力支持乡村振兴战略实施

一是继续推进农村基础设施建设工作，着力改善农村人居环境。以贫困村提升工程为重点，大力支持贫困地区村组道路、安全饮水、农村环境整治、校安工程等基础设施建设，为脱贫攻坚奠定基础。积极支持“四好农村路”、供水、供气、电网、信息等基础设施建设，推动城乡互联互通。围绕农村人居环境三年行动方案，支持农村垃圾、污水治理、村容村貌提升，扎实推进美丽宜居乡村建设。二是推进农业供给侧结构性改革，大力支持高标准农田建设，促进发展节水农业，推进农业机械化和农机装备产业转型升级，支持国家“三区三园”建设，增强农业综合生产能力。三是以农村一二三产业融合发展为抓手，重点支持农产品加工业转型升级，创新农业产业链、价值链与农民利益联结的新模式，促使农民分享产业链增值收益。四是创新开发性金融服务手段，研究土地指标跨省交易项目的融资模式，为东西部省份土地指标交易提供过桥资金，拓展西部地区脱贫攻坚和乡村振兴资金来源。研究建立农村基础设施建设和运行管护长效机制，吸引社会资本，以 PPP 等方式，创新农村基础设施建设项目的融资模式。

（三）促进特色产业发展

一是银政合作推进“一县一策”产业规划，逐县进行梳理分析，编制产业扶贫支持方案，突出扶贫带动成效。二是加大重点行业产业扶贫的推动力度，大力支持贫困地区国家储备林基地建设、农业产业化、农村养老、旅游、仓储物流等产业项目。三是加大对易地扶贫搬迁后续产业发展的支持力度，对搬迁安置区产业扶贫项目给予优先支持。四是加强东西部产业合作，组织开展“开发性金融支持扶贫攻坚系列在行动”活动，搭建银政企对接平台，积极推动项目落地。五是加大对中小微企业和农户的融资支持力度，培育壮大贫困地区集体经济，切实增强贫困地区内生发展动力。六是拓展与地方中小商行优势互补的扶贫批发转贷款合作。修订业务制度、编制业务发展规划，开发扶贫转贷款系统，防范商行资金使用不规范等问题。七是因地制宜加强基层银政合作，完善“四台一会”机制建设。支持农业专业合作社、家庭农场和种养大户等新型农村经营主体发展现代农业，支持农村集体经济发展，扩宽贫困人口增收渠道。

（四）继续推动教育扶贫

一是加大贷款资助力度。重点加大“三区三州”深度贫困地区助学贷款工作力度，推动有关部门完善贷款政策，通过贷款申请提前、受理下沉、政策宣传全覆盖等措施加强服务。落实国家政策，实施特困生还款救助，提升资助成效。二是全面提升管理成效，继续保持本息回收率高位运行。推动地方政府建立助学贷款管理目标责任制和问责制，推进县级资助中心标准化建设，深化联合考核、定期通报、风险补偿金结余奖励等激励约束机制。扩大预申请实施范围，简化办贷流程，推进贷款办理向中学、乡镇下沉，提升“贷款办理短信平台”、银联 POS 机扫描二维码还款、支付宝手机端还款等服务。三是不断探索创新，切实提高对学生的服务水平。推进电子合同试点工作，完成县区全覆盖。广泛深入开展诚信教育和政策宣传工作。加强舆情分析，做好应急处理。实现专场招聘会全覆盖，积极促进学生就业创业。

（五）加大养老业务工作力度

一是深化部委合作，共同探讨成立政策性担保公司、设立风险准备金等方式解决中小型养老机构担保难的问题。二是加强与华润、泰康等涉足养老的大型集团、实施全国布局的养老企业的合作，推动合作项下养老项目的开发评审工作。三是继续探索业务模式。创新评审模式，解决与重点客户合作过程中遇到的养老项目小、散、同质化程度高、评审周期长、重复工作量大等问题与困难，提高评审效率，密切客我关系。四是通过召开全行养老贷款工作会议、联合评审、现场调研、发布典型案例、编写政策汇编等方式，开展养老业务培训，加强业务推动。

（六）切实加大融智服务力度

发挥开发银行专家、行业优势，加大对贫困地区和普惠金融相关领域的融智支持力度。一是提供规划咨询。支持贫困地区完善脱贫滚动规划和普惠金融相关规划工作，编制配套系统性融资规划，并进一步做好规划咨询工作。二是强化干部培训。为地方干部举办专题培训班，宣介国家支持普惠金融发展相关政策和开发银行支持的具体举措，重点加强对贫困地区基层干部的培训，提高地方干部运用金融手段发展普惠金融的意识和能力。

第9章

中国农业发展银行普惠服务实践与创新

2017年，中国农业发展银行（以下简称“农发行”）坚决贯彻党中央、国务院发展普惠金融的决策部署，认真落实国务院《推进普惠金融发展规划（2016～2020年）》，始终坚守农业政策性银行办行方向，坚持执行国家意志、服务“三农”需求、遵循银行规律“三位一体”的职能定位，坚定实施“一二三四五六”总体发展战略，充分发挥政策性银行优势，致力于提高政策性金融服务的覆盖率、可得性和满意度，助力“稳增长、调结构、补短板、惠民生”，全年累放贷款1.56万亿元，年末贷款余额4.66万亿元，为“三农”领域普惠金融发展做出了重要贡献。

一、突出重点发展普惠金融

（一）以金融扶贫为核心发展普惠金融

金融扶贫是发展普惠金融的重要途径。2017年，农发行坚决贯彻党中央国务院脱贫攻坚决策部署，坚持以服务脱贫攻坚统揽支农工作全局，将信贷、计划、资金、财务、人力等资源配置重点向贫困地区和贫困人口倾斜，服务脱贫攻坚取得明显成效。全年累计投放扶贫贷款5120亿元，贷款余额12649亿元，居全国金融系统首位；扶贫贷款投放占同期全行各项贷款总投放的34.4%，同比提高4.5个百分点；扶贫贷款余额同比增长40.4%，为同期全行贷款平均增速的近3倍。荣获“2017年全国脱贫攻坚奖”“2017 年中国金融扶贫突出贡献奖”“中国银行业最佳社会责任实践案例奖”“2017 年民生示范工程”等多项荣誉，农发行作为金融扶贫主力银行的地位得到社会各界广泛认可。

1. 政策性金融扶贫“四梁八柱”基本形成

农发行金融扶贫顶层设计基本完成，建立健全了扶贫责任体系、组织体系、政策制度体系、产品体系、精准管理体系，创新完善了扶贫贷款台账系统、统计系统、单独核算系统、贷后管理体系、考核评价体系等五大基础工程，形成了全行全力全程扶贫的工作格局。

一是健全扶贫金融事业部运作机制。建立总行、22 个脱贫攻坚重点省分行扶贫金融事业执委会日常议事制度。扶贫综合业务部专设精准扶贫管理处，对全行精准扶贫贷款认定等工作实行统一归口管理。强化扶贫任务清单和精准扶贫项目清单两个“清单制”管理，推动全行扶贫工作的统筹协调和督促落实。将全年贷款增量计划的 60% 以上向精准扶贫贷款倾斜，加大信贷计划对支持扶贫的导向作用。

二是建立扶贫责任体系。深入推动总行行领导包片重点扶贫省级分行联系制度落实到位，全年总行行领导到重点贫困省份督导调研 70 余次。明确各级行“一把手”为脱贫攻坚任务的第一责任人，层层压实责任。

三是完善脱贫攻坚考核体系。首次对总行部门脱贫攻坚工作进行考核，建立健全覆盖总行部室、省级分行、扶贫业务条线三个维度的脱贫攻坚考核体系。

2. 全力支持脱贫攻坚重点领域和重点区域

农发行坚决贯彻精准扶贫、精准脱贫方略，聚焦建档立卡贫困人口“两不愁、三保障”问题，把信贷资源精准投向贫困地区和建档立卡贫困人口，持续加大力度支持脱贫攻坚重点领域和重点区域，扶贫贷款精准度和带贫成效大幅提升。2017 年末，易地扶贫搬迁贷款共支持搬迁人口 768 万人，其中建档立卡贫困人口 524 万人，占比 68.23%，同比提升 6.12 个百分点；产业精准扶贫贷款带动 454.8 万建档立卡贫困人口增产增收，同比多带动 235 万人；项目精准扶贫贷款累计服务建档立卡贫困人口 12751.6 万人次，比年初多服务 3817.3 万人次。

（1）突出支持易地扶贫搬迁。坚持把支持易地扶贫搬迁作为扶贫的头号工程和重中之重，围绕中央提出的 2017 年要确保完成 340 万人易地扶贫搬迁任务，不断完善信贷政策，着力强化贷款管理，有效支持国家“十三五”易地扶贫搬迁规划顺利实施。完善中央贴息专项贷款政策，根据易地扶贫搬迁工程进度及时足额保障信贷资金供应。制定省级统筹同步搬迁融资信贷支持方案，协助地方政府加快推动同步搬迁实施。发挥易地扶贫搬迁项目贷款协同支持作用，对前期支持的600个易地扶贫搬迁项目逐项梳理，分类施策，做好专项贷款和项目贷款的有效衔接、协同推进。2017年，农发行累放易地扶贫搬迁贷款757亿元，支持搬迁项目554个。年末易地扶贫搬迁贷款余额2538.6亿元，继续保持同业领先。

（2）加大对产业扶贫的支持力度。产业是增加贫困人口就业渠道和收入来源的重要途径，产业扶贫是实施精准扶贫、稳定脱贫的“重头戏”。农发行立足贫困地区资源禀赋，大力支持特色优势产业发展和农产品加工，积极支持贫困村提升工程，重视输血、强化造血、防止失血，促进贫困地区、贫困农民走上经济内生增长、自主稳定脱贫的可持续发展道路。

一是积极支持贫困地区粮棉油收储。在贫困地区粮棉主产区增设收储库点，确保不出现资金供应空白点。完善服务手段，开辟对贫困人口售粮的绿色通道。扎实推进产业扶贫贷款认定，全面精准反映扶贫成效。2017年，农发行累放粮棉油扶贫贷款990.16亿元，带动建档立卡贫困人口269.85万人，较2016年增加92.25万人。

二是大力支持贫困地区农业产业化经营和特色产业发展。构建完善特色产业扶贫产品体系，推动种养加扶贫、电商扶贫、科技扶贫，实施生态补偿脱贫，开展生产基地扶贫。全年累计发放产业化龙头企业精准扶贫贷款141.34亿元，林业资源开发与保护精准扶贫贷款94.22亿元，农村土地流转和规模经营精准扶贫贷款78.3亿元，农村流通体系建设扶贫贷款59.24亿元，农业科技和农业生产资料精准扶贫贷款21.38亿元。

（3）持续发力支持基础设施扶贫。农发行聚焦贫困地区交通出行、公共服务均等化、人居环境改善等领域，持续加大精准扶贫项目支持力度。开发特色小镇业务品种，实现扶贫攻坚和城乡一体化建设同步推进。积极营销央企、地方大型国有企业等高端客户，推进农业农村基础设施项目市场化运作。2017年，农发行累计投放基础设施扶贫贷款2625.5亿元，占全行精准扶贫贷款投放额的51.3%。年末基础设施扶贫贷款余额5567.4亿元，占全行扶贫贷款余额的44.0%。

（4）继续推进政策性金融扶贫实验示范区建设。会同国务院扶贫办联合组织召开政策性金融扶贫实验示范区工作座谈会，坚持把双方创建实验示范区作为重要平台和抓手，不断加强工作研究和改进。加强省级实验示范区创建指导，促成与山西、江西、安徽、新疆、云南、内蒙古 6 个省（区）政府签订合作协议，签约省份达到 8 个；积极推动约定事项尽快落地，贵州、江西、山西、安徽等实验示范区在模式探索、新产品推进等方面先行先试作用初步显现。建立实验示范区贷款情况监测体系，国家级、省级实验示范区贷款增速分别达到 26.36%、58.34%。探索实验示范区整区域综合授信，推动并指导广西百色、贵州毕节开展研究试点工作。

（5）聚焦支持深度贫困地区。农发行第一时间深入学习贯彻习近平总书记在深度贫困地区脱贫攻坚座谈会上的讲话精神。在全国金融系统率先下发《关于重点支持深度贫困地区打赢脱贫攻坚战的意见》，推动实现目标任务、工作重点、优惠政策、资源配置“四个聚焦”，在人民银行支持深度贫困地区座谈会上做了经验交流。及时对新疆维吾尔自治区研究给予差异化支持政策。全年累计向“三区三州”深度贫困地区投放贷款 678.9 亿元，年末贷款余额 1206.2 亿元，较年初增长 52.8%，比全行精准扶贫贷款增长率高 12.4 个百分点，是同期全行各项贷款平均增速的 3.8 倍。

3. 加强定点扶贫与合作扶贫

农发行把定点扶贫作为全行扶贫工作的窗口和标志，汇聚优势资源，围绕融资、融智、融商精准发力，全力助推总行 5 个定点县（吉林大安、广西隆林、贵州锦屏、云南马关 4 个定点扶贫县和江西南丰 1 个对口支援县）顺利完成年度脱贫攻坚目标。

（1）创新搭建融商平台。发挥农发行系统优势，组织召开定点县脱贫攻坚对接推进会，帮助定点县对接发达地区政府、企业。截至 2017 年底，协调东部发达区县支援定点县财政帮扶资金 1780 万元，提供就业岗位 2150 个，免费培训、学习、交流 544 人次，帮助建档立卡贫困劳动力转移就业 351 人次；协调 26 家企业到定点县投资，总投资金额约 36 亿元；为 5 个定点县募集捐赠资金 956 万元。总行 2016 年度 950 万元专项扶贫捐赠资金已使用 850 万元，实施扶贫项目 15 个，惠及建档立卡贫困人口 6000 多人。

（2）加大扶智力度。首次开展定点县扶贫干部帮扶培训，全年成功举办 3 期培训，培训扶贫干部 230 人。向每个定点县派驻扶贫工作“三人小组”，专门负责定点扶贫工作的政策宣传、协调落实，成为总行帮扶定点县脱贫攻坚的一线战斗堡垒和亮丽名片。

（3）加强信贷扶持。精准对接定点县脱贫资金需求，全年对 5 个县累计新审批贷款项目 22 个，审批贷款 36.68 亿元，累计发放 26.99 亿元，年末贷款余额 100.01 亿元，较年初增长 25.15%，是全行各项贷款增长率的 1.8 倍，直接服务建档立卡贫困人口 17.38 万人次。

4. 深化对外扶贫合作

作为 90 家参展单位中唯一协办方，成功协办中央国家机关定点扶贫工作成果展，得到中央国家机关工委的肯定。

（二）聚焦重点领域发展普惠金融

农发行围绕服务农业供给侧结构性改革，着力在以下几方面推进普惠金融发展。

1. 服务国家粮食安全战略

农发行坚持把支持粮棉油收储作为全行工作的重中之重，积极应对粮棉市场化收购新形势新挑战，认真落实“多收粮、收好粮、防风险”的总体要求，全面保障中央和地方储备粮油资金需要，全力支持国家粮食收储制度改革，统筹支持政策性收购和市场化收购，发挥了粮棉油主导银行作用，切实维护了国家粮食安全和农民利益。同时，适应信息化发展趋势，积极推进“互联网 + 封闭运行”模式，加强粮食库存监管。全力配合粮棉油“去库存”工作，确保政策性信贷资金安全。

（1）做好稻谷小麦最低价收购资金供应。认真落实国家宏观调控政策，明确预案区继续采取以政策性收购为主、市场性收购为辅的信贷支持策略。

（2）加大粮油市场性收购资金供应力度。主动调整完善信贷政策，在防控风险的前提下，积极支持市场性收购。突出“大粮食”和“大市场”，全面支持粮油全产业链，提高办贷实效，未因农发行工作原因出现“卖粮难”“打白条”。

（3）做好棉花收购信贷工作。密切配合推进国家棉花目标价格改革，继续加大对新疆棉花收购信贷投入，实现棉花贷款投放和收购数量“双增”，夯实了农发行在新疆的棉花主导银行地位。

（4）做好东北地区玉米“市场化”加“补贴”新机制下的信贷工作。及时调整信贷政策，推动玉米收储体制改革落地生效。全力支持中储粮、中粮、中航等三家央企始终在市均衡收购，充分发挥信贷资金“引领托底”作用，有效带动其他市场主体入市收购。积极推动玉米信用保证基金建立和实施，为有效解决增信难题铺路。

2. 支持农业现代化

农发行坚持质量兴农、绿色兴农，创新支持农业现代化，紧紧围绕构建现代农业产业体系、生产体系、经营体系，加大力度支持高标准农田建设、农村土地流转和适度规模经营、林业生态保护等，促进农业转型升级。全年累放各类农业现代化贷款 1236.9 亿元。

（1）着力推进农业提质增效。围绕“藏粮于地、藏粮于技”战略，按照“稳粮、优经、扩饲”的要求，积极支持高标准农田建设、土地流转和规模经营等，促进农业种植结构调整。积极支持现代种业、农机装备、节水灌溉、智慧农业等，成功支持深圳华大基因、隆平高科等行业领军企业，探索支持农业科技园区平台建设和园区内农业高新企业，促进科技成果转化，提升农业可持续发展能力。截至 2017 年末，全行累计支持高标准农田建设项目 166 个，完成项目审批 409 亿元，支持新建高标准农田 2251 万亩；累计发放农村土地流转和规模经营贷款 175.09 亿元，贷款余额 266.09 亿元，较年初增长 136.55%；农业科技创新贷款余额 56.09 亿元。

（2）着力推进一二三产业融合发展。择优支持优势农产品加工及产业延伸发展，做大做强特色优势产业，优先支持具有较高附加值的精深加工领域和高端客户，上海、江苏等分行积极支持光明、中糖、维维等大型国企、上市公司，发挥农业产业化龙头企业引领作用。全年累放农业产业化龙头企业贷款 304.5 亿元，年末余额 397.09 亿元。积极支持现代农业产业园、科技园、创新园“三园”建设，促进三产融合发展。适应“互联网 + 现代农业”发展趋势，围绕保障食品安全，积极支持“从田头到餐桌”的现代农村流通体系建设，探索支持农村电子商务。累计支持省会城市“菜篮子”工程项目 19 个。2017 年末，农村流通体系建设贷款余额 318.12 亿元。

3. 服务农村现代化

加快推进农业农村基础设施建设，不仅有利于补齐农业农村短板，夯实农村共享发展的基础，也有利于农业供给侧结构性改革的顺利推进。2017 年，农发行持续加大农村基础设施投入力度，加快农村现代化建设步伐，促进城乡融合发展。全年累计投放基础设施贷款 8590.5 亿元，占全行贷款投放额的 54.4%。年末，基础设施贷款余额 21592 亿元，占全行贷款余额的 46.1%；贷款余额比年初增加 4523.5 亿元，占全行贷款增加额的 79.7%。

（1）大力支持棚户区改造。棚户区改造是重大的民生工程和发展工程。农发行深入贯彻党中央、国务院工作部署，充分发挥棚户区改造融资主渠道作用，以城中村改造、国有林区棚户区改造、国有垦区危房改造为支持重点，持续为棚户区改造提供信贷资金支持。全年支持棚户区改造项目 1371 个，发放贷款 4273.9 亿元，支持棚户区拆迁 19453 万平方米，新建安置房 4523 万平方米，可有效改善 123 万户、409 万人的住房条件。其中，发放棚户区改造精准扶贫贷款 919.5 亿元，支持国定贫困县项目 405 个。年末，全行棚改贷款余额 6613.4 亿元，比年初增长 197.6%，成为基础设施贷款的主力产品。

（2）加大对水利、交通、人居环境改善、城乡一体化等基础设施建设的支持力度。农发行大力支持国家重大水利工程项目，带动地方水利设施基础建设发展。全年累计发放水利建设贷款 783.5 亿元，支持重大水利工程和农田水利建设项目 619 个。贯彻落实“四好农村路”建设要求，以国定贫困县、革命老区、民族地区、边疆地区为重点，积极支持农村路网建设，促进城乡互联互通，打通农村交通“最后一公里”，着力破解农村地区“出行难”问题。2017 年，累计发放农村交通贷款 1049.8 亿元，支持交通建设项目 609 个。发放人居环境改善贷款 714.8 亿元，支持农村污水垃圾处理、农村危房改造等项目 437 个。发放城乡一体化贷款 1600 亿元，支持辐射乡村的教育、医疗、养老等公共服务体系建设项目，提高农业人口的公共服务水平。

4. 发展绿色普惠金融

2017 年，农发行着力打造绿色信贷品牌，推动绿色生态建设。全年累放绿色信贷贷款 672 亿元，支持项目 1770 个，年末贷款余额 2395 亿元。其中，用于改善农村生态环境，支持河道治理、防洪工程、农村生态环境综合治理项目等的贷款余额 1143 亿元，占 47.72%；用于农村人居环境、控制面源污染等，支持农村污水、垃圾处理项目、小型农田水利建设项目、农村饮用水建设项目等的贷款 985 亿元，占 41.13%；用于绿色农业、林业开发，支持绿色农业、有机农业生产种植及加工项目，林业资源开发利用项目等的 190 亿元，占 7.93%；用于可再生能源及清洁能源项目，支持风电项目、生物质能、水力发电、光伏扶贫项目等的 77 亿元，占 3.22%。从产生的社会效益看，共支持造林面积 335781 公顷，整治水系 31977 公里，支持水库闸除险加固 1298 座，支持新建或扩建污水处理厂和垃圾处理站 748 个，解决了 3246 万农民饮水问题。

（三）强化支农支小，发展普惠金融

农发行始终将支持涉农中小微企业发展作为工作重点，不断强化农业政策性银行支农支小职能。认真贯彻落实《国务院关于扶持小型微型企业健康发展的意见》等安排部署、金融监管部门有关政策要求，聚焦实体经济，针对经济增速放缓形势下小微企业经营困难的情况，积极创新产品、模式和服务手段，为小微企业提供金融服务，缓解小微企业融资难、融资贵，因企施策帮扶企业渡过难关，有效促进小微企业健康发展。2017 年末，农发行支持小微企业贷款余额 17111 亿元，占全行贷款余额 36.8%。

二、创新服务发展普惠金融

（一）创新金融扶贫

农发行坚持创新引领，根据国家扶贫政策和专项行动，积极研发和推广新的扶贫信贷产品和模式，不断提升服务脱贫攻坚能力和水平。

1. 推出专项扶贫贷款

农发行积极对接国家重大专项扶贫行动和贫困地区需求，及时开发了扶贫专项贷款产品，如光伏扶贫贷款、网络扶贫贷款、教育扶贫贷款、旅游扶贫贷款、健康扶贫贷款等，丰富了精准扶贫产品体系，在激发贫困地区建档立卡贫困人口内生动力，实现稳步脱贫的同时，推动了贫困地区普惠金融发展。加强与国家相关部委沟通协调，深化对外专项扶贫合作。协调加入中央网络扶贫部际协调小组，农发行是部际协调小组成员中唯一的金融机构；推动与国家旅游局签订《支持乡村旅游扶贫工程合作协议》，与国家体育总局、国家旅游局签订《推进体育旅游融合发展战略合作协议》；推动与国家发改委、贵州省政府签订了《网络扶贫合作协议》。2017

年，农发行累计发放旅游扶贫、光伏扶贫、网络扶贫等三项专项扶贫贷款 94.27 亿元。截至 2017 年末，农发行运用新研发专项扶贫贷款产品支持国家重大专项扶贫行动相关项目 462 个，专项扶贫产品贷款余额达 581.52 亿元。

2. 推广扶贫过桥贷款

扶贫过桥贷款是农发行为有稳定还款来源的扶贫项目在国家、省或地市级政府财政投资资金到位前，提供过渡性资金安排，以保证扶贫项目及时启动和不间断实施而专门开发的政策性贷款。2017 年，农发行积极推动扶贫过桥贷款在扶贫各个领域应用，及时研究明确过桥资金来源、业务归属、规划层级、文件形式、还款安排等政策。年末全行扶贫过桥贷款余额 318.9 亿元，支持项目 280 个，重点支持了贫困地区教育、健康、农村路网、贫困村提升工程等与精准扶贫、稳定脱贫紧密相关的领域。

3. 创新产业扶贫模式

农发行不断创新产业扶贫支持手段，创新产业扶贫六大业务模式，即：信用保证基金模式、省级试验示范区模式、东西部扶贫协作模式、“万企帮万村”精准扶贫模式、扶贫批发贷款模式、合作共建模式。

（1）试点扶贫批发贷款。扶贫批发贷款是农发行发放的，由符合条件的银行业金融机构作为借款人统一承接，支持建档立卡贫困户以及带动建档立卡贫困村、贫困户脱贫的农村新型经营主体等实际用款人，发展生产经营，实现贫困村、贫困人口增收脱贫的政策性贷款。2017 年 3 月，农发行印发扶贫批发贷款试行办法，明确在国家级和省级政策性金融扶贫实验示范区，以及总行 5 个定点县，开展扶贫批发贷款业务试点，逐步积累经验，完善办法，适时推广。全年发放扶贫批发贷款 1.49 亿元，支持项目 3 个。

（2）创新推广“吕梁模式”。2017 年 9 月，农发行在山西吕梁召开支持深度贫困地区脱贫攻坚现场会，研究深度贫困地区产业支持政策，积极推动建立扶贫贷款风险补偿基金，合力支持特色产业扶贫的“吕梁模式”。这是由地方政府建立风险补偿基金，农发行单独配套信贷政策、按一定倍数发放贷款，形成政府和银行联合筛选企业，贷款风险政银企三方共担的产业扶贫支持模式。山西吕梁市作为首个试点地区，风险补偿基金远期规划 5 亿元、已到位资金 1.18 亿元，纳入项目库的企业 98 家、拟申请贷款 1.9 亿元，已支持企业 3 家、发放贷款 2000 万元。

(3) 大力支持“万企帮万村”精准扶贫行动。建立支持“万企帮万村”精准扶贫行动项目库，对示范企业进行重点支持。2017 年末，已有 911 家企业纳入农发行项目库，贷款余额 514.75 亿元，带动及帮扶贫困人口约 73.93 万人。其中示范企业 116 家，农发行已支持 102 家，贷款余额 160 亿元。农发行支持的 30 家企业荣获全国“万企帮万村”精准扶贫行动先进民营企业称号，占评选总数的 26%。

(二) 创新农业农村现代化金融服务

2017 年，农发行通过产品服务创新、业务模式创新和工作机制创新，大力支持农业农村现代化，支持三产融合和生态建设，促进农业增效、农民增收和农村增绿，推动普惠金融发展。

1. 创新开展“支农转贷款”业务试点

为破解政策性银行普惠金融服务农户“最后一公里”问题，农发行将农业政策性银行的资金规模优势与商业银行的地缘优势有机结合起来，积极探索政策性金融支农支小新模式、新途径。选择浙江、江西省分行开展支农转贷款业务创新试点，引导更多资金投向新型农业经营主体、返乡创业者和贫困户等难以获得金融服务的群体，直接辐射更多农户。截至 2017 年末，浙江、江西两家试点行已与 16 家小银行业金融机构达成合作意向，累计发放支农转贷款 6.65 亿元，转贷资金主要用于支持 802 户家庭农场、种养大户等新型农业经营主体发展多种形式适度规模经营。在两省试点基础上，总行拟进一步扩大试点范围，使支农转贷款覆盖全国 12 个省份。

2. 创新支持一二三产业融合发展

2017 年，农发行明确要创新金融服务模式，因地制宜推进农村产业融合发展。一年来，农发行通过涉农资金整合、政府授权企业自营、PPP、农业产业化联合体等新模式，支持江西高标准农田建设、海南崖洲中心渔港、河北工矿废弃地土地复垦、湖北东湖绿道、安徽蒙城农业产业化联合体等项目，推动农村产业融合发展。江西省分行通过“涉农资金整合、省级公司承贷、综合收益覆盖、全省统筹推进”方式，创新支持全省 93 个县 1158 万亩高标准农田建设项目，审批总额 242.45 亿元贷款，得到中央领导、相关部委和江西省党政的高度肯定，首批 60 亿元贷款已实现投放，起到了良好的示范效应。安徽省分行通过“政府引导、财政扶持、联合增信、批量授信”方式，按照“统贷—分用—统还”方式，创新支持农业产业化联合体。即由农发行蒙城县支行提供贷款，蒙城县政府主导成立的国有独资企业蒙城县天宇农业开发有限公司作为承贷主体统一贷款，蒙城县 8 家现代农业产业化联合体和 101 家新型农业经营主体作为用信主体分别用款，承贷主体统一筹集资金归还贷款。农发行已投放 1.5 亿元，帮扶 400 户建档立卡人口选择就近公司就业，可带动人均增收 13200 元左右。

3. 创新支持农村“双创”

农发行贯彻落实国家“双创”政策，明确以创新贷款产品组合支持“双创”园区等创新体系建设、返乡下乡人员及农民培训基地建设、返乡下乡人员开拓新产业新业态、新型农业经营主体和涉农企业创业创新等。与国家发展改革委联合印发《关于开展农业政策性金融支持返乡创业有关工作的通知》，部署推进支持返乡创业有关工作，加大对农民工等人员返乡创业的信贷支持力度。与农业部联合印发《关于政策性金融支持农村创业创新的通知》，共同推进支持农村大众创业万众创新。

4. 创新支持生态发展

（1）推进林业资源开发与保护贷款业务试点。充分利用林业贷款贴息政策，发挥绿债对林业生态项目在资金供给、规模保障和规范管理等方面的促进作用，重点支持国土绿化行动、天然林资源保护、新一轮退耕退牧还林还草、防沙治沙、湿地保护修复等林业重点工程。集中支持了张家口绿色冬奥会、河北塞罕坝等一批国家储备林、林业生态保护、林业生产基地建设项目。截至 2017 年末，12 个试点行累计发放贷款 260.88 亿元，贷款余额 252.23 亿元。

（2）开展海洋资源开发与保护贷款业务试点。贯彻落实国家“拓展蓝色经济空间”战略部署，与国家海洋局签署战略合作协议，共同推进业务开展。重点支持现代海洋渔业、现代海洋服务业、海洋战略性新兴产业、海洋资源保护性开发等基础性、战略性海洋产业，促进海洋经济绿色发展。浙江省分行在全系统首次采用远洋作业船只抵押和财政部国际渔业资源开发利用补助资金应收账款质押混合担保方式，发放海洋资源开发与保护贷款，为农发行支持远洋渔业开辟了路径。截至 2017 年末，4 个试点行累计发放贷款 20.06 亿元，重点支持了一批海洋资源开发与保护项目。

（3）支持地方应急救灾。发挥农发行救灾应急贷款产品优势，重点支持了湖南“6.22”特大暴雨洪灾、湖北天门严重洪涝灾害等重大自然灾害救助。2017 年末贷款余额 57.66 亿元，较年初增加 44.08 亿元。

5. 创新小微企业金融服务

农发行对小微企业实行差异化服务，加大对小微企业金融产品和服务创新力度。为认真贯彻国家关于金融要更好地服务实体经济的政策要求，农发行坚持“因企施策、差异化服务”的原则，努力帮扶各类企业尤其是小微企业爬坡过坎。发挥农发行客户资源优势，积极为上下游企业牵线搭桥，搭建合作平台，支持企业兼并重组，扶持企业做优做强。在有效防控信贷风险的前提下，积极采取无还本续贷等措施帮助经营出现困难的小微企业渡过难关。

6. 创新风险防控方式

农发行持续推进“政银担”合作，探索与地方政府、担保组织和保险机构建立风险分担机制，加强与国家农业信贷担保联盟公司沟通，明确风险分担方式等政策问题。创新抵质押方式，积极配合人民银行做好农村承包土地的经营权抵押贷款业务试点工作，推动相关业务开展。创新产品服务手段，探索供应链金融、产业化联合体等模式，完善无还本续贷政策，努力破解农业经营主体有效资产抵押不足、融资困难的问题。

三、广泛筹资发展普惠金融

（一）聚集引导资金回流反哺“三农”

2017 年，农发行继续完善以市场化发行政策性金融债券为主体，央行再贷款为依托，各项存款和资金交易等为补充的多元化资金筹措机制，聚集和引导境内外资金回流反哺“三农”。全年累计筹集资金 1.5 万亿元，其中发债筹资 1.04 万亿元，存款日均余额 1.48 万亿元；累计供应资金 5.27 万亿元，交易资金 27.11 万亿元。

1. 创新债券发行品种和模式

2017 年，农发行尊重市场需求，均衡发行节奏，采用小额滚动增发、多期限齐发的方式，持续供应高等级优质债券。全年新发行各类债券 209 期，发债规模再超万亿，稳居中国债券市场第三大发行主体地位。截至年末，农发行境内存量债券余额 3.81 万亿元，占全行负债总额的 62.6%。农发行荣获 2017 年《金融时报》“年度最佳债券市场卓越贡献机构”奖项，首发“债券通”债券荣获境外《亚洲金融》杂志“2017 年度成就大奖——年度最佳本币债券发行奖”、《财资》杂志“2017 年度 AAA 国家大奖——年度最佳本币债券发行奖”及《金融时报》“2017 年资本市场十大新闻”等奖项。

（1）成功发行全球首单“债券通”金融债券和“债券通”绿色金融债券。2017 年 7 月 3 日，农发行通过中国人民银行债券发行系统面向全球投资者公开招标发行 160 亿元政策性金融债券。其中，首场面向境内外投资者发行 1 年期、3 年期和 5 年期数量各 50 亿元，总量 150 亿元，认购倍率分别为 10 倍、10. 6 倍和 9. 32 倍，认购倍率创历史新高；面向境外投资者专场发行 10 亿元，认购倍率达到 2. 52 倍。此次发行首单“债券通”金融债券，标志着内地与香港债券市场互联互通机制正式落地，显示出农发债对全球投资者的较强吸引力，彰显了农业政策性银行广泛筹集社会资金反哺“三农”，为农业农村重点领域、薄弱环节和落后地区的发展输血造血的责任担当。11 月 16 日，农发行通过上海清算所，以公开招标方式，面向全球投资者成功发行 30 亿元“债券通”绿色金融债券。本期债券为 2 年期，中标利率为 4. 48%，获得 4. 38 倍认购倍率。本期绿债募集资金将专项用于节能、污染防治、资源节约与循环利用、清洁能源、生态保护和适应气候变化五大类别共计 61 个项目。

（2）农发债首次进入商业银行柜台交易。为配合央行推动柜台债市场发展及鼓励政策性银行债在柜台发售的相关要求，2017 年 7 月 17 日，农发行发行的 3 支存量政策性金融债券通过中国银行首次进入柜台市场交易。这标志着农发行全面打通银行间市场、柜台市场及全球市场等债券发售渠道，使投资者延伸至个人和非金融企业。

（3）在上海、深圳异地和上海清算所首发政策性金融债，助力境内基础设施互联互通。

（4）获非金融企业债务融资工具 A 类主承销业务资格，为农发行帮助企业拓展直接融资渠道、全方位履行政策性银行职能提供崭新路径。

（5）力控债券发行成本。2017 年，农发行积极应对银行间市场资金面持续紧平衡、筹资严峻的形势，统筹策略、灵活应对，多措并举控制发行成本。2017 年新发债券加权平均发行期限 5. 09 年，加权平均利率 4. 12%。

2. 大力组织低成本资金

（1）存款保持基本稳定。2017 年，农发行调整存款发展思路与营销重点，实现由连续 4 年跨越式发展向平台期的平稳过渡。2017 年末，全行存款余额 14673.61 亿元，各项存款日均余额同比增长 13.57%。节本增效较明显，各项存款平均付息成本为 0.54%，同比下降 7 个基点，低于 3 个月流动性再贷款利率（3.2%）266 个基点，累计节约利息支出 367.84 亿元，对全行利润贡献突出。

（2）推广福农卡试点。全年发卡 8.49 万张，拨付资金 20.01 亿元，年末形成存款 1.45 亿元，拨付资金由财补资金扩大到收购、棚改和扶贫资金及员工薪酬等，试点行在河北、黑龙江、辽宁三省基础上，新增山东、四川、安徽、江苏和贵州五省。

（3）积极争取再贷款。2017 年末，农发行向央行借款余额 6942 亿元，其中 PSL 资金 3922 亿元。全年实际使用 PSL 资金 1530 亿元，主要用于国家贫困县棚改贷款项目和水利、农村公路等精准深度扶贫项目，预计每年可帮助企业减少资金成本约 6.9 亿元。

（二）让利于农加大支农惠农力度

2017 年，农发行坚持让利于农，在确保财务可持续的前提下，区分不同贷款品种、资金来源、区域投向，对扶贫开发和服务国家重点战略的贷款实行优惠利率，彰显农发行的政策优势和社会责任，把国家强农惠农富农政策落到实处。

1. 优惠利率支农惠农

农发行主动适应利率市场化改革趋势，进一步扩大省级分行自主定价权限，推动不同贷款品种精细化定价，逐步推进系统内往来利率动态定价，促进财务可持续。2017 年，农发行贷款定价幅度有所提高，但贷款平均利率明显低于同业。全年新发放贷款平均期限 11.7 年，加权平均利率 4.69%，低于全国金融机构平均利率水平 105 个基点，大幅让利于涉农实体经济。农发行上浮利率贷款占比在 20% 左右，近 90% 的上浮利率贷款上浮幅度在 10% 以内，上浮利率贷款占比和幅度均低于同业。统一扶贫贷款定价政策，新发放扶贫贷款平均 14 年、平均利率 4.79%，比基准利率低 11 个基点。易地扶贫搬迁贷款投放平均利率仅为 4.3%，扶贫支持效应进一步提升。

2. 减费让利

2017 年，农发行认真贯彻年初国务院再次做出的减费让利工作部署，采取有力措施，大力推进减费让利，切实降低涉农企业负担。积极响应监管要求，与 21 家银监会直管银行共同签署《银行业减费让利支持实体经济倡议书》。免收易地扶贫搬迁贷款资金支付结算手续费，在贷款利率优惠基础上，进一步减轻贫困地区易地扶贫搬迁负担。从 2017 年 11 月 1 日起，免收客户在农发行融资时的投融资顾问服务费用。按照“覆盖成本、让利扶贫”的定价原则，制定实施网银业务服务定价方案。明确押品付费有关问题，减费让利于涉农企业。2017 年，农发行中间业务收入同比减少 59%，通过减费让利切实降低企业融资成本。

执笔：李　静（中国农业发展银行农村金融发展研究院处长）

第 10 章

中国农业银行开展农村普惠金融服务的实践与创新

中国农业银行（以下简称“农业银行”）一直高度重视农村普惠金融服务。自1951 年成立以来，农业银行始终肩负服务“三农”重任，致力于为广大农村客户提供更加方便快捷、更加质优价廉、更加安全放心的金融服务。进入新时期，农业银行进一步认真贯彻党中央、国务院决策部署，落实有关部门监管要求，主动担当、积极作为，全力做好做实农村普惠金融服务工作。

一、农业银行开展普惠金融服务的基本考虑

对农业银行来说，我们所理解的普惠金融，就是要消除身份、贫富、居住场所等差异带来的金融服务不平等，所有人都有机会享受到均等有效的金融产品和服务。但普惠金融不是慈善和救济，是运用市场化、商业化手段来提供为更多的人提供价格合理、种类丰富、获取便捷的金融服务。农业银行开展农村普惠金融服务，主要有以下几点考虑。

（一）突出服务对象的普惠性

重点关注“三弱”，即弱势产业、弱势地区、弱势群体。通过多方面、多举措的持续努力，不断提升普惠金融服务的覆盖面。作为定位面向“三农”的大型国有商业银行，农业银行特别注重发挥自身扎根县域、服务“三农”的传统优势，积极

主动开展农村普惠金融服务。

（二）做到服务内容的全面性

我国农村金融服务薄弱是全方位的，如金融机构网点少，基础金融服务不到位，现代金融服务缺失，征信体系不健全等。随着城乡融合步伐的不断加快，农村客户对现代金融服务需求要求持续提高，在满足基本贷款需求的同时，我们还全面提供存款、取现、结算、理财、保险等金融服务，加快推动农村信用体系建设。

（三）注重服务手段和方式的创新性

针对普惠金融需求与传统金融需求的差异性和特殊性，持续推进制度、渠道、产品、流程、技术创新，不断提高普惠金融服务覆盖面和便捷度。

（四）坚持运作推进的商业可持续性

按照现代商业银行经营理念和运作规则来开展普惠金融服务，将普惠金融业务的风险始终控制在可容忍的范围内。

总的来说，农业银行做好农村普惠金融，就是要坚持面向“三农”的市场定位，扎根农村、专注农业、服务农民，特别是要重点围绕农民、小微企业、贫困人口这三类弱势群体，以可负担的成本，满足其有效贷款需求，同时做好存款、取现、结算等基础金融服务，切实发挥好农村金融体系国家队、主力军作用。

二、农业银行开展农村普惠金融服务的组织体系

农业银行按照中央确定的面向“三农”定位要求，实施三农金融事业部制改革，形成了“三农”业务条线与县域支行相结合的矩阵式事业部管理模式。在党中央、国务院对普惠金融工作提出明确要求后，农业银行认真落实党中央、国务院部署，积极建立健全普惠金融服务体制机制，形成了具有农行特色的农村普惠金融服务体系。概括起来，就是以“县域 + 涉农”确定事业部职能边界，以“部门 + 中心”搭建事业部组织架构，以“双委员会制 + 双线报告考核制”建立事业部治理机制，以“六单管理”强化事业部运行机制，以“外部政策 + 内部政策”增强事业部

发展能力。

（一）职能边界：县域＋涉农

农业银行以地域为界，将全国 1875 个县和 128 个市辖区（2010 年后县改区）的 2097 个县域支行纳入三农金融事业部管理，这是三农金融事业部的管理和核算边界。按照这一边界，农业银行三农金融事业部下辖 1.27 万个营业网点、22 万名员工，分别占到全行的 55%、43%。考虑到城市有大量的涉农企业，农业银行在不改变管理和核算边界的前提下，城市涉农企业和项目也纳入三农金融事业部管理。

（二）组织架构：部门＋中心

为保持农业银行的一级法人、系统联动优势，又能根据“三农”业务特点实现专业化经营、差异化管理，农业银行总行三农金融事业部下设“三部八中心”。三个专业部门包括：三农政策与业务创新部/三农金融事业部管理委员会办公室、三农对公业务部/扶贫开发金融部、农户金融部。在总行设置 8 个三农金融事业部支持中心，包括：三农人力资源中心、三农核算与考评中心、三农资本与资金管理中心、三农信用管理中心、三农信用审批中心、三农风险管理中心、三农渠道管理中心、三农互联网金融管理中心。各一级分行和二级分行比照总行组建三农金融事业部，设置对应的职能部门和支持中心。所有县域支行是三农金融事业部的基本经营单元。

（三）治理机制：双委员会＋双线报告考核

双委员会机制，就是在董事会层面设立三农发展委员会，负责制定全行“三农”业务发展规划和年度计划，审议“三农”业务重大决策部署，确保在战略决策层面落实中央服务“三农”要求。在总行高管层层面设立三农金融事业部管理委员会，负责制定并组织实施“三农”业务年度经营计划，审议“三农”业务发展重大事项，确保董事会战略决策能够落地实施。双线报告考核机制，就是在八中心工作报告路径上，有关“三农”工作事项既要向分管本部门的行领导报告，也要向分管“三农”工作的行长报告；对八中心的部室考核，既考核全行的情况，也考核对“三农”的支持保障情况。

（四）运行机制：六个单独

单独的资本管理，每年总行向三农金融事业部单独配置营运资本，三农金融事业部向下单独配置经济资本，确保“三农”和县域业务发展有充足的资本支持。单独的信贷管理，建立了差异化的信贷政策、审慎精准的转授权机制和专业专职的审查审议平台，形成“三位一体”的“三农”信贷管理体系。单独的会计核算，将总分行发生的管理费用按照一定规则分摊至县域支行，再将分摊后的县域支行财务报表逐级汇总起来，最终形成三农金融事业部单独的财务报表，满足经营管理和信息披露要求。单独的风险拨备与核销，实行拨备足额计提、成本共同负担、不良优先处置的“三农”贷款减值准备和不良贷款核销政策，既充分反映事业部经营风险，又有效调动分支行发放“三农”贷款的积极性。单独的资金平衡与运营，实行全额资金管理体制和三农贷款单独计划配置机制，在有效剥离分支行资金流动性风险的同时，确保三农金融事业部贷款增速和全行涉农贷款增速均高于全行贷款平均增速。单独的考核激励约束，总行对分行实行“分行＋三农”双线考核，各自按照一定权重折算形成分行综合绩效考核最终结果，有效激发分支行服务“三农”的内生动力。在加大正向激励的同时，明确对服务“三农”未完成总行计划和达到监管要求的分行，领导班子评优评先实行“一票否决”，切实强化对服务“三农”的硬约束。

（五）支持政策：外部＋内部

为了增强服务“三农”能力和商业可持续发展能力，国家对农业银行三农金融事业部出台了三项专项支持政策，包括税收优惠政策、差别化存款准备金率政策、监管费减免政策。在此基础上，为落实好党中央、国务院“三农”工作要求，农业银行对三农金融事业部也实施了一系列倾斜支持政策，包括倾斜配置信贷规模、单独配置财务资源、实施专门人力资源政策等。

（六）监管要求：定性＋定量

人民银行对农业银行三农金融事业部运行情况实行按季监测，要求农业银行按季报送三农金融事业部改革运行情况和相关业务报表。银保监会在《中国农业银行三农金融事业部制改革与监管指引》基础上，于 2017 年进一步完善出台《中国农业银行三农金融事业部监督管理办法》，提出了县域贷款增速、县域存量贷存比、县域增量贷存比、县域不良贷款率、县域网点占比五项监管指标。

三、农业银行开展农村普惠金融服务的主要做法

农业银行围绕中央大力发展普惠金融部署以及国务院《推进普惠金融发展规划（2016～2020）》要求，研究出台《关于进一步做好普惠金融服务工作的若干意见》，不断健全广覆盖多元化的服务渠道体系，大力创新普惠金融服务的产品、手段和服务模式，持续优化普惠金融的配套政策制度，全面提升普惠金融服务的能力和水平。

（一）构建农村普惠金融服务的渠道体系

农业银行紧跟移动互联技术在县域农村快速渗透的形势，将点多面广的传统渠道优势与现代科技手段相结合，努力打造人工网点、自助渠道、“金穗惠农通”工程和互联网金融服务平台有机结合的“四位一体”普惠金融服务渠道体系，有效提高了农村基础金融服务覆盖面。提高物理网点服务支撑作用。在保持网点总量稳定的前提下，大力优化网点布局，有序开展网点优化，推动网点向新市镇、新社区、新园区等人口密集区域迁移。目前有县域网点 1.27 万个，其中乡镇网点 5000 多个。加大自助银行建设力度。在网点空白乡镇布设离行式自助银行，提高对农村乡镇服务覆盖面。农业银行目前有县域自助银行约 7000 个，规划到 2020 年建成 8500 个，争取“人工网点 + 自助银行”对农村乡镇覆盖率达到 40%。大力开展“金穗惠农通”工程。从 2011 年起，农业银行在全国范围内创新实施“金穗惠农通”工程，为广大农户提供足不出村、方便快捷的金融服务。“金穗惠农通”工程的核心可以概括为“一张卡 + 一个代理服务点 + 一台电子机具 + 一揽子金融服务”，即专门针对广大农户量身定制“金穗惠农卡”，选择农村商超、农资店、卫生站、村委会等与农户生产生活紧密相关的场所设置，广泛设立“金穗惠农通”服务点，并为代理服务点免费安装转账电话、POS 机、无线“智付通”等电子机具，提供存款、结算、汇兑、代收代付、保险、理财等综合金融服务。目前，农业银行为农民发放惠农卡 2 亿张，在农村超市、卫生所等场所设立惠农服务点 63 万个，布放转账电话、POS 机等电子机具 101 万台，行政村覆盖率达 75%，总体实现了机到村、卡到户、

钱到账。全方位推进互联网金融服务“三农”工作。将互联网金融服务“三农”作为全行一号工程，搭建了“惠农 e 通”服务平台，融合“惠农 e 贷”网络融资、“惠农 e 付”支付结算、“惠农 e 商”农村电商三大功能，推动“三农”金融服务线上化，以此拓宽农村金融服务覆盖面，降低服务成本，提升服务质量和效率。截至 2017 年末，全行“惠农 e 贷”余额 151 亿元，服务 15 万农户；“惠农 e 付”使用场景和支付产品进一步丰富，完成互联网化升级的惠农通服务点达到 25 万个；“惠农 e 商”上线商户超过 150 万户，交易金额 2500 多亿元。此外，在西藏、云南、贵州等交通不便、信号不通、发生重大自然灾害的特殊地区，开展流动金融服务，通过马背银行、摩托车银行、帐篷银行等方式，为农户提供账户开立挂失、存取款、汇款等金融服务。

（二）创新农村普惠金融服务的产品工具

农业银行围绕农村客户的需求和特点，因地制宜开展了产品创新。创新农户信贷产品。农业银行“金益农”品牌下有“三农”特色产品 193 项，其中全行性农户贷款产品 9 项，区域性特色农户产品 40 余项，包括农户小额贷款、金穗快农贷、专业大户（家庭农场）贷款、特色种养殖大户贷、订单农户贷、农民安家贷等产品，为农民客户提供多种担保方式、多样贷款用途、不同额度和期限的贷款支持。创新扶贫信贷产品。全行形成了小微特色产品体系，其中全行通用型小微产品 9 项，区域特色产品约 110 项，包括税银通、数据网贷、政府增信等小微企业特色金融产品获得市场好评。创新扶贫信贷产品。针对贫困地区特色金融需求，扩大各分行产品创新权限，2016 年以来全行累计创新推出 50 多项精准扶贫贷款产品。如在西藏创新“钻金银铜”四卡农户信用贷款产品，在赣南苏区创新“油茶贷”产品，在贵州创新扶贫生态移民贷产品，在安徽创新光伏贷产品等。创新特色抵押担保方式。农业银行紧跟中央深化农村改革步伐，在国家改革试点地区同步创新推广土地经营权、农民住房财产权、集体经营性建设用地使用权“三权”抵押贷款产品。此外，根据东中西部等不同地区的普惠金融需求，因地制宜创新林权、海域使用权抵押、大型农机具、农业订单、动物活体抵押、果库经营权、仓单等新型抵质押贷款产品，以及农户联保、自然人担保、保险公司履约保证、财政直补资金担保等多种担保方式。

（三）优化农村普惠金融服务的政策制度

农业银行针对县域农村普惠金融客户的特点和实际情况，在符合外部监管规定并采取有效风险控制措施的前提下，将“三农”特色产品创新权限下放到一级分行，大力优化完善普惠信贷政策体系。按年出台全行“三农”信贷政策指引，明确全年“三农”信贷投放的目标、重点、要求和差异化准入政策。自 2009 年以来，已连续 9 年出台了《指引》。出台了一批涉农行业信贷政策，针对饲料制造、食用植物油加工、农药制造和肥料制造等涉农特色行业，累计出台了 12 个行业信贷政策。出台了一批涉农特色区域信贷政策，针对粮食、棉花、苹果、花卉等农产品优势产区，专门出台了区域信贷政策。同时，每年还由各分行自主制定、总行审批同意一批区域信贷政策。推广小微企业“信贷工厂”运作模式试点，通过标准化产品、批量营销调查、集中审查审批等方式，提高客户服务效率。

（四）探索农村普惠金融服务的有效模式

构建农村普惠金融服务体系是复杂的系统工程，需要社会各界积极参与。农业银行注重与社会各界合作，形成了一些特色模式。银政合作模式，由财政出资设立政策性担保公司或风险补偿基金，为“三农”客户提供增信，农业银行为增信客户提供信贷支持，通过财政杠杆撬动更多的信贷资金投向“三农”。银企合作模式，由龙头企业为产业链上农户提供担保，农行为农户提供信贷支持，通过“农行－龙头企业（农民专业合作社）＋农户”等形式加大农户贷款投放。同业合作模式，与政策性银行、担保公司、保险公司合作，发挥各自专业优势，在服务“三农”方面一体推进。如农业银行与全国农业信贷担保联盟签订战略合作协议，由各省农业信贷担保公司提供担保，农行为增信客户提供信贷支持。

（五）加强农村普惠金融服务的支持保障

农业银行对普惠金融业务实施特殊的配套支持政策，倾斜配置信贷、财务、人力资源，加强考核激励，引导和激励分支行扎实做好普惠金融服务。倾斜配置信贷规模，在全行信贷计划中单列涉农贷款、县域贷款、小微企业、832 个国家扶贫重点县支行等专项信贷计划，确保相关贷款增速不低于全行贷款平均增速。倾斜配置财务资源，在正常资源安排之外，向 832 个国家扶贫重点县支行穿透式配置战略工资和战略费用；对贫困人口多、普惠金融任务重的西藏分行，实施补贴后微利的特殊财务政策，及时全额拨付各项补贴，倾斜配置固定资产、工资、费用。倾斜配置人力资源，深入实施县域青年英才开发工程，将县域英才名额、总分行双向交流名额、业务培训资源向贫困地区县支行、向服务“三农”和普惠金融一线倾斜，对西藏、青海、甘肃、云南、四川等条件特别艰苦、普惠金融任务特别重的地区，酌情增加用工指标，放宽招聘条件。加强考核激励，突出普惠金融服务监管达标情况考核，将涉农贷款、县域贷款、小微企业贷款等目标完成情况纳入分行综合绩效考核，将金融扶贫工作作为加分项纳入三农金融分部考核体系，考核结果与资源配置、干部使用、评优评先等紧密挂钩，调动分支行做好普惠金融服务工作积极性。

（六）严守农村普惠金融服务的风险底线

农业银行针对农户贷款风险管理，形成了一整套风险管理机制，努力化解信息不对称问题。在贷款调查环节，农业银行充分借助地方政府、产行业协会、龙头企业及农民经纪人等中介组织的信息优势，把好客户准入关，协助开展信息收集和客户筛选。如农业银行与团中央合作开展“农村青年创业小额贷款”。在贷款审查审批环节，推行农户贷款集中审查审批制度，统一审查审批标准、规范审查审批操作，提高效率，降低客户经理的操作风险。在贷后管理环节，农业银行推行农户贷款电话外呼辅助系统，对农户贷款进行贷后巡检协查、到期还款提示、预期贷款催收等。在严格农户贷款管理的基础上，农业银行还对农村企业、小微企业、建档立卡贫困户等不同客户采取差异化策略，通过实施提高风险容忍度管理、有保有压行业限额管控、尽职免责办法等政策，提高普惠金融服务质量和可持续性。创新“三线一网格”管理模式，开展农户贷款风险大排查、内外部监督检查发现问题“大起底”整改工作，不断健全“三农”风险管理组织体系、政策制度体系、责任追究体系。

（七）推动农村普惠金融服务的环境改善

农业银行在推动全行做好农村普惠金融服务的同时，还积极发挥农村金融国家队、主力军的示范作用，推动优化农村普惠金融环境。开展“送惠农服务入村活动”“送金融知识下乡”“百县千镇”金融知识宣讲活动，深入到 1 万多个行政村，每年为超过 200 万农民宣传贷款、信用卡、银行理财、电子银行等金融知识和法律常识，提高广大农民诚信意识。2015 年起，创新开办新型农业经营主体培训班 1252 期。开展普惠金融服务培训，近两年累计举办了超过 2000 期新型农业经营主体培训班，为 7.5 万专业大户、家庭农场主提供金融知识、国家涉农政策、农技知识培训，提升了广大农民金融知识、诚信意识，优化了农村普惠金融生态环境。

四、农业银行开展农村普惠金融服务的主要成绩

总的看，经过不懈努力和探索，农业银行开展农村普惠金融服务取得了较好成绩，主要表现在四个方面。

（一）农村普惠金融服务的广度不断扩大

在服务规模上，截至 2017 年末，农业银行“三农”贷款余额达到 3.57 万亿元，连续多年贷款增速高于全行平均水平，涉农贷款规模超过众多国际知名涉农金融机构；农行的农村客户数量庞大，支持了 600 多万农户，近 40 万个专业大户和家庭农场，国家级和省级农业产业化龙头企业金融服务覆盖率分别超过 80% 和 50%。在服务内容上，不仅提供农户贷款等信贷服务，更全面提供存款、取现、结算、理财、保险等非贷服务，满足广大农民发展生产和消费升级的多元化金融需求。在服务对象上，不仅面向贫困人口、弱势群体开展普惠金融服务，也面向专业大户、家庭农场、专业合作社等新型农业生产主体，普惠金融服务客户数量之众远远超过了世界其他涉农金融机构。在普惠金融服务主体上，不仅致力于自身服务更广的农村客户群体，更示范带动更多的金融同业参与，协调争取更有力的监管优惠政策，不断提高农村基础金融服务的广度和深度。

（二）农村普惠金融服务的深度持续拓展

农业银行在农村基础金融服务、金融扶贫、农户贷款等农村金融薄弱领域开展了大量工作，投入了大量资源。农村基础金融服务方面，截至 2017 年末，农业银行在全国县域农村有 1.27 万个网点，电子机具行政村覆盖率达 75%，实现经营机构全国所有建制县全覆盖，其中在西藏 65 个县设有当地唯一金融服务机构，发挥着金

融成边、支持边疆稳定发展的“国家队”作用。商业化金融扶贫方面，农业银行以832个国定贫困县为重点，突出支持贫困农户、贫困地区基础设施和民生项目建设、贫困地区特色产业发展。截至2017末，在全国832个扶贫重点县贷款余额超过8000亿元。农户贷款方面，推出了额度从3000～1000万元的一系列农户贷款产品，以更好地满足农户多元化的金融需求。加大互联网科技与“三农”产品、物理渠道的融合创新，推出惠农e贷金融服务，针对不同类型农户研发特定授信模型，实行系统自动审查审批，自助用信、快速到账、随借随还，构建起线上化、批量化、便捷化、普惠化服务模式。截至2017年末，农户贷款余额突破万亿元，其中农户小额贷款余额超过900亿人民币。

（三）农村普惠金融服务的价格保持低位

农业银行在普惠金融服务领域实行同业中较低的利率定价，杜绝不合理收费。在贷款利率上，对建档立卡贫困户贷款原则上执行基准利率；对带动建档立卡贫困户增收致富的农村企业、农民合作社以及公益性较强的民生项目，在贷款定价上适度给予一定优惠。农行对农户和农村小微企业的贷款利率总体上明显低于农村金融同业。在服务收费上，实行惠农卡免工本费、免小额账户管理费、减半收取年费的“两免一减半”政策；免收小微企业7项承诺类费用和12项顾问类费用等多项费用，下调异地转账、漫游汇款、资金归集等17项结算类收费。据测算，农业银行通过贷款定价让利、惠农卡各项费用减免等方式，每年向普惠金融客户减费让利超过20亿元。

（四）农村普惠金融服务的可持续性显著提升

尽管“三农”业务成本更高、利润更低，但农业银行坚持商业化运作理念，通过严格控制业务成本、提高业务标准化规模化水平、多种方式控制涉农业务风险敞口等方法，有效提高了“三农”业务的可持续发展能力。2017年，农业银行“三农”业务不良贷款率2.17%，较上年末下降0.83个百分点；拨备覆盖率211.30%，贷款总额准备金率4.57%；“三农”业务成本收入比、资产回报率、拨备覆盖率、不良贷款率与全行的差距持续缩小，“三农”业务总体上实现健康发展。

五、农业银行开展农村普惠金融服务的重要经验

无论何时，农村地区、农业产业、农村客户都是最需要普惠金融服务的区域和群体，也是最考验金融机构服务能力的区域和群体。要在农村普惠金融服务方面有所作为、有所成效，农业银行从长期的普惠金融实践中得到了以下几点经验体会。

（一）必须坚持面向“三农”的战略定位

农业银行之所以能够在相对弱势弱质、低回报高风险的“三农”领域，长期坚持开展农村普惠金融服务，最根本的原因是从国家需要大局出发、从未来中国经济发展大势出发、从农行传统优势出发，确定了面向“三农”的战略定位，从而对全行经营行为产生了全局性、前瞻性、连续性和长远性的影响。围绕落实好这一战略定位，农业银行统筹调动了全系统的各种资源，集中了优势力量在“三农”金融服务领域进行深耕细作。

（二）必须树立开放包容的服务理念

在当今中国，加强普惠金融服务已经成为国家战略导向。对金融机构来说，开展普惠金融服务不能局限于某类产品、某一业务，而应与国家建设全面小康社会、推进精准扶贫、实施乡村振兴战略结合起来，积极引入新技术、新方法，主动向弱势群体、弱质产业提供针对性的金融服务，大力支持农村地区产业发展，加快推动农村金融生态环境改善，全面提升普惠金融服务的品质。

（三）必须坚持商业化运作的基本原则

普惠金融是要运用市场化的机制和商业化的手段，为更多的人提供价格合理、种类丰富、获取便捷的金融服务，是效率与公平兼顾的资金配置方式。农业银行在普惠金融服务中，初步形成了“服务到位、风险可控、发展可持续”的战略导向，始终围绕普惠金融的重点领域和关键环节，不断提升金融服务的覆盖面、可得性和便捷度，坚守审慎、规范、稳健的经营理念，妥善处理速度与质量、成本与收益、风险与回报、短期与长远、内部效益与社会效益之间的关系，实现内生性良好发展。

（四）必须建立健全专业化的服务体系

与传统金融相比，普惠金融客户居住分散、规模较小、硬信息缺少、传统抵押品匮乏，金融需求“短、频、急”。在一体化运作模式下，容易导致各类金融资源向发达地区、优势产业和优良客户集中。因此，普惠金融需要建立专门的组织体系、政策产品体系、网络渠道体系、资源保障体系等服务体系，确保有专门的机构、专门的人员、专门的资源开展普惠金融业务。

（五）必须深化创新驱动的发展思路

大型商业银行开展农村普惠金融服务是一个世界性课题，没有成功的经验和商业模式可以直接借鉴。在这个背景下发展普惠金融服务，必须持之以恒地加强理念创新、服务创新、产品创新、渠道创新、管理创新和科技创新，把现代商业银行先进经验和农村实际有机结合起来，主动适应经济社会变迁和普惠金融客户需求变化。

（六）必须发挥金融科技的引领作用

农村客户资质差，有效抵押担保物不足，财务管理不规范，信息不对称现象严重，农村金融服务成本高、收益低、风险大的难题长期存在。必须充分利用移动通信技术消除时空限制、大数据挖掘缓解信息不对称的作用，通过创新互联网金融服务产品工具和手段，有效降低发展普惠金融的成本和风险，着力提高农村普惠金融服务覆盖面和渗透率具备了技术可行性。

（七）必须走合作共赢的发展道路

普惠金融发展面临着区域金融生态较差、客户信用水平偏低、金融基础设施落后等问题，发展普惠金融不能单兵突进，必须坚持合作发展原则，推动政府、银行、保险、担保等组织和机构切实承担起社会责任，发挥好各自优势与合力，构建多层次、立体化、全方位的普惠金融服务体系，促进普惠金融服务水平的整体提升。

六、农业银行开展农村普惠金融服务面临的困难和政策建议

推进农村普惠金融服务是一个长期系统性工程，任何一家金融机构都不可能单

打独斗地承担起普惠金融服务的所有任务。解决推进普惠金融服务成本高、收益低、风险大的难点痛点，一方面需要广大金融机构切实承担起各自的社会责任，加大普惠金融服务的资源倾斜，加快服务方式方法的探索创新；另一方面也需要国家给予更多的政策支持：

（一）进一步加大差异化政策扶持力度

目前国家对农村金融机构的资本补充、考核激励、信贷规模、监管要求等方面的倾斜力度不够，仍难以弥补金融机构开展普惠金融服务的成本。一是强化差异化考核。建议在利润目标、成本收入比、资本充足率、不良贷款率等指标考核中，适当考虑各行开展普惠金融情况，实施差异化考核标准。二是加大补贴力度。建议将涉农贷款增量奖励政策覆盖范围，由目前的 25 个试点省，扩大到全国，并将奖励标准由 2% 提升到 3%；将农户小额贷款增值税减免范围扩大到新型农业经营主体贷款；标准由单户贷款 10 万元以下，扩大到 50 万元以下。三是放宽监管要求。考虑到农户贷款风险与其他类型贷款风险关联性较小，能够起到风险分散和抵消作用，允许商业银行按照一定比例折算农户贷款风险权重，降低三农贷款资本消耗。优先满足涉农金融机构的资本补充需求。

（二）进一步发挥财政资金的撬动作用

“三农”领域资金需求量大，随着财政收入增速趋缓，依靠政府投入的方式难以为继。一是加快农业信贷担保机构建设。进一步整合财政涉农资金，在国家农担公司和省级农担公司成立的基础上，将担保机构继续向市县延伸，尽快实现政府性农业担保体系成员对所有县域的全覆盖。二是建立涉农贷款风险补偿基金。由中央或地方财政拿出一部分支农资金，建立风险补偿基金，对出现损失的涉农贷款，给予一定比例的风险补偿。

（三）进一步加大对农村普惠金融服务薄弱地区的激励政策

为了鼓励和引导金融机构加强对西藏经济社会发展的支持，国家对在西藏发放并使用的贷款按照不同区域分档给予贷款余额 2% ~7.5% 的特殊费用补贴。四省藏区、新疆南疆四地州和云南怒江、四川凉山、甘肃临夏贫困程度、金融环境与西藏类似，农业银行当地分支机构开展普惠金融服务、金融扶贫普遍面临成本高、经营困难的局面。为此，建议对“三区三州”等深度贫困地区比照西藏给予特殊补贴，确保有关分支机构能够保本微利，实现金融扶贫业务商业可持续。

（四）进一步健全农村产权制度改革及配套体系

近年来，中央加快推进农村集体产权制度改革，但目前全国人大授权开展改革试点的区域范围仍然较小，在试点区域外开展农地产权抵押面临法律风险。此外，很多地方土地流转体系并不健全，缺乏土地评估、抵押登记、资产处置回收等机构，商业银行开展农地抵押还有不少障碍。建议加快农村土地承包经营权、宅基地使用权、集体建设用地使用权确权颁证。尽快对《物权法》《担保法》等法律相关条款进行修订，为农地产权抵押提供法律依据。推进抵押登记系统、土地评估体系、流转交易收储平台建设，创造农地金融良好环境。

（五）进一步加强农村金融生态环境建设

当前，农业保险与再保险体系、农村信用担保体系等重要的信用基础设施发展滞后，基础设施条件相对落后，部分农村地区债权保护不到位和信用意识不强，金融维权难度较大。一是加大农业保险的广度和深度。建议提高中央、省级财政对主要粮食作物保险的保费补贴比例，加快建立财政支持的农业保险大灾风险分散机制。二是加快农村地区基础设施建设。建议进一步加大农村水电路网等基础设施建设投资，改善广大农民生产生活条件，也为金融机构延伸金融服务提供基本条件。三是加强农村地区社会诚信体系建设。加强农村征信知识宣传教育，坚决打击农村骗贷、骗保和恶意逃债行为。在全国范围深入开展信用户、信用村、信用乡（镇）、信用县创建活动，将“三农”信用信息上传至全国信用信息共享交换平台，进一步加快完善农村信用体系。

第 11 章

中国邮政储蓄银行助力脱贫攻坚实践与创新

2017 年，在全面建成小康社会的决胜阶段，中国共产党第十九次全国代表大会（以下简称，十九大）的胜利召开为中国稳步发展指明了方向，大会阐述的习近平新时代中国特色社会主义思想，成为中国邮政储蓄银行（以下简称，邮储银行）建设一流大型零售商业银行的根本遵循。成立十年来，邮储银行始终牢记国家使命，始终秉持“普之城乡，惠之于民”的服务理念，始终坚持服务社区、服务中小企业、服务“三农”的市场定位，依托“自营+代理”的独特模式和资源禀赋，坚守零售银行战略，发力普惠金融，落实中央重托，展现大行担当。

一、2017 年“三农”金融服务取得显著成效

邮储银行长期扎根农村、贴近农户，重点在支农支小上下功夫，一直专注于小额贷款业务，是国内最早开发纯信用、无抵押小额贷款产品的金融机构，也是国内小额贷款服务的主要提供者。十年来，累计发放小额贷款超万亿元，服务农户超过 1000 万户。

（一）三农金融事业部改革得到全面推广

一是积极推进三农金融事业部改革试点工作。根据中央 1 号文件精神，加快完善三农金融事业部运作机制。2017 年第一季度，完成内蒙古、吉林、安徽、河南、

广东等五家分行三农金融事业部改革试点。试点分行针对辖内专营机构设置、专职专业人员配备和绩效考核机制建设等相关改革方案开展细化落地工作，并且对试点工作进行了全面经验总结。邮储银行总行全年共制定并下发了 8 项方案或办法，事业部“七个相对独立 + 两个倾斜”① 的运作机制基本建立。

二是 2017 年上半年完成三农金融事业部改革全国推广。非试点分行结合个商贷款业务划转工作，在机构设置、人员队伍、培训机制等方面为三农金融事业部制改革工作做好了准备，有力保障了邮储银行全行三农金融事业部改革工作的顺利开展。截至 2017 年末，共成立三农金融事业部一级分部 27 个，二级分部 319 个，营业部 1604 个。

（二）三农金融业务发展成效得到稳步提升

一是倾力服务实体经济和金融薄弱环节。助力经济转型升级，在支持基础设施建设方面累计签约合同金额达 1.12 万亿元，认购国家专项建设债券 7780 亿元，累计为 2320 家企业提供融资支持；深化“三农”、小微等领域体制机制改革，深耕农村市场，相伴小微成长，涉农贷款余额超万亿元、小微企业贷款余额 7607.52 亿元，个人经营性贷款结余在 15 家全国性银行中排名居于首位。不断创新普惠金融服务，打通金融服务最后一公里，开办助农取款业务，改善农村支付环境，助农服务点商户达 14.29 万户；积极响应国家政策，推广“新农保”“新农合”；优化理财产品结构，累计为 1200 万零售客户提供理财服务。

二是突出开展金融精准扶贫。精准脱贫是决胜全面建成小康社会的底线任务，是党中央做出的庄严承诺。邮储银行积极落实中央要求，不断加大金融资源投入力度。2017 年，邮储银行积聚焦建档立卡贫困户，重点围绕“发展生产脱贫一批”的要求，积极加强与扶贫部门合作，重点发展扶贫小额信贷，取得良好成效。截至 2017 年末，邮储银行金融精准扶贫贷款余额达到 458 亿元，较年初增长近 48 亿元；其中建档立卡贫困人口贷款余额 128 亿元，较年初增长超过 41 亿元，增幅超过 47%；个人精准扶贫贷款在全部金融精准扶贫贷款中占比达 34%，个人精准扶贫业

---

① 相对独立的组织架构、相对独立的财务核算、相对独立的经营计划、相对独立的资本管理、相对独立的信贷管理、相对独立的风险管理、相对独立的绩效考核，倾斜的资源配置及倾斜的信息科技保障。

务占比高是邮储银行金融扶贫的突出特点。

二、不断创新脱贫攻坚服务模式

习近平总书记在党的十九大报告中强调，要坚决打好脱贫攻坚战。金融扶贫是脱贫攻坚的关键举措。经过实践和摸索，邮储银行在充分结合自身实际的基础上，做好小贷款，助力大扶贫，在具体工作中总结形成了一些卓有成效的服务模式。

（一）“融资 + 融智”模式

“融资 + 融智”模式是按照“扶贫先扶智”“授人以渔”和“培训一人、就业一人、脱贫一家”的思路，从职业教育、农技推广、信息流通、渠道拓展等方面，实施一系列措施，通过扶知识、扶技术、扶思路，帮助和指导贫困户提升综合素质，培育有科技素质、有职业技能、有经营意识与能力的新型职业农民，以开拓致富门道。如：对有发展意愿的贫困户，在为其提供资金扶持的同时，与科协、农技协合作开展职业技能培训，给予创业项目指导，帮助贫困户提高认识、更新观念、自立自强，唤起贫困户自我脱贫的斗志和决心；通过开展“农民金融夜校”“送金融知识下乡”等各类活动，有针对性地对贫困户开展金融知识培训，普及金融信息和业务知识，把金融政策和知识带到贫困地区，促进贫困户增收脱贫；通过选派优秀干部和业务骨干到贫困地区挂职，向贫困地区输送新鲜的人力资本，带领当地贫困户脱贫致富。

邮储银行四川分行与四川省科学技术协会（以下简称科协）开展深度合作，由科协筛选推荐优质农业产业项目和新主体，银行创新产品和服务与之对接，形成资金加技术的“融资 + 融智”扶贫模式。由科协人员为贫困户提供技术，指导其生产发展，解决贫困户自身知识不足、技术匮乏的问题。通过“融资 + 融智”扶贫模式，使得贫困户通过自身努力和劳动实现脱贫致富。为不断增强贫困户的“造血”功能，邮储银行四川分行联合农工委、科协、高校等部门举办“农民金融夜校”，针对贫困户开展金融知识和农业技术培训，帮助其脱贫致富。2017 年，邮储银行四川分行累计开展“金融知识送下乡”活动 100 余次，发放宣传折页 5 万多份，举办近百次金融夜校，超过 1 万人次接受培训。

（二）"金融＋电商"模式

"金融＋电商"扶贫模式是邮储银行借助邮政集团的天然优势，构建由银行提供信贷支持、邮政电商帮助产品销售、邮政速递提供货运支持的资金流、信息流、物流"三流合一"的新型扶贫模式。通过与邮政电商平台邮乐网合作，提升贫困户利用电商创业就业的能力，拓宽贫困地区特色优质农副产品销售渠道和贫困户增收脱贫渠道，让互联网发展成果惠及更多的贫困地区和贫困户。该模式的特点主要体现在：一是打通贫困地区农产品销售渠道。推动贫困地区特色产业和主导产品上网营销，不仅使贫困地区产品更具市场化、竞争力，而且推进特色产业标准化、规模化、品牌化。二是实现贫困地区农产品优质优价。帮助贫困户运用电子商务获得信息，打破信息的壁垒，降低信息不对称性，让贫困地区优质资源"变现"。

"金融＋电商"扶贫模式典型案例是邮储银行江西分行与邮政企业合作，以村级电商服务站为基础，建立"网络代购＋平台批销＋农产品返城＋公共服务＋普惠金融＋物流配送"农村电子商务体系，通过运用互联网数据模型分析，弱化信息不对称风险，实现信用贷款模式，切实解决担保难问题，为贫困户产业脱贫提供全方位金融服务。如江西瑞金凤岗村的廖奶奶，几十年来练就了腌制咸鸭蛋的好手艺，但只能在当地销售，每月才卖几百个，愁于销路，不敢扩大生产。邮储银行江西分行联合当地邮政公司帮助她成立了合作社，开设"邮乐购"电商扶贫站点，并为其发放了 30 万元的"产业扶贫信贷通"贷款，解决了其创业初期的资金困难。目前，"廖奶奶牌咸鸭蛋"每月线上线下销售达 5 万多枚，月营业额超 20 万元，合作社的 32 名贫困户于 2016 年脱贫。2016 年 10 月 16 日，廖奶奶荣膺国务院扶贫开发领导小组颁发的"全国脱贫攻坚奋进奖"。

（三）"信用体系建设"模式

"信用体系建设"模式是邮储银行选择信用环境良好、产业优势突出、人口居住集中、资金需求旺盛、政府扶持明显的行政村，通过搭建"银村合作"平台，发挥农村基层党组织、"驻村第一书记"、扶贫驻村工作队、致富能人作用，全面开展信用村、信用户创建，推进"整村授信""批量开发"，并通过宣传引导，不断培育贫困户守法意识、诚信意识和合规意识，积极构建贫困地区信用体系，打造良好信用环境。截至 2017 年末，邮储银行已建立信用村 8000 个，评定信用户超过 60 万户，累计发放小额贷款超过 1 万亿元。

“信用体系建设”模式典型案例是邮储银行海南分行信用村建设项目。邮储银行海南分行积极与村委开展合作，借助村委、村干部和村民对贫困户熟悉的信息优势，有效解决信息不对称问题。在贷前调查、贷后管理等方面，从多层面获取信息，以贫困户信用信息为基础，评定信用户，建立永久信用档案，同时充分发挥村委、村干部的监督作用，逐步提升贫困户诚信意识，树立“诚信创造价值、诚信创造财富”的文化理念，弘扬传统美德。通过信用村建设，降低授信门槛，解决担保难的问题，扩大普惠金融受益面，改善金融生态环境。截至 2018 年 2 月末，邮储银行海南分行“信用村”建设已完成除三沙市外的“县域”全覆盖，目前邮储银行海南分行已对辖内 18 个市县的 70 个村委会（农场）授予“信用村”称号，发放小额贷款 1989 笔，金额 1.6 亿元。

（四）“项目扶贫”模式

“项目扶贫”模式是邮储银行围绕贫困地区交通、电力、通讯、饮水、公共服务等重大项目，通过贷款、投资、投贷结合等多样化的资金支持模式，带动贫困地区、贫困人口脱贫致富，夯实贫困地区经济社会发展基础。在“项目扶贫”模式下，银行主要提供贷款、投资、投贷结合三种融资方式：贷款一般通过固定资产贷款、城市棚户区改造贷款、流动资金贷款等信贷业务，为项目开发建设提供资金；投资一般通过产业基金和项目融资（结构融资类）等非信贷业务，以股权投资方式为项目开发建设提供资金；投贷结合一般通过非信贷业务和信贷业务，以股权 + 债权的形式共同为项目开发建设提供资金。截至 2017 年末，邮储银行金融精准扶贫贷款中项目精准扶贫贷款余额 284.58 亿元。

“项目扶贫”模式典型案例：一是邮储银行安徽分行通过公司贷款产品为农村基础交通设施项目提供资金支持，改善贫困地区基础设施和公共服务，提高贫困户、贫困村生产生活水平，以带动贫困户脱贫、贫困村出列。截至 2017 年末，邮储银行安徽分行金融精准扶贫贷款中项目精准扶贫贷款余额 8.72 亿元，分别用于芜湖长江公路二桥、商合杭高铁两个项目建设，重点支持带动公路和铁路沿线扶贫开发工作。二是邮储银行河南分行通过股权合作的方式与河南省豫资公司、兰考县政府开展投融资企业 PPP 股权合作，由邮储银行河南分行和河南省豫资公司设立邮银豫资“一带一路”（河南）发展基金控股、兰考县政府参股，共同为兰考老城区改造、规划区土地储备和扶贫搬迁提供资金保障。截至 2018 年第一季度，邮储银行河南分行金融精准扶贫贷款中项目精准扶贫贷款余额 6.18 亿元。

（五）“光伏扶贫”模式

“光伏扶贫”模式是邮储银行与政府部门、电网公司、光伏设备经销商进行接洽，实施“光伏设备经销商 + 电站 + 贫困户”的运营方式，给贫困户发放贷款，用于购买屋顶安装的太阳能发电设备，所发电并入电网，贫困户通过政府补贴及发电获得收益，从而带动贫困户脱贫。在“光伏扶贫”模式下，银行的主要职责是按贷款流程进行贷款调查、审查审批、放款等，为政府部门推荐的贫困户提供资金支持，做好贷款管理，进行风险预警；政府部门的主要职责是缴存风险补偿金，推荐符合条件的贫困户；光伏设备经销商主要职责是缴存风险保证金，负责光伏发电设备的安装、调试、维修、回购等；电网公司主要职责是验收光伏发电设备，按时结算并网发电后的电费。截至 2017 年末，邮储银行已在山西、河北等 18 个省市推出光伏贷款，累计发放 6300 余笔，超过 3.58 亿元。

“光伏扶贫”模式典型案例是邮储银行山西分行光伏扶贫贷款。邮储银行山西分行积极走访各级政府部门、符合内部准入条件的光伏设备经销商、电网公司，充分了解当地电价补贴政策、电网公司对光伏上网电价的结算周期及电费结算时间，电网并网要求等，协调沟通各个环节，最终达成一致，由政府部门在邮储银行存放风险补偿金进行担保，光伏设备经销商负责设备安装、维修、维护，确保正常并网发电，且承诺回购，电网公司负责验收发电设备、并网、按期结算，且承诺不变更结算账户，对符合建设条件的贫困户屋顶推广发展户用光伏。截至 2017 年末，邮储银行山西分行 35 个县支行共接洽光伏设备经销商 12 个，累计发放光伏扶贫贷款 709 笔、金额超过 2500 万元。

三、2018 年“三农”金融服务工作安排

中共中央、国务院于 2018 年 6 月下发了《关于打赢脱贫攻坚战三年行动的指导

意见》，邮储银行响应党中央号召将从以下四个方面做好金融精准扶贫这篇大文章。

一是进一步深入学习习近平总书记关于扶贫方面的重要论述。通过学习，深刻领会习近平总书记扶贫开发重要战略思想，提高对整个扶贫工作大格局的把握；通过学习，提升信心，进一步明确工作的重点和方法。

二是进一步完善三农金融事业部体制机制。提升市、县分支机构信贷扶贫服务能力，着力提高扶贫信贷业务比重。

三是进一步加大金融扶贫投入。加大扶贫小额信贷投入，进一步支持贫困地区特色产业发展，增强扶贫地区自我发展的能力。

四是进一步聚焦深度贫困地区金融扶贫工作。加大扶贫政策优惠力度，开展扶贫领域作风问题专项治理工作。

第12章

浙江农信普惠金融的创新实践

从1952年浙江第一家农信社在慈溪南山（现属余姚）成立至今，浙江农信已在之江大地上耕耘了66个春秋。根据国务院深化农信社改革的决策部署，2004年4月18日，浙江省农信联社成立。改革14年来，在浙江省委省政府的坚强领导下，浙江省农信联社不忘初心、保持定力，围绕“管方向、管风险、管班子、强服务”的“三管一服务”，坚持支农支小、立足县域、深耕本土，带领浙江农信成为全省网点人员最多、服务范围最广、资金实力最强、支农支小力度最大的地方性金融机构，进入了发展最好的历史时期，从走在田间地头的“金融草根”，成长为今天浙江银行版图“六分天下有其一”的“参天大树”，走在了全省银行业和全国农信的前列。到2017年末，浙江农信存款余额18316亿元，贷款余额12091亿元，连续多年稳居浙江省银行业第一，存贷款市场份额分别为17.14%和13.45%。在全国农信中，浙江农信存款规模居第三。不良贷款率1.61%，持续保持“额、率”双降；实现营业收入1129亿元、利润总额突破300亿元。

浙江农信为农而生、因农而兴，成立60多年来，做了大量别人不愿意做，也做不了，但对整个经济社会来说又必须做的事情，一直是普惠金融的探索者、践行者、推动者。2013年，浙江农信率先全国实施普惠金融工程三年行动计划，在此基础上，2016年又提出普惠金融提升工程五年行动计划，两次均得到省政府转发，基本构建了“基础金融不出村、综合金融不出镇”的服务体系，普惠金融工作走在了全国前列。目前，浙江农信共有4200个营业网点，近1万个丰收驿站，2万多个村级服务点，基本实现了 200 人以上行政村金融服务全覆盖。浙江每 10 位老百姓，就有 8 位选择其服务；每 4 户家庭，就有 1 户与其授信签约；每 5 家企业，就有 1 家与其携手同行，承担了全省一半以上的农户贷款，3/4 的农民合作社和家庭农场贷款，以及绝大多数低收入农户贷款。

一、浙江农信普惠金融实践

（一）扎扎实实做好普惠基础工程，进一步延伸金融服务覆盖面

1. 不断加大基础设施投入力度

浙江农信全面构建起“乡镇全面覆盖、城区广角渗透、村级深度延伸”的多层级物理服务渠道，建成离行式自助银行 4025 个，ATM 机总量达 15014 台，在偏远山区农村，因地制宜利用村级便民服务中心、商店等建立农信金融服务点，建成助农取款服务点 21588 个；基础金融服务进驻 30815 个行政村，基本实现了“基础金融服务不出村、综合金融服务不出镇”。特别是创新打造了集金融、电商、物流、政务、公益等，实现“五位一体”的“丰收驿站”金融便利店模式，全方位满足群众生产、生活、创业等多方面需求。引入商超互惠共享、大病医疗保险报销和社保自助查询、农村旅游消费升级等服务功能，叠加农资补贴、农技培训、益农信息等涉农服务，让老百姓在家门口就可以享受便捷服务。

如温州苍南农商行通过丰收驿站打通“互联网 + 农村 + 金融”便民服务链，并在全县各地设立了 193 家，实现了偏远山区的普惠金融全覆盖，让老百姓足不出户就可以享受到“一站式”金融及生活服务。腾垟镇是该县离县城最远、海拔最高的小镇，当地百姓的很多金融及生活业务都需要到几十公里以外的县城去办理，非常不便。苍南农商行将丰收驿站设到该镇的角角落落，配备了 ATM 机与助农服务终端，设置了业务办理区、商品展示区、客户休闲区和党建服务专区，百姓们可以在驿站办理除了存取款、转账以外的其他手机银行、贷款理财等金融服务，还可以缴纳水电费，扫码购物等。同时，驿站还为百姓们免费提供手机充电站、应急药箱、电子血压计、体重计、工具箱等便民服务设施。

2. 持续推进信用体系建设

数十年如一日开展信用村评定建设工作，2011 年与浙江省农办联合印发《关于开展农村合作金融信用户信用村（社区）信用乡（镇、街道）评定工作的通知》（浙信联发〔2011〕43 号）；持续开展走千家访万户、整村授信、普惠建档活动，建设客户基础信息库。已累计评定信用乡镇 476 个、信用村 29092 个、信用户 894 多万户。与省农业厅、省工商局联合开展农民专业合作社信用体系建设，累计评定 A 级以上农民专业合作社超过 2 万家。在此基础上加大投放小额信用贷款，目前全系统小额（30 万元以下）信用贷款户数达 189 万户，占个人贷款户数的 69%，余额 2038 亿元，占个人贷款余额的 56.18%。信用贷款发放力度居全省银行业首位，发放的信用贷款超过了浙江农信前 60 年的总和，有效破解了小额贷款“融资难、担保难”问题。

如龙游农商行联合村集体开展“公德金融”项目建设。项目分为平安建设、村风村务、信用创建三大版块，龙游农商银行负责“公德金融”的信用创建，设定积分等级，量化各项指标，最终运用于社会治安管理、村风村务管理、贷款优惠及其他村级事务中；余姚农商行则立足县域社区，联合当地文明办推出道德银行，从“遵纪守法、行为文明”“热心公益、支持发展”“诚实守信、勤劳致富”“家庭和睦、邻里团结”四个方面评定道德积分，积分在 80 分以上的农户可申请创业信用贷款，额度一般在 20 万元以内，市级以上道德模范，最高额度可达 50 万元。在道德积分评定上一方面建立电子化信息数据库，并进一步以自然村、行政村为单位分别建立道德积分管理执行小组、管理办公室、管理领导小组，负责积分相关信息的采集、评定与更新。截至目前，该行已累计为 2000 农户发放 1.5 亿元的贷款。“道德银行”建立不仅激活农民信用，而且把金融信用与道德行为表现动态关联，引导积德行善、志愿服务等社区风尚培育，助推了乡村治理的完善。

3. 全面建立普惠金融量化指标

2013 年，浙江农信率先实施普惠金融三年行动计划（2013 ~ 2015 年），建立了包括普惠基础建设投入、小额信用贷款余额等十五项指标的量化体系，得到了省政府的高度重视。时任省委副书记、省长李强批示：“这项工作意义重大，要大胆创新，不断完善，扎实推进”，副省长朱从玖更是亲自指导，多次批示肯定。在省政府、有关部门和社会各界的大力支持下，三年行动计划中的 15 项指标任务已全面超额完成。2016 年，根据国务院发布的普惠金融发展规划，浙江农信又制定了《浙江农信普惠金融提升工程五年行动计划（2016～2020）》，再一次得到省政府的转发。形成了包括普惠基础建设投入、小额信用贷款余额等十几项指标的量化体系，并专门设立普惠建档签约率、个人贷款户均等普惠金融考核指标，为普惠金融发展建立科学标准。

（二）积极助力“最多跑一次”改革，深度融入公共民生服务领域

1. 主动承接和延伸政府公共服务

积极配合地方各级政府部门，发挥农信基层服务网络优势，通过网点代办、共设窗口、系统对接、人员驻点、信息共享等举措，承接和延伸政府服务。目前，全系统已为公安、民政、社保、国土、税务、工商、公积金、房管等 8 个政府部门代办相关公共服务。其中，有 72 家行社 560 个网点开通公积金业务代办，笔数达 16 万笔；71 家行社 2686 个网点开通社保代办，笔数达 2013 万笔；59 家行社 1126 个网点开展工商代办，笔数达 2419 笔；公安流动人口 IC 卡发放达 120 万张。

如在社保服务上，台州路桥农商行首创“社银联通”工程，将社保大厅搬进营业网点，设立专门的社保代办窗口，并开辟绿色惠民通道，推行社保签约特事特办制度，主动做到上门办理服务。同时，积极开展“社银联通”村村行活动，以“白 + 黑”“5 + 2”形式入村摆摊，现场为百姓办理城乡居民基本医疗保险协议参保征缴业务；在警务服务上，磐安农商行以丰收驿站为基础，与县公安局联手建立了 297 个“警银驿家”自然村级公安便民服务点，承接了户籍、交管、出生登记等 35 个便民服务事项，基本实现村级“金融 + 警务”服务的全县覆盖，惠及了所在乡镇村的 10 多万山区群众；在纳税服务上，衢州江山农商行推出“税银互动一体化网点”，通过在网点设立税银自助服务区、银行服务区和税银合作办公区，为纳税人提供“7 × 24 小时”的税银服务，实现纳税申报、政策查询、发票查询、涉税事项提交、办税进度查询等一站式办理，并提供配套的“税银贷”等金融服务。

2. 积极拓展公共领域智慧服务渠道

浙江农信积极顺应互联网金融形势发展，探索云计算、大数据、人工智能等前沿技术。成功上线网络金融核心系统，推出新一代手机银行“丰收互联”，构

建了数字银行服务体系。如创新推出“丰收云缴费”，打造开放、智能金融服务新模式，让客户足不出户即可享受便捷金融服务，实现了在各类电子渠道上的单笔缴费、签约代扣等功能，构建起强大的便民缴费生态圈，实现一站式缴费；积极打造“社保云”和“医疗云”平台，将社保、医疗服务融入浙江农信“丰收互联”网上银行。

如湖州长兴农商行与长兴县人民医院合作，在全国首创“信用医疗”结算模式。患者持长兴农商行的丰收社保卡，激活信用支付功能并完成签约，就可以不用排队挂号，直接到诊区选择医生自助取号。看病自理部分未超过 100 元的，还可选择信用“零余额”支付，问诊、检查、拿药都可先不付钱，回家再付费，非常方便快捷。同时，长兴农商行还在县人民医院门诊大厅设立“丰收驿站”，为患者办理社保卡激活、“信用医疗”签约、存款等一站式服务。

3. 创新信贷模式提升办贷效率

面对百姓贷款难、贷款烦、贷款慢的现实问题，浙江农信持续推进服务理念、流程和技术创新，借助大数据、移动互联、决策引擎、流程引擎等新一代信息技术，创新放贷产品模式，简化优化办贷流程。如创新推出的“普惠快车”模式，通过“信息采集一张纸、流程整合一键式、综合服务一站式、客户上门一次办”的“四个一”模式，客户只需提供一张纸的信息，只要上门一次，即可获得贷款，真正实现小额贷款“一站式”服务，极大地降低了办贷时间，提高了工作效率，把方便带给客户，把实惠留给百姓，也推动了业务管理的转型升级。目前已建立普惠金融客户档案 1773 万户，评定客户 850 万户，授信金额达 6680 亿元，贷款余额 3919 亿元，普惠快车模式也荣获《金融时报》评选的银行业普惠金融创新奖。

在创新小额信贷方式的同时，浙江农信也积极在小微贷款技术化、专业化和科学化上做文章、下功夫，以“重现金流、轻担保”为总体原则对微贷技术进行“本土化”改造，上线“小微专车”模式，推动了小微贷款“工厂式”批量作业，提高了金融服务效率。目前通过小微专车为小微企业授信 35 万户。同时，进一步推出纯互联网线上贷款“浙里贷”，采用大数据模型风控准入，无面签在线即时申请，零等待在线实时审批，贷款办理全流程“不落地”的模式，充分满足客户便捷即时的小额消费贷款需求。

（三）全力以赴服务乡村振兴战略，有效破解农村普惠既有瓶颈

1. 创新农村金融产品和服务模式

浙江农信与财政部门联合推出“粮农贷”，给予种粮大户、涉粮农业企业 3% 的财政贴息，并创新以粮食补贴为质押，为享受财政粮食补贴的农户免除担保手续，且一律执行基准利率，降低粮农负担；推出村股份经济合作社股权质押贷款、公益林补贴收益权质押贷款，创新农民资产受托代管贷款、村担保合作社贷款等产品；率先支持省农业信贷担保体系建设，与浙江省农业信贷担保公司签订 100 亿元意向性担保授信额度的合作协议，是全省首家签约的银行机构。

其中，温州瓯海农商行针对农民创业致富存在的“贷款难、担保难、融资贵”问题，创新推出了“农民资产授托代管融资”模式。在这一模式下，农户自有的动产、不动产及其他经济权益等，只要农户认为有价值、银行认为风险可控的资产均可作为授托资产。而且农户只需采取书面承诺，无须登记、无须担保、无须保险就可以向瓯海农商行申请贷款。目前，该行已向 8500 户农户发放贷款 35 亿元。同时，成为国家级农村改革试验区拓展试验任务。

2. 大力发展绿色金融

近年来，浙江农信大力发展绿色金融，并将“绿色普惠”作为发展普惠金融的目标之一。践行“绿水青山就是金山银山”理念，与湖州市政府、衢州市政府签订绿色金融合作协议，制定《浙江农信绿色金融体系建设指导意见》，加强绿色金融政策协调，开展绿色金融产品创新，助推湖州、衢州绿色金融改革创新试验区建设。优化信贷结构，逐年提高绿色信贷占比，探索发行绿色债券，大力支持生态循环农业、节能环保小微企业。

如湖州安吉农商行充分发挥试验区优势，依托社会化大平台，量体裁衣式设计推出“美丽乡村”贷款产品，对贷款可能涉及的每个环节进行了精心考量。在支持对象上，“美丽乡村”贷对借款人层级、资产规模均不做刚性要求，主要把握项目可行性和信用等级；在贷款方式上，既发放中长期固定资产贷款，也发放中期流动资金贷款；在还款来源上，允许以各级财政分期拨付的美丽乡村建设专项奖补资金作为还贷来源，解决财补资金先支后收的时间差问题。目前已累计发放贷款 8.2 亿元，累计支持行政村 118 个，让利 2000 余万元，解决了建设初期资金瓶颈问题。

3. 提升金融精准扶贫水平

充分发挥农村金融在助力低收入农户增收攻坚战的能动作用，配套制定产业扶贫、造血帮扶等全方位金融服务方案。严格落实扶贫小额信贷基准利率政策，全面满足低收入农户发展生产的资金需求。截至目前，浙江农信系统低收入农户贷款超过20亿元，占到全省同类贷款的90%以上。同时，支持省扶贫办“光伏扶贫工程”，推出“光伏贷”产品，覆盖4.6万户农村家庭。与省农业厅共建金融强村平台，支持薄弱村消薄。截至9月底，浙江农信发放薄弱村贷款12.77亿元。进一步无偿帮扶社会弱势群体。以爱心捐助、出资赞助等方式捐助公益资金累计达4.31亿元。各行社因地制宜创新产业扶贫模式。

如淳安农商行立足当地丰富的山林资源，探索通过公益林收益权质押的方式向当地经济薄弱村——石门村发放贷款230万元。该村用这笔钱投资乡里引进的优质旅游项目，每年可获得12%即27.6万元的收益。初战告捷，淳安农商行马上与淳安县政府签订了消薄增收战略合作协议，将这种模式进行复制推广，为全县414个村集体发放了2.5亿元的贷款，基本覆盖了所有的集体经济薄弱村。贷款全部实行基准利率，用于投资当地扶贫开发区的项目，预计每年可带动增收3800万元，平均每个村增收9万元以上。

二、浙江农信普惠金融发展面临的困难

（1）宏观经济环境带来较大压力。当前解决融资难、融资贵问题，除了金融机构，还需要多方协同推进。

（2）金融体制机制不相匹配。农信社体系农信社市场改革的部分政策不利于农信社系统更好为三农服务，并不适合金融机构回归本源。

（3）优惠政策不稳定。农信社改革转型为农商行后，不再享有原先的准备金率、税收等优惠政策，对普惠金融的支持力度大大减少。

（4）部分金融机构自身价值导向存在偏差。追求短期利益，在包括基础设施建设等方面的持续投入不足。

（5）产品和技术创新不足。针对不同地域的本土化金融产品创新不够，在互联网等新型技术的应用上不足。

三、政策诉求

（一）不断优化农村普惠金融生态

一是不断加强政银信息联动。在合法合规基础上，鼓励税务、工商、法院、社保、农业、财政等信息与金融机构共享，提升金融机构对农户、借款人的信用评价能力。二是不断提升农民经济组织财务管理水平。加大对农民经济组织规范化建设，不断促进其扩大收入来源。三是做好金融激励与约束平衡，在鼓励资金进入农村同时，建立金融机构联席机制，防范过度授信、政府平台举债过多等引发的债务风险，实现可持续发展。

（二）形成配套扶持政策体系

一是推动多层级人才主动参与乡村工作。加强政府、金融机构及村集体的协作，通过出台税收、优惠利率政策鼓励知识青年、技能人群在乡村创业。二是提升土地集约利用。进一步加强土地、林业等农村产权的评估交易制度的建设，对农村抵押物流转、处置提供政策便利。三是推动农民工、农村青年返乡创业。为金融机构在农村地区加强教育、消费、旅行、住房方面金融创新提供政策支持，不断满足返乡农民工、青年多元化金融需求。

（三）加强对涉农金融的激励

对涉农金融实行差别扶持政策，加大对涉农贷款定向税收减免和费用补贴政策扶持力度，对农业、农村中长期信贷支持予以鼓励。在监管方面对涉农贷款超过一定比例的金融机构，实行较低的准入门槛和一些有别于商业银行的特殊政策，为资本流入农村和设立农村金融机构创造条件。鼓励银行加强与证券、基金、保险等金融机构融合，建立风险分担机制，提高农村金融的抗风险能力。加强政策性、商业性、涉农银行机构的合作，多方面推进农村、农业、农民的金融支持。

第13章

人保财险普惠金融服务新探索

一、人保财险普惠金融服务概况

（一）人保财险普惠金融业务开端

人保财险认真贯彻落实党中央、国务院关于大力发展普惠金融业务的决策部署，深入推进脱贫攻坚和农业供给侧结构性改革的战略安排，深入推进消费金融等行业发展，加大对经济发展重点领域和薄弱环节的支持力度，人保财险尝试开展普惠金融业务。人保财险普惠金融业务主要分为支农支小融资和保险两大板块。

为深入贯彻落实《中共中央国务院关于落实发展新理念　加快农业现代化实现全面小康目标的若干意见》中关于“鼓励和支持保险资金开展支农融资业务创新试点”的要求，在原保监会的大力指导和支持下，人保财险积极发挥自身在县域农村市场的网点和服务优势，开始着手开展支农支小融资业务。2015年底，原保监会批复同意中国人保开展支农支小融资业务，试点规模50亿元，其中40亿元用于外部助贷，10亿元用于人保财险支农支小融资。2017年，原保监会批复同意中国人保扩大支农支小融资业务试点规模，增加200亿元的试点额度。目前，中国人保是唯一一家获得运用险资发行资管产品进行支农支小融资资格的企业，针对“三农”、小微等重点领域和薄弱环节开展融资服务。

同时，为贯彻落实《国务院关于积极发挥新消费引领作用　加快培育形成新供给新动力的指导意见》的要求，创新金融支持和服务方式，促进大力发展消费金融，更好满足新消费重点领域的金融需求。人保财险于 2012 年开发助贷险产品，全称为个人信用贷款保证保险，为个人向银行申请的无抵押贷款提供还款保证，当借款人无力偿还贷款时，由保险公司代为偿还借款人所欠贷款本息，同时，借款人的资信审核、贷款额度审批、逾期管理、追偿工作等原本由银行负责的工作则转由保险公司负责，为中低收入群体提供消费信贷支持。

（二）人保财险普惠金融事业部建设情况

为推动公司支农、支小业务发展，探索更加适应普惠金融业务的管理模式。2017 年 2 月，人保财险在农村普惠金融事业部、信用保证保险部、银行保险业务部部分职能和人员基础上整合设立普惠金融事业部。同时，选调银行保险业务部具备金融背景、熟悉银行业务的骨干人员到普惠金融事业部工作，人保财险普惠金融事业部框架基本确定。

一是明确总分职责，完善管理体系。构建“总公司普惠金融事业部－省级分公司普惠金融事业部－地市分公司普惠金融事业部－县支公司融资经理岗”的四级垂直管理架构。由总公司普惠金融事业部统筹普惠金融业务，省、市两级相应设立普惠金融事业部。省级和地市级分公司普惠金融事业部是辖区内普惠金融业务的主管部门，负责辖区内普惠金融业务，并根据授权，负责常规项目的决策和相关审核。县支公司设立融资经理岗，负责具体客户挖掘推荐、合同面签、放款申请、后续管理等工作，并与客户直接接触。

二是整合内部资源，优化分工职责。整合全公司资源，形成融资与保险的有效融合。一方面，将融资和保险业务的风控职能整体嵌入法律合规/风险管理处，提高风控效率；另一方面，根据前中后台流程化设计思路，突出专业导向，统筹宁波、北京个人信用风险审核中心，为普惠金融业务提供有效支撑，强化审核专业能力，提高运行效率。

三是下沉服务重心，扩大试点范围。将服务“三农”的重点锁定在贫困地区、边远地区、民族地区等地，予以优惠利率安排，完善人员配置，支持贫困地区打赢脱贫攻坚战。同时在原农业普惠金融事业部服务“三农”职责的基础上，积极响应国家号召，增加了对小微企业的服务产品，加强对城市中低收入群体的服务力度，使之更加符合经济结构转型升级和试点初衷。

（三）人保财险普惠金融工作开展情况

1.“产业+消费”立体普惠金融格局基本形成

一是以产业为抓手，运用融资手段有效缓解融资难题。融资难、融资贵是一个始终困扰“三农”和小微的关键性问题。人保财险积极运用保险资金开展融资业务，让利于民，2016 年 6 月 28 日首批支农支小融资项目同步在河北阜平和张家口、陕西杨凌落地。截至 2017 年末，支农支小融资业务累计放款金额 12.88 亿元。当年共有 34 家分公司实现支农支小融资业务放款落地，比上一年增加了 24 家。除去深圳和西藏之外的所有分公司均已开展支农支小融资业务。项目覆盖 142 个地市（区）级机构，比上一年增长了 127 个。从客户组成来看，支农支小融资业务客户主要以个人客户为主，个人客户数量占 86.7%，平均每笔融资额度 20 万元，实现了普惠的发展初衷。

二是以消费为目标，运用保险手段帮助客户更加便捷的获得资金。消费作为经济发展的三驾马车之一，对于农村地区的长期可持续发展具有至关重要的作用。截至 2017 年末，业务已覆盖 218 个地市，覆盖率达到 66.06%，全年实现保费收入 30.5 亿元，累计实现保费收入 62 亿元，累计为 20 万名客户提供了 125 亿元的贷款增信支持。

2. 金融扶贫成效初步显现

2017 年，人保财险认真贯彻落实党中央、国务院关于打赢脱贫攻坚战的战略部署，发挥保险支农支小融资优势，建立新型保险资金直接融资助力精准扶贫模式。2017 年，签署“政融保”支农支小融资合作 159.8 亿元，覆盖 135 个贫困县，涵盖河北阜平、陕西安康、广西河池、内蒙古乌兰察布、河南南阳、贵州黔东南等多个国家扶贫攻坚的重要战场。例如，在广西河池进行的探索，通过都安“贷牛还牛”项目的成功运营，拉近了与当地各级政府的关系，同时公司以融资和保险为有效抓手，将综合一体化金融服务送到最需要的地方；四川分公司推出的“市级授信，分县运作”农业产业扶贫模式，融合市级政府推动力和县级政府执行力，加强公司与政府的粘性，及时为当地提供了充足的资金支持。“政融保”案例入选国务院扶贫案例汇编，多地政府将人保财险支农支小融资工作明确写进政府文件中，被政府誉为“真扶贫、扶真贫”。

3. 金融可获得性显著提升

按照国家关于发展普惠金融业务的有关要求，人保财险不断深化普惠金融业务，以可负担的成本为“三农”、小微和消费群体提供价格适中、便捷有效的金融服务。人保财险通过借助健全的农网建设和助贷险专营机构的发展，为客户提供了更多的融资选择，目前支农支小融资业务主要覆盖贫困农户、扶贫企业、农业龙头企业、新型农业经营主体和科技型小微企业；助贷险业务以服务中低收入消费群体为代表的弱势群体为主。

二、人保财险普惠金融主要创新举措

（一）创新“保险＋融资”综合金融服务

保险作为专门从事风险管理和经营的金融机构，在从事融资业务过程中具有更多的优势。人保财险充分发挥自身保险主业优势，将保险主业与融资业务进行有效结合，推出了以“政融保”模式为代表的“保险＋融资”综合金融服务。“政融保”模式即政府提供政策支持和增信＋保险机构提供保险保障＋金融机构（含银行和保险）提供融资支持。2016 年，河北阜平开启了该模式先河，得到了时任国务院副总理汪洋同志和时任保监会副主席陈文辉同志的充分肯定。2017 年，在复制推广阜平经验的基础上，公司因地制宜，形成了“河池模式”“内蒙模式”“宁夏闽宁模式”和“苏州科技贷”等多种模式。在此基础上，公司充分发挥保险机构独特优势，开发了农业成本价格保险和农产品质量保证保险，带动客户广泛投保，分散融资面临的自然和市场风险。

（二）创新“专管专营”工作机制

地市级以上，陆续设立普惠金融事业部，专职管理普惠金融相关业务。支农支小融资业务实行“一级评审、两级决策”的管理模式，地市分公司成立业务评审委员会，对项目出具初步评审意见，省级分公司和总公司成立融资决策委员会，对项目进行决策，在地市级以下，依托现有农险和保证保险专业团队，在基层建立了融资经理队伍。助贷险业务在全国建立专营机构，助贷险专营机构数量达到 247 家，已覆盖全国大部分地市，同时利用专营机构与总部直属个人风险审核中心共同为客户进行风险审核，实现“双核”驱动。

（三）创新多样化风险防控体系

人保普惠根据业务需要，同时发挥保险机构经营管理风险的优势，创新建立了多样化风险防控体系。从支农支小融资业务来看，其风控体系可以分为以下四个方面：一是依托政策性担保公司体系，加强与地方政府、农担公司等机构合作，形成多种风险分担结构，减少风险内部留存比例；二是运用保险风控机制，将公司成熟的保险产品嵌入融资业务风控体系，同时充分利用公司健全农网系统，深入县乡村高效获取真实信息，减少信息不对称带来的信用风险；三是充分调动市场化增信手段，通过创新价值链融资模式等方式，打通融合发展路径，形成产业金融风险闭环；四是借助大数据技术，对客户信息进行综合搜集、整理和分析，全面还原客户影像，筛选优质目标客户。

（四）创新抵质押担保模式

人保财险支农支小融资业务以保险资金为依托，着力推进农村产业发展，同时为了解决贫困农户和扶贫农业企业缺少合适抵质押品和季节性资金紧缺问题，人保财险在福建省霞浦县开始试点仓单质押业务。自 2017 年 2 月开展霞浦海产品仓单质押融资业务以来，人保财险已累计发放融资资金 2598 万元，实现了灵活、便捷放款。由于当地海产品市场价格稳定并行情看涨，部分农户已提前还款。

三、人保财险普惠金融工作展望

（一）推动城乡统筹发展，助力乡村振兴战略

一是不断下沉基层网点的工作重心，向贫困地区和县域市场进行延伸，提升服务能力和水平，力争将“人保普惠”打造成为保险服务的品牌和标杆；二是加强与政策性担保机构、银行业金融机构和保险同业的合作，创新融资产品，不断满足经

济新业态、新发展的需要；三是积极支持农村大数据体系建设，将保险、融资与物联网、电子商务等现代科技手段相结合，充分释放保险和融资的正向效应；四是积极支持绿色产业的发展，引导资金向循环农业、无公害农业和有机农业等领域进行流动；五是完善制度建设，改变当前业务模式中不适应城乡统筹发展的弊端，释放业务活力。

（二）全面服务脱贫攻坚，支持贫困地区稳定脱贫

继续加大对贫困地区的金融支持力度，为贫困地区企业和农户提供综合金融服务，加大对脱贫攻坚的支持力度。一是选择贫困程度深、贫困面广的市（县），设立保险扶贫普惠金融支农创新实验区，实行政策倾斜，从人员配置、资金供给、利率定价、业务准入、项目落地和约束激励等方面予以支持，帮助其开展脱贫攻坚工作，圆满完成与全国人民同步进入全面小康社会的既定目标；二是进一步创新工作思路和方法，加速与农业保险的融合创新，协同保险主业为贫困地区和贫困群众提供优质高效、价格低廉的金融服务，加入嵌入农业全产业链，从生产环节向产业链上中下游的加工、储存、流通、贸易直至终端消费等各个环节延伸，为服务贫困地区农业社会化体系建设贡献更大力量；三是运用保险资金开展资产收益扶贫模式，选择条件成熟、基础较好的贫困县，为60岁以上、无劳动能力、不符合商业银行贷款条件的贫困农户提供融资入股合作社享受固定分红；四是加大“保险+融资+电商”的新型“品臻保”模式发展力度，帮助贫困地区销售当地特色优质农产品，帮助贫困群众打通销路，增收脱贫。

（三）积极发展消费金融，满足多元化金融需求

在社会消费品零售总额保持强劲增长势头下，一是发挥人保财险规范化经营优势，挖掘和满足现金流紧缺、资信不完整、抵质押品不足等客户的需求，帮助其获得发展生产和消费的必要资金；二是不断迎合现代互联网消费的势头，实现线上与线下的双轮驱动，满足多元化的消费需求；三是大力向农村县域等薄弱地区进行延伸，增加专营机构数量，降低管理成本，为农村人口提供优质高效、价格合理的增信服务；四是运用大数据、云平台等技术，综合其他融资和保险产品服务，覆盖不同层次人群，为客户提供全方位消费金融服务，实现网络化、数据化、智能化的发

展目标；五是加强风险管理和风险宣传，丰富用户金融消费知识，引导用户理性消费，提高安全意识。

四、人保财险的“阜平模式”

（一）阜平模式的背景和基本情况

党中央、国务院高度重视脱贫攻坚工作，确保到2020年我国现行标准下农村贫困人口实现脱贫，贫困县全部摘帽，解决区域性整体贫困。2012年，习近平总书记到阜平县考察扶贫工作，首次提出“精准扶贫、增强内生动力”的重要思想。河北省金融办制定下发了《关于支持阜平创建金融扶贫示范县的实施意见》。

2015年底，中国人保经有关部门批准成为国内首家直接利用保险资金支持“三农”和小微的保险公司。为进一步支持阜平的脱贫攻坚工作，2016年5月集团到阜平县开展保险扶贫专题调研，肯定人保财险保险职能扶贫的创新模式，要求继续探索保险融资支农扶贫模式，河北阜平作为集团首批支农融资试点单位迅速实现落地，形成了“政融保”合作模式。

（二）阜平模式的具体做法

什么是“政融保”金融扶贫模式？概括起来就是三个方面，“政府提供政策支持和增信+保险资金提供融资+保险产品提供风险保障”。具体做法如下。

1. 政府构建信用体系，提供政策支持和增信

一是建立担保公司、政企风险共担。县政府成立注册资金1.5亿元的惠农担保公司，经过不断注资，目前资金已达2.5亿元。目前已与农行、邮储银行、农联社、保定银行、人保财险公司等金融机构开展合作。相关部门和人保财险也正在推动河北省财政厅出资成立再担保公司，为各级政府的担保公司提供再担保化解风险。

二是建立县乡村三级金融服务网络。通过整合现有行政资源，用较低的成本建成了县乡村三级金融服务网络。县金融工作领导小组。成立由县长任组长，常务副县长、主管扶贫工作副县长任副组长的金融工作领导小组。主要职责是负责政策研究，协调推动扶贫贷款担保、农业保险和诚信体系建设等工作。县金融服务中心。

组建了县金融服务中心，每年工作经费 30 万元，与县金融办、县惠农担保公司“三位一体”合署办公，一套人马，三个牌子。工作职责是：在县金融工作小组领导下，负责全县金融扶贫管理服务工作，指导乡镇金融工作部开展贷款和保险各项业务。乡镇金融工作部。乡镇成立由乡镇党委书记任组长，乡镇长任副组长的金融工作领导小组，依托乡财政所成立金融工作部。工作职责是：进行政策宣传培训；审核项目相关信息；开展金融扶贫各项业务；建立诚信档案。村金融工作室。村成立由村支书或村主任负责的金融工作室。工作职责是：搞好政策宣传；核实项目相关信息；监督资金使用过程；进行诚信信息采集；协助农户办理相关业务。

三是建立三户以上联保制度。贷款户自行寻找三户以上为其联保，出现逾期则由联保人共同承担经济责任，违约则共同进入政府搭建的农村信用体系黑名单。

四是建立风险补偿及保证金机制。实行完全代偿。阜平县政府指定担保机构（惠农担保公司）为支农融资业务提供担保。如支农融资业务发生本息逾期，由担保机构提供全额代偿。保证金制度。阜平县政府支持其担保机构在双方商定的合作银行开设保证金共管账户，按照一定的比例存入保证金后，由金融机构发放贷款，惠农担保公司对贷款损失全额代偿。一旦逾期发生代偿后，担保公司应自动补足担保金账户。

五是逾期处理分级催收管理机制。第一级：对于发生逾期的农户，先由政府及乡村干部开展信用教育，进行催收；第二级：由担保公司和保险公司共同进行催收；第三级：运用司法手段进行催收。

2. 保险公司支农融资提供资金

为了探索阜平“政融保”模式，中国人保在首只支农融资产品中，安排一亿元额度，专项用于阜平“政融保”合作项目，组建省市县三级支农融资专业团队，支持阜平县政府和担保机构开展相关工作。

融资资金均投向扩大种养规模、购买现代化设备和改良品种等支农用途，以加快提升农业生产经营的集约化和规模化水平，为扶贫产业创造实实在在的效益。具体通过“企业 + 农户”“企业 + 合作社 + 农户”等形式，为农民带来实实在在的收入和财富。

（三）“政融保”金融扶贫项目的四个创新做法

一是模式上，创新了“政府 + 融资 + 保险”的协同模式。

二是产品上，在成本价格损失保险创新产品基础上，推出人保支农融资产品，契合了农户保险融资一揽子金融需求。

三是服务上，政府县乡村“金融服务中心”服务体系和人保覆盖全县的农村保险网点紧密结合，使农户获得更加便捷的保险融资服务。

四是工作机制上，构建了政府、人保、客户全流程互动连接的工作机制，既保障了需求端的互动，又保障了供给侧的协同。

五、人保财险“河池模式”

（一）基本背景

截至2017年底，河池市总人口425万，其中少数民族人口占86.1%，经济发展滞后，全辖11个县（区）有7个是国家扶贫开发重点县、2个是广西壮族自治区扶贫开发重点县、1个片区天窗县，是全区贫困面最广、贫困程度最深的设区市，是广西乃至全国脱贫攻坚主战场之一，2015底尚有贫困人口69.1万，占全区总贫困人口452万的15.28%，2017年底尚有贫困人口44.76万，脱贫工作艰巨繁重。

人保财险认真贯彻落实党中央、国务院关于精准扶贫精准脱贫的各项决策部署，紧盯脱贫摘帽目标，利用保险业助推扶贫工作的政策优势，创新机制，精准发力，担当国企责任，助推脱贫攻坚。中国人保发挥保险保障、保险资金等优势，在河池市开展支农融资业务试点，不断开创金融扶贫工作新局面。

（二）业务模式特点

“河池模式”是以政府产业政策为指引，结合市场机制，以金融精准滴灌为动力。采用“直投项目，平台担保，穿透管理”的运营方式来开展融资合作。利用“龙头企业+农户+保险”的模式，将资金用于产业发展，以带动贫困户脱贫。形成了“政府+险资+企业+农户+保险”五位一体的保险支农融资扶贫模式。该模式旨在解决三农“融资难、融资贵”问题。

“河池模式”的首笔融资投放，落在河池市都安县“贷牛还牛”项目上。2017年6月，河池都安县政府出台养牛政策，推荐当地有实力的种牛养殖龙头企业“嘉豪实业有限公司”申请融资，人保财险立即对龙头企业开展了独立尽调工作，并最终将 3000 万元资金投放给了该企业，用于扩大种牛养殖规模，同时政府推荐担保公司为融资资金进行全额担保。随后，都安县政府利用专项基金为贫困户垫支，向龙头企业购买小牛犊并组织贫困户领养，同时人保财险为牛犊提供保险，约定养成后龙头企业须按市场价保底进行回购。贫困户每饲养一头牛一年可获纯收入约 5000 ~ 8000 元，回购后贫苦户可继续领养，循环往复，最终在政府、龙头企业的帮助下，依靠自身劳动实现增收、脱贫和致富。

（三）“河池模式”扶贫成效

人保财险与河池市政府合作，通过建立“政府统一协调、提供政策支持，保险公司配套融资、提供保险兜底”的工作机制；采用“直投项目，平台担保，穿透管理”的运营方式来开展融资合作，走出了一条创新“保险 + 融资”扶贫模式的新路子，不断发挥保险业对脱贫攻坚的推动作用。

1. 设立专项基金启动政企扶贫攻坚合作

2017 年 5 月，人保财险与都安县举办扶贫产业“贷牛还牛”项目牛犊首发仪式，人保财险出资设立“中国人保财险都安县保险精准扶贫基金”，用于全县开展“贷牛还牛”产业扶贫项目，帮助贫困户在“政府 + 险资 + 企业 + 农户 + 保险”五位一体的扶贫模式下实现脱贫，按照“政府扶持、企业牵头、农户代养、贷牛还牛、还牛再贷、滚动发展”的流程推进，人保财险提供所有肉牛的保险保障服务。

2. 使用险资发展种养产业助推脱贫攻坚

根据双方合作协议内容，双方在涉农保险、扶贫保险、普惠金融等方面开展战略合作，以河池市政府确定的“十大百万”扶贫产业项目计划作为保险融资的重点方向，人保财险公司提供 3 亿元融资额度，以政府选定的龙头企业作为农业扶贫产业项目融资资金的主要载体，牵头组织生产和销售。对选定扶持的农业产业，由公司提供农业保险等风险保障，政府对保费进行补贴，确保贫困户依靠自身劳动实现脱贫致富。2017 年，人保财险在河池支农融资已投放项目 6 个，金额 4700 万元，其中 3000 万元投放到了广西都安嘉豪实业有限公司，资金用于种牛良种繁育和购买牛犊等项目，购买了良种种母牛 1500 头，向贫困户发放牛犊 2500 头，带动了 2500 户贫困户。

3. 使用险资发展扶贫种植业

河池市积极探索石漠化综合治理与产业发展相结合的新路子，利用支农融资金大力发展特色种植业，不断扩展到更多的特色扶贫种植业，2017 年已投放高产油茶项目 5 个，共 1700 万元，积极助推全市核桃、油茶、毛葡萄等特色产业发展，致力通过发展种植业带动广大贫困户脱贫。

河池模式的“政府 + 险资 + 企业 + 农户 + 保险”组合改变了以往分散扶贫方式，在金融扶贫理念和扶贫方式进行信探索，将大额资金通过政府的平台化、循环式运作，提高扶贫精准度，加大资金投放的集中度，提升扶贫攻坚工作力度和效率，扩大扶贫范围，防范返贫风险，实现了“精准有力、放大提升和风险保障”扶贫效果。

在 2017 年中央召开的全国“深度贫困地区脱贫攻坚座谈会”上，都安县委书记陈继勇就该项目向习总书记做了专题汇报，受到了各界媒体的关注和报道，该扶贫模式也入选了国务院扶贫办金融扶贫案例。

第四部分

供销社、金融科技公司与地方政府推动的农村普惠金融服务创新

第 14 章

供销社系统的农村普惠金融服务创新

一、供销社开展金融服务现状

供销社作为我国最大的合作经济组织，现有国家、省、市、县、乡的五级管理体制，其服务范围覆盖国内 80% 以上的乡镇和行政村，形成了比较完整的服务网络。供销社利用其自身、网络通达、组织全面、经营管理人才充足、有完整的流通链条、在合作和专业化分工方面有丰富经验等优势，未来完全有可能成为发展农村金融的重要力量之一。

供销合作社发展农村金融业务得到国家政策的大力支持。在 2013 年 10 月发布的《国务院研究深化供销合作社改革发展有关问题的会议纪要》中，要求供销合作社开展改革的试点工作，积极支持金融机构依托供销合作社基层网点延伸服务，满足农民对基础金融服务的需求。2014 年中共中央、国务院印发《关于全面深化农村改革加快推进农业现代化的若干意见》（中发〔2014〕1 号），提出发展新型农业合作金融组织的要求，2014 年中华全国供销合作总社《关于开展供销合作社综合改革试点申报工作的通知》（供销合字〔2014〕1 号）也提出，把“以合作金融业务为重点，建立符合农村实际的新型合作金融服务体系”作为供销合作社综合改革试点的一项重要内容。

2015 年 4 月 2 日，《中共中央国务院关于深化供销合作社综合改革的决定》，对供销合作社参与农村金融发展提出了更为明确的要求：“有条件的供销合作社要按照社员制、封闭性原则，在不对外吸储放贷、不支付固定回报的前提下，发展农村资金互助合作。有条件的供销合作社可依法设立农村互助合作保险组织，开展互助保险业务。允许符合条件的供销合作社企业依照法定程序开展发起设立中小型银行试点，增强为农服务能力”。这些积极的政策，促进了供销合作社农村金融服务活动的开展。

（一）现状

十几年来，供销合作社系统凭借网络体系优势，在参与农村金融服务方面进行了大量有益的探索，为供销社系统进一步深度介入农村金融领域奠定了基础。

在商业金融方面，截至 2017 年末，供销社系统参与组建银行 31 家，发起设立小额贷款公司 47 家，担保公司 45 家，典当公司 29 家，基金公司 6 家，租赁公司 10 家。

在合作金融方面，截至 2017 年末，供销社系统在 19 个省份开展了资金互助合作，共开展股金互助服务组织 790 家，其中获得原银监会批准的 6 家，地方政府批准的 585 家。业务覆盖 175 个县，510 个乡镇，105 个村。贷款余额 949861 万元，其中信用贷款 802467 万元，抵押贷款 58344 万元，担保贷款 89050 万元。

（二）路径选择

具体来说，供销合作社参与农村金融发展大致有以下几种路径可选择。

（1）中介代理型。最方便、成本最低的路径。主要方式为银社合作，即与农信社、农村合作银行、农村商业银行乃至与其他股份制商业银行和国有商业银行合作，作为这些机构的代理机构，对接农村中的各类资金需求者。优点在于实现供销合作社与银行的强强联合，优势互补，形成共赢的委托代理关系。作为中介，供销合作社体系不必承担过多的金融风险，组织成本、资金成本、人力成本较低，是目前最便捷的路径选择。

（2）合作参与型。参股各类已经存在的农村金融组织，如村镇银行、小额贷款机构、担保公司、融资租赁公司等。在参股的各金融机构之间建立松散型的合作关系，机构间各自独立，内部以股权为纽带，以规范化的内部治理保障金融机构的运营。优点是成本低，风险相对较小。

（3）领衔发起型。供销合作社作为发起方和控股方领衔发起各类农村金融组织，如农村资金互助组织、村镇银行等。由于是发起方和控股方，因此可以建立比较紧密的网络关系，发展到一定数量和规模后，可以建立全国性的自律体系。

（4）统筹整合型。基于合作社内部的合作金融组织，在条件具备的情况下建立全国性的合作社银行，并建立完善的层级关系和监督体系。这种大一统的模式，必须建立在一个“全国－省－市县－基层”的四级合作社银行监督和自律体系之上。这个路径选择的成本最高，对供销合作社的顶层设计能力、组织能力、人才储备、资金动员能力、与基层社的紧密关联度等都提出了极高的要求。

（三）供销合作社系统发展农村合作金融情况

就目前供销合作社系统发展农村合作金融的情况具体来说：从审批准入上看，1/3 左右的供销合作社农村资金互助合作组织获得政府主管部门批准，审批机构主要为地方政府金融管理办公室，个别地区专门成立金融监管局分管该类组织；从注册类型上看，大多数农村资金互助合作组织为农民合作社内设部门，无法单独注册，少数地区的农村资金互助合作组织作为民非企业类型，在民政部门单独注册；从供销合作社定位及职能上看，各地供销合作社主要职责是配合主管部门进行农村合作金融的业务监管，进行行业指导、自律、规范和后台监督；从依托主体来看，各地供销合作社主要通过基层供销合作社、领办的农民合作社、农村合作经济组织联合会来开展农村资金互助业务；从规模和经营范围看，单个农村资金互助合作组织的股金规模集中在 500 万元以内，经营范围集中在乡镇、村一级；从经营模式上，供销合作社开展新型农村合作金融模式创新，主要有以下几类。

1. 在合作社内部进行的资金互助

在目前的农村合作金融组织类别中，比较多的是依托农民专业合作社而建立的农村资金互助组织。依托专业合作社的供销合作社可以借助产业链优势，以产业为纽带开展农村合作金融服务。

供销合作社的主要业务涉及农业生产资料、农村日用消费品、农副产品和再生资源等领域，可以广泛联结农民、专业合作社、农业和农资龙头企业以及各类农村小微企业，为开展农村合作金融提供了方便的条件。产业链金融所具备的抵押、担保优势以及金融服务效果的倍增优势，极大提升金融服务和信贷质量。

例如，陕西省白水县基于苹果种植产业链开展合作金融业务。该县采用“农业龙头企业＋农民合作社”模式，以企业为龙头、以基地为载体，把众多农民联结起来，构成功能齐全的苹果种植全产业链服务。最终逐步形成“生产、供销、信用”的“三位一体”农业经营模式。

此外，供销合作社在其领办的农民合作社内部，还开展了“花生银行”“粮食银行”等产业链金融服务，典型代表是山东省供销合作社。供销合作社向社员赊销农业生产资料，即合作社以供应农资的形式向社员提供借款，农资价格比市场定价有一定优惠，即“农资抵贷”；待到农产品收获季节，由供销合作社组织农产品收购、加工。社员还可选择将农产品作为“实物存款”存放于指定仓储中待价而沽，随时出售。仓储中的农产品既可作为实物货币让社员享受活期利息，也可作为抵押物使社员获得合作社借款，即为“库贷挂钩”。另外，社员可凭存折到社区超市消费，并享受一定优惠。

2. “三位一体”之合作金融

“三位一体”农村新型合作体系是将现有的农民专业合作社、供销合作社、信用合作社结为一体，由信用合作社解决农业生产中遇到的资金瓶颈，由供销合作社解决农业生产中面临的流通问题，由农民专业合作社解决农业生产中的产业发展问题，通过构建一个分工明确、优势互补、相互配合的“三位一体”联合服务平台，力争实现农民增收、农业增效，破解“三农”困局。

该模式典型代表是浙江省。2002 年前后，浙江省供销合作社践行习近平同志提出的“三位一体”（农民专业合作、供销合作、信用合作）构想，农合联资金互助会在温州慈溪、瑞安等县（市、区）试点。2015 年浙江省委、省政府印发了《关于深化供销合作社和农业生产经营管理体制改革构建“三位一体”农民合作经济组织体系的若干意见》，浙江省供销合作社着手构建“三位一体”农民合作经济组织体系试点，目前浙江省供销合作社已建立起从乡镇到全省的农合联组织与服务体系

具体做法是：浙江省供销合作社牵头组建区、镇两级农合联，逐步承接相关部门涉农服务职能的转移。区农合联依托供销合作社组建，供销合作社牌子、机构和职能不变，实行“两块牌子、一套班子”运作，下设农业生产服务中心。乡镇（街道）农合联实行“议行合一”的治理结构，理事长由乡镇农业分管领导兼任，基层供销合作社主任（或副主任）兼任常务副理事长，负责乡镇农合联日常工作。

农村资金互助会实行核准备案制，由供销合作社牵头组建、审核、推荐，市财政给予每家资金互助会一定的风险补偿。以公益性服务定位，由民政部门登记为民办非企业法人，采用会员集资再服务会员的方式运作。实施封闭运行，即“组织封闭、对象封闭、上限封闭”。县级监管部门定期或不定期开展现场和非现场监管。

3. 依托基层组织搭建金融服务平台

供销合作社近年来通过深化综合改革，恢复基层组织建设，扩大经营网点覆盖面和服务内容，并以此为基础搭建为农服务综合平台。截至 2017 年底，全系统有基层社 30281 个，基层社经营网点 34. 1 万个，其中，日用消费品网点 16. 9 万个，农业生产资料网点 11. 8 万个，农副产品收购网点 2. 6 万个，再生资源回收网点 1. 8 万个。

从经营方式来看，供销合作社农村社区综合服务平台主要分为四类。第一类是平台引入型。基层供销合作社依托其覆盖农村的经营网络，搭建平台引入社会金融机构。社会机构进驻自营，其中部分从事小贷、典当、拍卖业务的社有企业在该平台设立分支机构和办事窗口，基层供销合作社仅起到物业管理的作用。第二类是代理代办型。基层供销合作社与相关机构达成合作，为社区居民提供小额存取、保险、水电费代缴、社保发放、快递收发、网络代购等代理代办业务。第三类是内置自营型。平台内置合作金融部门，一般是当地基层供销合作社、农民合作社、农民合作社联合社“几个牌子，一套人马”进行办公并搭建平台，为社员提供基于农业生产经营基础上的购销、技术、培训、资金互助、合作保险等合作金融服务，类似于日本、韩国的综合农协、农会模式。第四类是金融超市型。在综合平台基础上，将引入、代理、内置自营三种模式综合到一个子平台上，将各类金融服务打包供社区居民选择。较为典型的例子是河北、重庆供销合作社的“金融超市”。

社区综合服务平台模式能够使供销合作社充分整合其自身基层组织、经营网络以及外部社会资源，通过综合服务有效提升供销合作社综合服务能力和社会影响力。从社会治理的角度看，供销合作社农村合作金融服务有助于完善农村基层社会治理。这种金融服务并没有脱离农业生产、生活，而是农村社区综合服务的一部分。供销合作社动员农民社员开展资金互助、发展生产，并为农村社区居民提供公益教育培训、农业技术指导、生活消费、文体娱乐、幼教养老服务，培育了农民社员自我管理、社区自治的意识，对农村社区的治理和社会安定也起到重要作用。

4. 整合惠农、扶贫资金开展合作金融

精准扶贫与合作社具有天然的耦合性。首先，合作社在制度设计上就具有帮扶弱者的特性。其次，合作社是农业生产经营的微型组织，可以将小规模、分散、处于弱势的农民组织起来，进行技术帮扶、产业带动和市场对接，提高其单产、市场意识和议价能力。再次，合作社的内置金融业务能够使农户更便捷地获得生产性融资，合作社的信用评级机制鼓励农户全力生产、按时还款，推动农户自觉扩大再生产，从而永久性摆脱贫困，实现致富。

近年来，供销合作社系统认真贯彻党中央决策部署，深入推进精准扶贫、精准脱贫，发展“精准扶贫＋合作金融”新机制。一些地方政府将扶贫性质的财政资金交由供销合作社管护运营，供销合作社发挥系统优势，精准定位、产业帮扶贫困户。根据扶贫资金的运行方式和供销合作社管护方式的不同，可分为以下三种类型。

第一种是扶贫资金股权代持模式，以陕西供销合作社为代表。陕西省供销合作社探索出“政府（扶贫办）＋供销合作社（供销集团）＋金融（保险）＋企业（合作社）＋农户（贫困户）”的现代农业产业精准脱贫模式。即陕西省供销合作社将财政扶贫资金切块到县（区），由县（区）政府委托陕西供销集团代贫困户持股，将扶贫资金投资到县政府推荐的龙头企业或专业合作社，龙头企业或专业合作社再与贫困户签订生产合作协议，同时陕西供销集团与银行签订金融合作协议。扶贫资金通过陕西供销集团以资本的形式投入到龙头企业（合作社）后，由陕西供销集团负责保值增值。贫困户通过流转土地、保底收购、到企业或合作社务工等多种方式，从种植、加工、销售、服务等全产业链中获得增值收益。陕西供销集团还设立了产业精准扶贫风险金专户，主要用于风险备用金、企业购买资产保险等。自 2015 年 10 月启动运行来，已带动 16 类农业产业发展壮大，拉动 7.8 万贫困人口走上脱贫之路。

第二种是财政资金配套小贷贴息模式，以重庆市供销合作社为代表。重庆市财政将专项资金拨付给市供销合作社，有企业重庆市农信合作投资有限公司设立专户对专项资金进行管理，市财政、市供销合作社共同监督。重庆市、区县供销合作社按照1∶5的比例放大财政资金，贷款对象锁定为农民合作社。每笔贷款由区县供销合作社领办的专业合作社申报，由区县供销合作社初审、推荐并提供连带责任担保，农信投资公司进行最终审批。区县供销合作社优先为参与试点的农民合作社申请供

销产业化贴息项目，以降低合作社融资成本。

第三种是扶贫资金担保平台模式，以河北省承德市供销合作社为典型。承德市供销合作社结合政府扶贫和本系统综合改革工作，探索运作“政银企户保”金融扶农模式。具体做法是：设立风险补偿基金，市财政注资 1.5 亿元，供销合作社担任管理方，农业银行按1∶10的比例给予贷款额度放大。供销合作社和农行各委派 1 名工作人员担任贷款调查员，经供销合作社、农行实地调查和专业评估后，可向基金平台申请担保，供销合作社收取一定的担保费，农行按优惠利率放贷。该模式还引入保证保险，因经济条件或其他原因确实无法弥补的贷款损失，保险公司、供销合作社按 80% 和 20% 的比例分别承担赔偿责任。此外，为降低资金风险，加强业务联系，供销合作社还与部分种植户约定，贷款资金不直接拨付给农民户，而是用于抵扣其向供销合作社购买生产资料的费用。

二、地方供销社开展普惠金融服务创新案例

金融是现代经济的核心，同样合作金融是现代合作经济的核心。党中央国务院赋予供销合作社发展合作金融任务，是对过去供销合作社“为农、务农、姓农”的肯定，也是以习近平同志为核心的党中央“四个全面”战略思想指导下，系统推进全面深化农村改革的关键举措。

自 2015 年综合改革试点启动以来，以四个综合改革试点省为先导，供销合作社在创新农村金融工作机制的同时，获得了长足的发展。河北省供销合作社投资 12 亿元，建设了涵盖投资管理、农村产权交易、小额贷款、互联网金融、融资担保、合作保险等 11 种业态的 8 家金融企业，在全省范围内构建了“上下贯通、联结互动、一体化运营”的农村合作金融体系，为农民提供全链条、一站式金融服务。山东省供销合作社以合作金融为主，规范发展了 304 家农民合作社内部信用合作组织，截至 2017 年末互助金额达到 13 亿元，较好解决了农民社员生产经营的“小钱”需求。浙江省以“三位一体”为实施载体和运营主体，聚合社会上各类服务资源，以资金互助会的形式，为涉农资金需要提供支持。重庆市供销合作社系统在综合改革中构建了集融资、信贷、担保、财政贴息等为一体的“闭环式”农村金融服务体系，并且在农村基层围绕“一社一中心”建设，不断加大投融资力度，提升为农服

务综合能力，2016 年市社系统涉农金融服务总额已达 42 亿元，供销合作发展基金也已经成型。总的来说，各地供销合作社借综合改革的有利时机，抢抓机遇、积极作为，把系统农村金融工作做得有声有色，为转型发展打下了很好的基础。

（一）重庆市供销社——构建立体农村合作金融服务平台

重庆市供销合作社从 2012 年开始，积极探索农村合作金融服务。2015 年，重庆市社以深化综合改革为统领，以构建农村合作金融服务体系为目标，不断提升为农服务能力，形成了小额贷款、融资担保、基金及基金管理、农业保险、供应链金融等业态及相应的农村合作金融服务平台，成为重庆市为“三农”提供综合金融服务的重要力量。

截至 2017 年末，重庆市供销社拥有 38 个区县供销社、812 个基层社，乡镇覆盖率 100%；引领创办农民合作社 25595 个，占全市总量的 79%；建有各类经营服务网点超过 37000 个（其中与供销社有股权关系的 6900 个），覆盖全市 80% 以上的乡镇和 70% 以上的行政村。

1. 推动小额贷款业务转型发展

在宏观经济下行压力增大，传统贷款业务持续萎缩的情况下，小贷公司以传统贷款业务为基础，向高安全性、高流动性的闭环金融业态转型，推动业务融合发展。2016 年小贷公司实现收入 3814 万元，利润总额 1058 万元。公司通过投资现代农业企业股权投资基金，参与了四川可士可果业股份有限公司新三板挂牌前的股权投资。同时，公司拟与京东金融在农村金融领域开展合作，以产业链、产品链为依托，创新方式提供多产品、多渠道、多层次的农村金融综合服务，推动农村金融发展。

2. 积极探索融资担保服务

重庆市供销合作社先期争取市财政 8000 万元资本金支持，通过收购方式组建了重庆市农信融资担保有限公司，初始注册资本金为 1.6 亿元。为做大农信担保公司资本规模，成为市级重点农业信贷担保机构，市财政支持 1.2 亿元，重庆市供销合作社拟投入 2 亿元，将农信担保公司资本金增至 4 亿元。农信担保公司立足供销合作社行业体系，充分发挥供销合作社的组织优势和网络优势，依托区县供销合作社和直属企业集团，整合系统资源，创新业务模式，确保服务聚焦供销产业，深入农村基层。3 年内，农信担保公司在保余额预计达到 15 亿元，业务覆盖全市 20 个区县，支持农业经营主体不低于 300 家，并在各区县供销合作社农民合作社服务中心设立营业部，在有条件的区域设立子分公司，成为重庆市农业信贷担保体系的重要力量。

3. 设立重庆供销合作发展基金

2015 年，重庆市供销合作社争取全国供销合作总社支持 1 亿元、市财政出资 5000 万元、涪陵区财政出资 1 亿元、市供销合作社出资约 1.5 亿元、23 家区县供销合作社共同出资约 1 亿元，发起设立 5 亿元规模的重庆供销合作发展基金。供销基金按照“50% 资金投资于供销合作社系统农业产业、50% 资金投资于资本市场”和“50% 资金投资于重庆地区、50% 资金投资于重庆以外地区”的两大原则，主要投资现代农业、供销体系项目，实现农业与资本市场连接，3 年内投资规模达到 15 亿元。供销基金委托专门的基金管理人进行管理，目前已储备定向增发项目、股权投资项目、并购基金项目共计 50 余个。供销基金还将与供销体系其他金融板块进行深度合作，实现融合发展，努力使基金年化投资回报不低于 8%。

4. 开展农民合作社金融创新试点

重庆市供销合作社于 2014 年底争取财政专项资金开展了农民合作社金融创新试点工作，通过向农民合作社发放贷款并通过贴息降低其融资成本，扶持“三农”发展。试点工作由重庆市农信合作投资有限公司统筹管理，小贷公司和区县供销合作社共同实施，市财政、农信投资公司、区县供销合作社按照1∶0.5∶1的比例出资，贷款对象锁定为农民合作社，贷款期限不超过 1 年，贷款年化利率 10%，通过争取市级财政按照平均年化基准利率 4.35% 给予贴息，农民合作社年化贷款成本为 5.65%。截至 2017 年末，业务覆盖 10 个区县、103 家农民专业合作社，累计发放贷款 164 笔、总额 1.971 亿元，在贷余额 1.0996 亿元。

在市级打造以重庆市农信投资有限公司为主的金融服务平台基础上，重庆市社在区县供销合作社建设农民合作社服务中心。农民合作社服务中心以财务代账为基础，辅以政务、业务、商务、事务、党务等农业社会化服务，并提供一站式农村金融服务。现已在全市 38 个区县建成 36 家农民合作社服务中心，其中有 5 家服务中心具备金融服务功能，计划 2018 年新增 10 家具备金融服务功能的服务中心。市级金融企业通过设立子（分）公司、营业部、办事处或联络点等形式进驻服务中心，前期涵盖小额贷款、融资担保、拍卖、典当、资金互助、评估、造价等金融和类金融业务。市级财政以政府购买服务的方式，每年预算 1000 万元支持农民合作社服务中心建设。

该项目自开展以来取得了一定成效和经验，形成了政府主导、财政支持、供销推动、公司实施、合作社受益、保险风险分散的“六方联动”发展模式。经过三年多的农村金融探索创新，农信投资公司开展农村合作金融服务的“六方联动”发展模式，有效提升了服务质量，丰富了服务内容，推动了供销社回归本源、服务农民，进一步提升和巩固了合作经济组织的凝聚力、创造力。2017 年 11 月，农信公筹建的重庆供销小额贷款有限公司获金融监管部门批准，金融服务“三农”的信贷渠道进一步畅通，更为推动“三社”融合促“三农”发展注入了新动力。

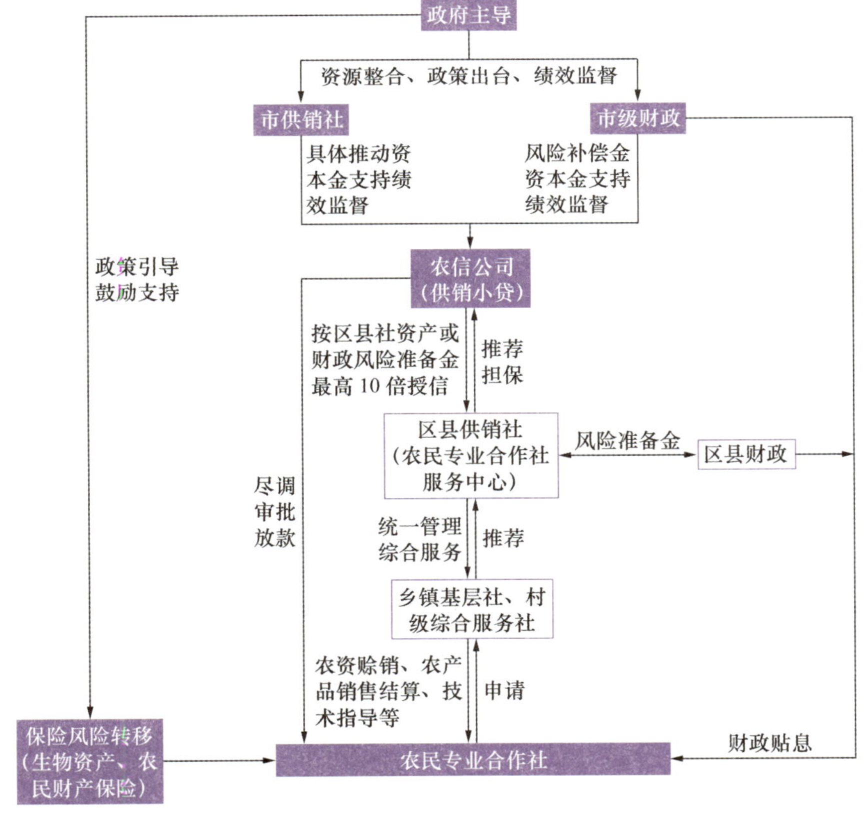

图 14.1 六方联动发展模型图

（二）中合联 + 兴化市供销社——建立“县 + 乡镇”联合社模式

兴化市隶属于江苏省泰州市，兴化市供销合作社新型农村合作金融改革是 2016

年中国人民银行等14个部委联合下发的《江苏省泰州市建设金融支持产业转型升级改革创新试验区总体方案》的试验内容之一。

供销合作社系统企业——中国供销集团旗下中合联投资有限公司（后简称中合联），通过组建农村合作金融事业部，结合国内外先进理论及自身多年农村金融实践经验，模仿日韩农协早期孵化培育基层农业协同组合内部信用服务的方式，以培育内生性生产、供销、信用“三位一体”综合合作的新型供销合作社基层服务网络为核心思路，以IT软件全国并网服务和基层单位人员业务技能培训为支撑，与江苏省兴化市供销合作社就合作社内部信用合作积极开展工作，共同探索供销合作社新型农村合作金融的有效路径。

“兴化模式”是“供销社主导、中合联服务、地方政府支持下，以乡镇农合联社为主体搭建的‘三位一体’平台，由合作社、家庭农场、农业社会化服务组织和种养大户、经纪人、一般小农等共同参与的合作共生模式”。个别合作联社还有农业龙头企业的参与。其中，以乡镇农合联社为基础，供销社牵头、中合联公司服务和政府支持的组织体系特征，是“兴化模式”的核心和区别于其他模式的根本。

自2015年11月至2017年10月末，兴化市供销社合作金融试点办公室从全县范围内共遴选了7家符合条件的乡镇农合联社开展信用合作业务试点，基本形成了镇域范围内的“生产、流通、信用‘三位一体’”合作框架。具体业务开展情况如表14－1所示，其中6家已正式开展业务，1家于2017年12月正式挂牌。从6家已正式运行的农合联社信用合作部的经营情况来看，信用合作业务平稳有序开展，逐步发挥出互助合作的效果。

1. 政策依据

《中共中央、国务院关于深化供销合作社综合改革的决定》（中发〔2015〕11号）、江苏省下发的《关于全省供销合作社综合改革试点的工作意见》和《关于深化供销合作社综合改革的意见》（苏发〔2015〕31号）下发后，兴化市也相继于2014年和2015年下发文件《关于印发全市供销合作社综合改革工作实施意见的通知》（兴委办发〔2014〕159号）和《关于明确兴化市供销合作社总社合作金融试点办公室职责的通知》（兴共组〔2015〕39号），明确了“三位一体”“兴化模式”的基本框架，尤其是信用合作的基本路径。

表 14－1　江苏兴化农合联社信用合作基本情况统计表

信用部名称	成立时间	社员数量（人）	股金规模（万元）	互助金规模（万元）	互助金投放余额（万元）	累计互助金投放规模（万元）	累计互助金投放笔数（笔）	逾期率（%）
安丰信用服务部	2016. 3	589	320. 76	1408. 7	1145. 00	2106. 00	207	1. 79
戴南信用服务部	2015. 11	37	300. 85	136. 26	435. 00	1238. 00	42	0
中堡信用服务部	2016. 3	186	151. 89	245. 07	327. 00	693. 00	103	1. 53
临城信用服务部	2016. 4	172	155. 53	234. 66	181. 17	557. 00	76	5. 89
昭阳信用服务部	2016. 6	370	117. 38	1203. 27	984. 34	2175. 19	153	1. 01
合陈信用服务部	2017. 3	499	759. 35	2767. 28	2745. 00	4032. 00	127	0
陶庄信用服务部	2017. 12	—	—	—	—	—	—	—

注：上述数据统计截至 2017 年 12 月末。

中合联投资有限公司按照中央文件精神，以及供销合作总社、中国供销集团相关领导关于新型农村合作金融工作系列指示精神，积极探索因地制宜发展生产、供销、信用“三位一体”综合合作，建立健全风险防范机制。

2. 工作思路

兴化市人民政府出台的《关于全市供销合作社综合改革工作实施意见》，为双方在农村合作金融方面确定了工作思路。

在乡镇联合社经营层面，兴化市供销合作社与中合联公司签订咨询服务协议，在中合联指导下，以供销合作社乡镇基层社为核心，在乡镇成立农民专业合作社联合社，通过镇政府协调，在自愿的前提下，吸收全镇所有农民合作社、种养殖大户等新型农业主体加入成为社员，并在乡镇农民合作社联合社内部设立信用合作服务部，在全镇范围内开展合作金融服务。

在县级层面，为有效帮助镇农合联社管控金融风险，兴化市供销合作社组建市社合作金融试点工作领导小组，下设“合作金融管理办公室”，抽调兴化市供销合作社下属百发农村小额贷款公司和银桥担保公司业务骨干参加工作，经过中合联公司按合作金融理念进行针对性培训后，开展对镇农合联社监督管理工作，并部署乡镇农合联社与百发农村小额贷款公司、银桥担保公司建立了联合合作关系。

下一步，在兴化市政府的支持下，中合联投资有限公司将联合兴化市供销合作社，组织乡镇农民合作社联合社开展信用合作，赋予市农合联经营服务职能，构建市社负责行业指导，市农合联社进行具体经营服务的双线运行新格局。

3. 基本框架

基于“三位一体”的信用合作兴化模式，兴化市供销社以乡镇农合联社为载体，一方面充分联合和吸纳一般小农、种养大户、家庭农场、农民经纪人、农民专业合作社及农村中小企业等农业经营主体，另一方面引入外部有效技术支撑、监管和政府支持，构建了供销系统主导、多方参与的信用合作框架。其发起与参与和支持要素如图 14. 2 所示。

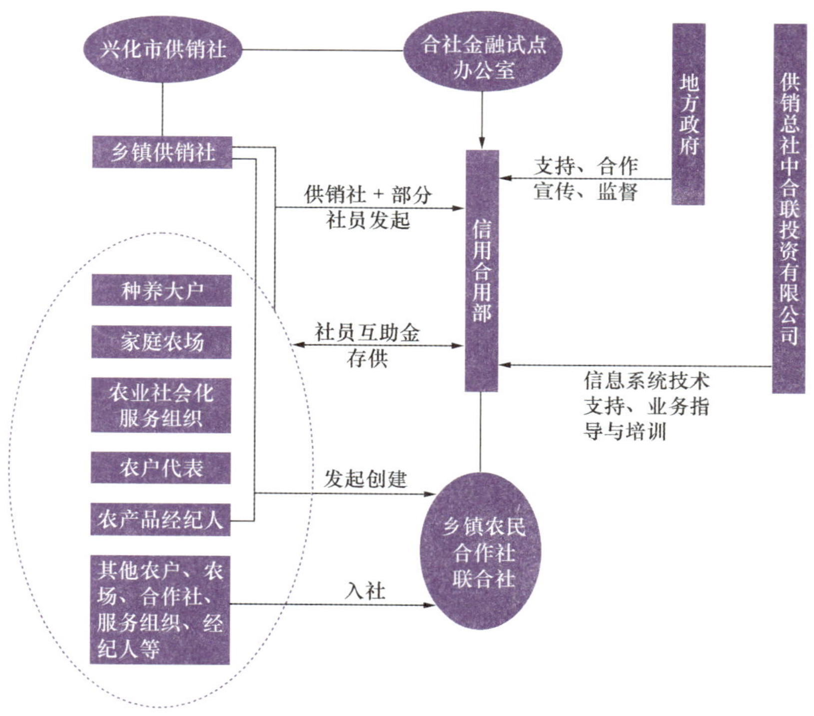

图 14. 2　江苏兴化农合联社信用合作的发起与参与和支持要素

（1）在乡镇成立农民专业合作社联合社，整合镇域产业链及生产资源。

在供销合作社综合改革工作推动下，2015 年开始，由兴化市供销合作（社）牵头，以乡镇基层社为依托，联合乡镇范围内的专业合作组织、家庭农场、种养大户、农业社会化服务组织和农民代表，兴化市陆续成立了 20 家乡镇农民合作社联合社。乡镇农合联社充分整合了镇域农业生产各产业环节的生产资源，提高了生产资源集中度，同时吸纳了镇域范围内相近产业的一般小农、家庭农场和农民经纪人，整合了农业生产服务需求，有效提高了生产资源使用效率，疏通了农业产业链条。具体而言，农合联社的成立肩负四项职能。一是组织区域范围内有关专业合作组织开展规模化现代农业生产服务；二是承提供区域内农资保供、农产品营销、日用消费品供应、再生资源回收等服务；三是在政策许可的范围内组织区域内资金互助、农信担保、农村保险等服务；四是培育引领区域内农民专业合作组织规范化发展，实现同业共创品牌、共享资源、共办加工实体、共同开拓市场。农合联社为生产、流通、信用“三位一体”综合服务的开展提供了有效载体。

（2）以农合联社为基础设立信用合作服务部，供销社系统联合牵头，联合种养大户、家庭农场、经纪人和合作社等发起，其他社员自愿加入。

在农合联社基础上，由供销合作社基层社理事会主任牵头，联合村支两委干部、农民合作社理事长等本镇农村精英共同成为发起人，组建农合联社信用合作服务部。农合联社其他社员自愿缴纳资格股，参与信用合作并享受信用服务，非农合联社员不得享受信用服务。信用合作部门执行农合联社社员代表大会决策、接受理事会管理、监事会监督，成立专门团队进行经营管理并独立核算。

（3）兴化市供销社成立合作金融试点办公室全面监督指导和协调。

2015 年 9 月，兴化市供销总社成立了合作金融试点办公室，并出台《关于明确兴化市供销合作总社合作金融试点办公室职责的通知》（兴供组〔2015〕39 号），明确由合作金融试点办公室对农合联社信用服务工作进行全面监督、管理和协调。包括负责遴选推荐开展合作金融试点的乡镇农合联社，核准农合联社信用部主任人选，制定农合联社信用部信贷规范及标准流程、财务管理制度等规范性文件，实时监控试点农合联社信用服务部的财务数据并及时评估信贷风险状况，对试点农合联社信用部信贷实施分级决策，对于超过一定额度的贷款实施备案及合规性审查制度，对试点农合联社信用部的绩效考核和薪酬实施核准管理，对全系统相关人员的合作金融知识、合作金融软件、财务知识等组织培训，主导对信用合作试点网络的维护、监管等工作。

（4）乡镇政府对信用合作业务进行监督和宣传，并由副镇长出任农合联社监事长。

乡镇政府对农合联社信用合作服务的开展提供支持和监督，主要体现在三个方面。首先，由副镇长出任农合联社监事长，通过直接参与对农合联社的经营管理的监督，实时掌握农合联社特别是农合联社的信用合作业务动态，对问题和风险提前掌握，提高监督有效性。第二，乡镇政府对农合联社及农合联社信用合作业务广泛宣传，鼓励农户加入农合联社。第三，部分乡镇政府为农合联社业务开展提供免费或优惠的办公场地或硬件设施。

（5）中合联投资公司提供信息系统技术支持和业务培训。

一方面，中合联公司为农合联社信用合作业务提供软件技术支持，包括统一完善的资金财务管理信息系统、统一编号的业务票据和示范章程、财务制度、借款流程、股金管理等各种制度模板，并有针对性地开展业务培训。另一方面，中合联公司以独立第三方公允服务组织，通过线上信息系统实时监控和线下定期审计对农合联社信用合作业务进行外部评估、咨询和培训，为兴化市供销社合作金融试点办公室的监管提供及时的风险提示。

4. 内部运作方式

以农合联社为基础开展信用合作业务的核心目的是满足农户农业生产经营资金需求，缓解农户产业融资困境。乡镇农合联社信用合作服务通过将股权制度和信贷流程标准化，厘清责权归属，在充分发挥互助合作的同时保证信用合作可持续平稳运作。

（1）信用合作股金分为发起人股、资格股和投资股，按股金份额分配利润。

发起人股由信用合作服务部发起人缴纳，不得退股只能转让。发起人总数不得超过 10 人，不低于 4 人，单个发起人持股比例不得超过总股金的 30%，乡镇基层供销社股份通过社有资产持股比例不低于 30%，总发起人股金认缴金额不低于 100 万元，不高于 1000 万。发起人 3 年之内不得从该社贷款，需承担信用合作部的经营亏损风险、贷款损失风险和其他信用合作部的财产损失风险。

资格股由有意愿参与信用合作的农合联社社员缴纳，为参与信用合作的基本条件，入股社员获得记名股金证。资格股设置起点额度，具体金额由社员代表大会决议确定。同时，单个农民社员或同一户口簿上所有成员、单个合作社、农村小企业及个体户社员入股金额不得超过该信用合作服务部股金总额的 10%，防止股权集中。除供销社主体单位外，社员存缴的发起人股及资格股必须以货币出资，不得以实物、贷款或其他方式入股。

投资股[①]则由参与信用合作的社员自愿存缴作为互助金，分为流动股和固定股。流动股享受活期利息，固定股给予预期收益，到期时一次性获得收益，发起人股及投资股按股金金额（股金份额）享受互助金利润分配。

各乡镇农合联社信用服务部发起人股及资格股情况如表 14－2 所示。

表 14－2　　江苏兴化农合联社信用合作发起人股及资格股统计表

信用部名称	发起股东（人）	发起股金（万元）	基层供销社股金占比（%）	资格股最低金额（元）	
				自然人	合作社/企业
安丰信用服务部	7	300	30	100	1000
戴南信用服务部	11	500	40	200	200
中堡信用服务部	5	150	30	100	200
临城信用服务部	5	200	35	200	200
昭阳信用服务部	5	200	35	200	200
合陈信用服务部	9	1000	26.56	500	500
陶庄信用服务部	6	400	15	200	1000

（2）互助金发放流程标准化管理，严格控制投放额度。

兴化市供销社合作金融试点办公室和中合联公司为农合联信用合作服务部的运作统一提供标准化的管理和操作制度。信用合作服务部需设立审贷委员会（即会办，负责信用合作服务部互助股金借出管理）、信贷委员会（负责对合作社参与信用合作社员进行集中授信）、部门经理及相关信贷及财务人员。互助金审批与发放需经贷前调查、合规审查、会办审批、签订合同等标准化流程完成并实时通过信息管理系统操作。具体流程如图 14.3 所示。

信用合作严格控制投放额度，鼓励 10 万元以下小额贷款，10 万元以上互助金投放申请需报备兴化市供销社合作金融试点办公室进行合规性审查，以防范风险。

5. 外部运作模式

以乡镇农合联社为基础开展信用合作，有效地将信用合作与农合联的生产、流通职能相结合，搭建了“三位一体”运作框架，如图 14.4 所示。

---

① 根据中合联投资有限公司《供销合作社合作金融互助股金管理内部指引》修订案，通常情况下，社员向信用合作服务部借款最高额与其缴纳的资格股金额挂钩，一般不超过缴纳资格金额的 10 倍，经县级供销合作社同意可适当扩大倍数。社员投资股总额不超过发起人股和资格股总计的 10 倍。

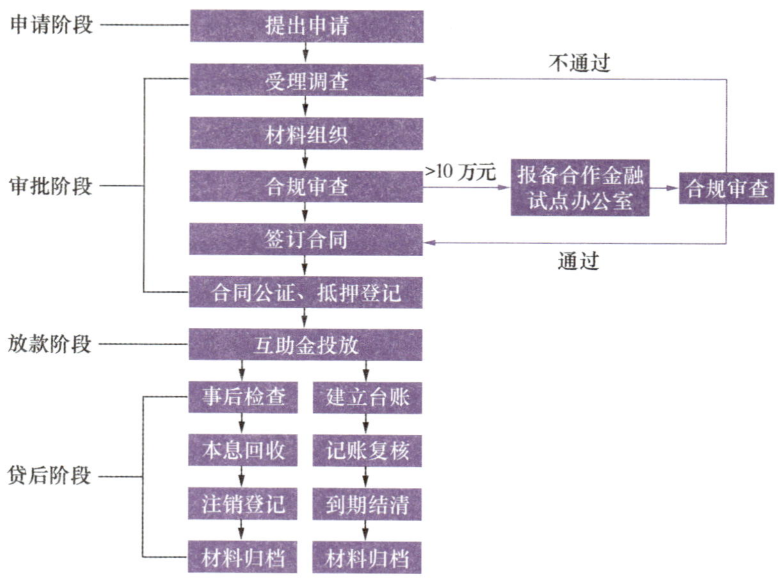

图 14.3　江苏兴化农合联社信用合作互助金发放流程

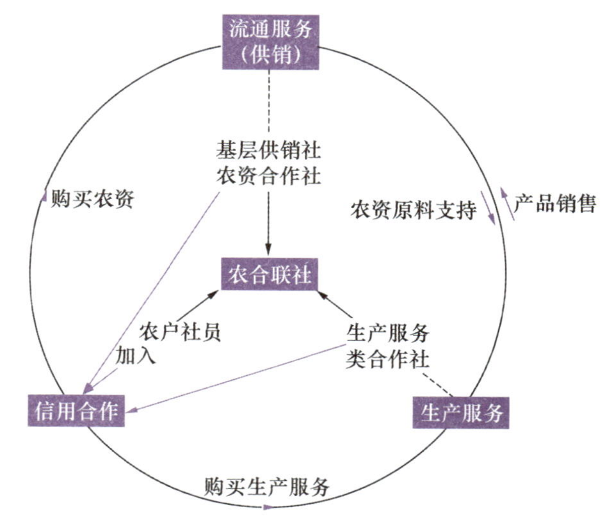

图 14.4　江苏兴化农合联社“三位一体”运行模式图

在“三位一体”框架下，乡镇农合联社通过吸纳农民专业合作社、农村中小企业等农业生产服务类主体，整合农业生产服务资源，组成生产服务板块，同时结合由基层供销社的供销资源和其他农产品供销类合作社组成的供销服务板块，将地区农业零散的产业资源整合为完整的产业链条。而由农合联社社员参与的信用合作则主要满足农户及其他农业经营主体在农业生产经营上的资金需求，生产、供销资源的整合提高了资源使用效率和劳动效率，有利于激发农户更多的资金需求。同时，农合联社的信用合作被鼓励直接用于购买内部生产资料，又反向推动了生产服务和供销服务的发展。最终，“三位一体”框架下实现了生产、供销推动信用合作，信用合作反向推动农业生产和供销的良性循环。

6. 中合联在其中的作用

中合联在认真学习、研究日韩综合农协内部信用服务发展、成熟历程的经验后，围绕中国传统文化下合作制精神的表象与本质，积极引入专家学者共同构建服务内容，以市场化的方式探索统筹整合型的，符合供销合作社特色的新型农村合作金融模式与组织体系。

“中合联－兴化市供销社”模式是中合联在各地与县级供销合作社开展合作的一个样板，截至 2017 年 12 月底，全国已有 16 个省 111 个合作社进入了统一服务网络，其中 69 家已正常稳健运行，联网 IT 软件归总社员数 12039 人，农村小企业、个体户 102 家，入社股金余额 5200 万元，互助金余额 2.7 亿元，社员借款余额 2.2 亿元。

同时，中合联也为部分省、市级供销合作社开展本区域合作金融工作提供咨询与培训服务，协助其落地合作金融方面工作。

（三）黄山市供销社——“黄山模式”

近年来，安徽省黄山市稳步开展农村合作金融服务，打造农村资金互助升级版。黄山市供销合作社创新提出了品牌、平台、风险防控、法人管理、管理制度五统一的“黄山模式”，向社员推出茶农借、林农借、农信借等 10 多种信用合作借款业务，弥补了农村金融服务“短板”。

2014 年年初，黄山市委、市政府提出：推进供销社综合改革，组建农村资金互助社。黄山市供销社扬长避短，结合黄山地区农村人口少、山区人口居住分散、特色农产品多、单一农产品总量少等实际情况，在 2014 年下半年，会同有关部门共同研究，提出了“黄山模式”具体方案。

2014 年 9 月 22 日，经黄山市人民政府第十八次常务会议研究同意，确定了优化的组建方案：采取两级控股，双向参股的股权结构模式，明确供销社牵头组建，农委负责前置许可，工商依法登记，金融办牵头监管并经市政府办公厅发文（黄政办秘〔2014〕45 号）下发各区县政府、市政府有关部门执行。

1. “黄山模式”具体做法

（1）创新股权投资模式。2014 年 11 月，由黄山市供销集团、黄山农投和安徽省供销社社有企业德善小贷三家企业作为主发起人，引入民营资本，成立了黄山市供销农副产品投资发展有限公司（以下简称市投资公司），注册资本 5000 万元，省、市社属企业控股 61%，民营资本占股 39%。

以市投资公司作为投资主体，各区县分别组建供销农副产品专业合作社（以下简称区县合作社），注册资本 500 万 ~ 1000 万元不等，由市投资公司控股 51%，区县供销社及民营资本占股 49%。

“两级控股，双向参股”的股权结构：两级控股是指社有资本对投资主体——黄山市供销农副产品投资发展有限公司（以下简称“市投资公司”）控股 61%，市投资公司对七个区县合作社控股 51%；双向参股是指市投资公司对七个区县合作社参股入股的同时，各区县合作社理事长同时向市投资公司参股。

（2）实行“五统一”管理。2015 年元月，在七个成员社的基础上，成立了黄山市供销农副产品专业合作社联合社，依照联合社章程，以一级法人模式对区县内部资金互助业务实行企业化管理，做到“五统一”，即“统一黄供信合品牌”“统一联合社平台”“统一风险防控”“统一法人管理”“统一管理制度”。

（3）建立“两化”风险防控体系。通过监管办法制度化、风险防控数字化，探索建立系列风控措施，防范运营风险，形成了严监管、多层次的风险防控体系。

一是监管办法制度化。2016 年 4 月 13 日，黄山市金融办、黄山市农委、黄山市工商局、黄山市供销社联合出台《黄山市供销农副产品专业合作社资金互助业务监督暂行办法》（黄金融办〔2016〕17 号），该办法明确了风险防范处置的第一责任人和监管主体监管内容，和相关部门的管理责任。

二是风险防控数字化。坚持“小额、短期、分散”的借款原则，在计提一般准备金和专项准备金等八个方面建立了数字化管理防控体系。如对不良贷款率、户均贷款额、投放率、风险准备金率等指标核定范围，试行数据化管理，并对下达的约束指标适时监测，对于各区县突破指标的，市联合社及时下发监管函予以警示并限期整改。

除通过以上指标对风险严格约束外，还采取了借审分离、分级审批、责任追究、高管关联借款审批权限上划等多项措施。

(4) 开发系列为农服务产品。2016 年 4 月，黄山市市政府召开专题“普惠金融、服务三农”新产品发布会，陆续推出了“茶农借”“林农借”“农地借”等十多项为农服务产品。

与此同时，结合黄山农情，围绕服务产品，采取了农产品抵押、鲜活水产品仓储抵押、粮食仓单质押、茶票质押等灵活的组合抵（质）押担保措施。

(5) 积极探索供销农村信用体系建设。2018 年在黄山休宁选择两个村试点，摸索解决农村社员无担保、无抵押物不能借款问题，试图打通农村金融服务“最后一公里”，探索营造更加良好的农村金融服务生态环境，此项工作正在推进中。

(6) 致力于管理信息化水平提升不断升级资金互助业务软件、财务软件。对借款社员的抵押动产、七个区县社营业网点的运营情况等实施实时监控，不断提升办公信息化、服务信息化和业务信息化水平。

2. “黄山模式”的特色

黄山市农村资金互助坚持“社员制、封闭性、区域性、安全性”原则，在实践中不断总结，创建了被新华社称之为“升级版”农村资金互助的“黄山模式”。具有以下特色。

(1) 引入资本金制度，防止社员利益受损。黄山市供销社牵头组建供销农村资金互助时，引入了资本金制度，同步配置了风险金制度。这两项资金的叠加使用起到了“稳定器”和“压舱石”的作用，有效规避了以往资金互助“小、散、乱、弱”等问题，牢牢把控风险，保障了社员利益，确保企业资金互助业务的可持续发展。

(2) 坚持社有资本控股，防止“为农服务”方向走偏。为防止股权过度分散和过度集中，避免对专业合作社缺少控制力或被少数不法商人利用，黄山市供销社通过两级控股双向参股的股权结构，实现了供销社有资本控股，确保黄山农村资金互助“为农服务”方向不走偏。

(3) 实行“五统一”管理，防止管理失范。黄山市供销农副产品专业合作社联合社对区县合作社内部资金互助业务实行企业化管理，做到“五个统一”。其目的一是将各区县社联结在一起，变“单打独斗”为“抱团发展”，既相互促进又增强了抵御市场风险的能力；二是执行统一的政策，确保资金互助业务规范开展，防止经营方向出现偏差。

（4）在区域、同类农产品和行业设置上紧密联系黄山市“三农”发展需求，防止为农服务不接地气。2017 年 12 月 27 日，新修订的《农民专业合作社法》取消了有关“同类”农产品，或者“同类”农业生产经营服务中的“同类”限制。为落实法律规定，并涵盖所有农副产品，黄山资金互助取消了同类农产品和行业限制，组建了供销农副产品专业合作社，涉及所有农产品和涉农行业。

黄山资金互助在同类农产品和行业上的定位，既符合现行政策规定，又结合了黄山的实际。

（5）政府主导和各部门按《方案》履职，防止多头监管、职责不明。各地的资金互助市场准入、注册登记、监管主体、主办部门等情况差异较大，有的在民政部门注册登记，有的以供销社或农委牵头主办；有的是农委审批，有的是供销社审批，有的甚至是乡镇农经办审批。黄山资金互助组建之初，即由市、县（区）两级政府常务会议对组建《方案》研究批复同意，由供销社牵头组建、农委负责前置许可、工商依法登记、金融办牵头监管格局，避免多头监管、互不担责的现象发生。

3. “黄山模式”取得成效

资金互助“黄山模式”运营以来，影响力逐步扩展、公信力稳步提升，已谱写出农村合作金融新篇章。

（1）初步体现了品牌价值。通过四年来实践摸索，广大社员对供销社的品牌价值形成了一定认同和良好口碑，即“安全划算、好用不贵”。社员缴存互助金到资金互助社相对安全，收益相对高；社员到资金互助社借款，手续相对简单、费率相对合理。

（2）实现了稳中向好的目标。截至 2017 年 12 月底，全市的管理和经营网点 15 个，从业人员 115 人，互助金归集余额 6.15 亿元，互助金借款余额 5.58 亿元，不良借款率 0.4%，为财政累计上缴税收 845 万元。

截至 2018 年 9 月底，黄山市的管理和经营网点 15 个，从业人员 120 余人，互助金归集余额近 9 亿元，互助金借款余额超过 7 亿元，不良借款率（不良贷款率）0.47%，为财政累计上缴税收 2060 万元。实现了“社员利益可享、市场风险可控、服务产品可行、政策规定可办、企业运营可持续”等五可预期。

（3）支持了“三农”发展。四年来，先后对近 5000 个涉农项目进行了扶持，累计投放互助金借款 24 亿元，并积极参与金融扶贫，累计发放扶贫借款近 3000 万元。解决了一批涉农企业融资难题，赢得了广大涉农企业及农户的普遍赞誉。

（4）扶持了一批重点特色产业。一是助力重点产业。乡村旅游产业累计发放互助金借款 5.2 亿元。二是助力支柱产业。茶产业累计发放互助金借款 3.8 亿元。三是助力特色产业。黄山“两条鱼”，目前，泉水鱼和臭鳜鱼形成了品牌效应，省委、省政府主要领导先后莅临黄山实地调研。作为产业精准扶贫的典型，2017 年，《人民日报》要闻版进行报道，省领导主要负责人做了重要批示。资金互助累计为“两条鱼”产业发放互助金借款 1.4 亿元。四是助力种植产业。2017 年 1 月，种粮大户徐海波作为“新型农民”代表走进中南海参与国务院总理李克强主持的《政府工作报告》草案讨论。徐海波（所经营）的黟县有农生态农业公司就是在资金互助的帮助下一步步成长起来的。资金互助累计为全市种粮大户发放互助金借款 1.2 亿元。

三、存在的问题与建议

在现代市场经济中，金融领域是竞争最激烈、风险程度也最高的领域。长期以来，我国农村金融结构性失调问题一直比较严重。然而，供销合作社探索农村金融多年，并没有形成势头。在发展农村合作金融过程中，遇到不少阻力和困惑：法律法规保护的缺失，扶持政策不充分，我国金融监管力度持续加大以及供销合作社自身的畏难情绪等。这其中有客观因素也有主观因素。

客观因素包括：一是全国大部分县及以下农村地区乡镇金融机构数量不少，竞争激烈。二是缺乏有效金融监管体系，特别是农村地区监管力量脆弱、监管体系不完善、监管责任主体不明确，监管混乱现象存在。在目前金融审批渠道不统一的情况下，供销合作社、金融监管部门和地方政府共同履行合作金融监管职责和风险处置责任的尺度不好把握，难以落实到位。三是农村金融机构普遍存在经营成本高、风险大等问题，“三农”和小微企业融资难、融资贵问题出现，与政府各类风险补偿基金和机制没有建立相关．供销合作社进入金融领域，依然会面临这种局面。

主观因素上，合作金融属于新的业务板块，供销合作社系统新兴业务发展水平不高，新的发展动能不足；基层人才短缺问题比较突出，业务素质和能力还不适应改革发展需要等问题不容忽视。

（一）存在的问题

1. 普惠金融服务功能整体薄弱

目前系统金融服务大多处于探索发展阶段，有的省区金融服务工作，即使开展金融服务相对较好的省份，金融服务也大多不成体系，金融服务功能单一，生产合作、供销合作、信用合作“三位一体”中金融服务短板比较突出。

2. 发展不平衡

从资金互助看，主要集中在浙江、山东、贵州三个省份。为农融资担保公司方面，浙江省占系统份额较大，其他省业务量较小。社银合作主要集中在河北、湖北。各地对于供销合作社开展保险业务代理的重视普遍不够，全国仅山东、河北、河南、广西等少数地区有所涉及。

3. 存在一定的风险隐患

目前供销社系统通过开展资金互助提供普惠金融服务的合作经济组织中，还有一部分未经有关部门批准，未在民政部门或工商部门登记。一些地方开展资金互助运行不规范，内控管理制度不完善、执行不到位，未及时进行坏账风险准备提取等问题，存在一定风险隐患。

4. 制约性因素较多

从内部看思想观念落后、管理滞后、缺乏金融专业人才等因素制约了供销合作社金融服务的开展。从外部看，一些地方政府金融监管部门对于开展农村资金互助持审慎态度，在供销社系统资金互助组织的设立、登记、监管等方面需要改善；除几家经银监会批准设立的资金互助组织外，几乎全部供销社系统资金互助组织均不能享受国家发展普惠金融方面的政策支持；部分地区政府监管部门对资金互助组织资金的归集、使用方向、额度等方面的规定落后于农村实际情况，和现实需求存在位，对发展有一定的限制。

（二）工作建议

下一步，供销合作社系统将以为农服务为根本宗旨，以稳中求进为总基调，以服务新型农业经营主体、农户和社有企业等实体经济为出发点和落脚点，正确处理金融创新发展与规范管理的关系，探索构建整体运转协调、上下联合合作、系统风险可控的农村金融服务体系，在服务乡村振兴中发挥积极作用。

1. 政府层面

建议将供销社系统的金融服务工作纳入国家普惠金融服务整体规划，充分发挥网络健全和三农联结紧密的优势，从法律、税收、监管、政策保障等方面加大对供销社系统开展普惠金融服务的支持力度，促进其更好发挥作用。

2. 供销社系统层面

应不断完善功能，强化自身建设，积极开展各项普惠金融服务。

（1）积极承接各类金融机构的普惠服务。充分发挥供销合作社基层网点覆盖广泛和经营服务连接“三农”的优势，加快与金融机构对接合作，拓宽服务功能和发展空间，深化总社与各类金融机构的合作，整合各类资源探索打造多种金融功能于一体的金融服务综合平台，更好满足乡村振兴多样化金融需求。

（2）规范发展农村合作金融。坚持“社员制、封闭性、规范经营”的原则，积极稳妥开展农村资金互助。适当控制开展农村资金互助组织的资金规模和覆盖区域，限制资金流向非农领域。有条件的地方，要探索组建农村资金互助的联合组织，在更高层次开展资金调剂和做好风险防范工作。以农民专业合作社为依托，加快推进生产、供销、信用“三位一体”综合合作，将金融要素融入农业生产经营全产业链各个环节，有效发挥金融的助推作用。

（3）加大参与农村中小型金融机构组建力度。按照国家支持设立农村中小型金融机构的政策要求，积极稳妥设立各类农村中小型金融机构。有条件的地方，积极参与组建农村商业银行和村镇银行。继续组建小额贷款公司，开展面向供销合作社企业、新型农业经营主体和农户的贷款和票据贴现服务。积极设立政策性融资担保公司，为供销合作社企业、新型农业经营主体提供增信服务。引导系统各类农村中小型机构坚持服务实体、回归本源。

（4）积极拓展农村保险业务。继续开展系统安全统筹工作，探索自保 + 再保业务，规避经营风险。在此基础上，发展农业互助保险，加强与各类保险机构合作，大力开展涉农保险代理，为农民生产生活提供保险保障。

（5）加强组织协调和指导。要加强农村金融发展战略研究，做好顶层设计，积极和政府相关部门沟通协调，落实普惠金融发展支持政策，为金融服务规范发展创造、争取政策空间，加强金融服务人才培养引进，为金融服务规范发展提供坚实保障等。

第 15 章

平安普惠聚合农担公司服务“三农”的实践

一、合作背景

（一）农村普惠金融信贷业务面临的挑战

三农信贷是我国金融体系的薄弱环节，融资问题仍是制约“三农”发展的重要瓶颈，妥善应对农村普惠金融业务面临的挑战是关键。

1. 地区、行业、生产规模不同导致农村融资需求差异明显

从地区分布看，沿海地区由于地理环境的优势以及经济相对发达，三农信贷发展有相对优势。而中部和西部地区由于地域辽阔、土地贫瘠、人口密度小、种植环境不佳等。农业细分行业差异大。农林牧副渔及相关产业链的上下游细分行业众多，差异大，有着不同的行业规律和周期。这一格局对农村信贷产品的因地制宜发展提出更高要求。

目前各地农业产业化发展程度不一，农户的金融需求跟农户的收入水平和财富水平具有较高的相关性，贫困户、温饱户、市场化农户等不同类型农户的金融需求具有显著差异。

例如，贫困户的经济活动比较简单，侧重于满足基本生活需要，收入主要是实物形式，现金收入很少。贫困农户的生产和生活资金均较缺乏，尽管他们有贷款需求，但因缺少抵押，收入预期很低，对于金融机构来说，虽然他们一般讲信誉，但对这类客户的贷款存在着风险和不确定性。贫困农户难以通过传统模式从商业性金融机构得到贷款，加之缺少自有资金，生产经营状况很难得到改善，农业生产长期维持在简单再生产水平。

市场型农户已经基本融入现代市场经济环境，其生产经营活动具有市场为导向的专业型、技能型特点。其生产经营活动是农村经济进一步发展、农村居民收入不断提高的重要推动力，是农村居民实现增收和农业实现经济结构调整的主力军。这类农户进行的生产是产业化的，一般具有一定的规模，有的需要雇用劳动力资源，借贷的主体往往是企业。除了农业生产以外，他们还从事农业物流、加工制造等产业链上下游经济活动，并且生产经营以市场为导向。

2. 农户难以满足传统授信业务的条件

传统农户文化知识不足，技术水平不高，导致开拓创新能力不足；经济交往渠道狭窄，市场预判能力弱，抗风险能力弱，经营管理水平有限，导致缺思路、少项目、没市场，抑或盲目发展、不善经营、亏损停滞、资不抵债等不良后果。这也直接或间接导致农户生产经营风险和信用风险偏高，加上农户信贷业务盈利空间小，金融机构信贷投放的积极性有限。

有效抵押担保不足是农村信贷发展面临的另一项挑战。农村私营企业和农民专业合作社等农村集体经济组织贷款需求旺盛，但大多由于缺乏合格的抵押担保财产，信用评级较低，导致信贷部门授信额度较少；规模化经营的农业企业贷款需求量大，也难以得到满足。农村住房修建也面临可抵押性问题。

农户发展现代农业生产的资金需求也面临障碍。随着先进生产技术在农村的推广应用，农民对先进农用机具、农资、技术的投入越来越大，现代农业的资金门槛越来越高。但农机具抵押、保险等业务面临内在困难，折旧快、流转处置难度大是重要原因。

3. 风险复杂且识别管理难度大

首先，"三农"生产经营风险复杂。农户生产经营受自然条件制约大，抵御风险的能力弱。受自然灾害、农产品市场行情波动等不可控风险影响大，农业保险、农产品期货市场的作用有待进一步发挥。其次，农户征信缺失。大部分农户没有纳入征信系统，缺乏线上交易活动场景数据，没有量化资产证明。由于没有规范化、标准化信用数据征集，难以有效识别信贷风险，风险管理成本高、难度大。第三，农业适度规模经营主体的有效抵押物往往不足，贷后风险管理难度大，金融机构贷款有顾虑，担保机构面临较大风险，影响信贷投放。

在传统的借贷业务中，金融机构通常独立完成从申请到放款的全部业务环节，但每种类型的金融机构难免在某些环节存在短板。这种“单打独斗”的发展模式在面对三农信贷复杂需求时显露出弊端，无法有效服务“三农”人群，造成三农信贷服务供给不足，出现“融资难”“融资贵”“融资慢”的问题。

（二）全国农业信贷担保体系发展情况

农业信贷担保体系是财政出资打造、为支持农业适度规模经营，引导推动金融资本投入农业，解决广大新型农业经营主体融资难、融资贵问题而成立的全国性的机构，主要为新型农业经营主体提供融资担保服务。

党中央、国务院对“三农”问题高度重视。中央已将建立由财政支持的农业信贷担保体系作为了新一轮强化农村金融支撑作用的重要手段，试图通过创新财政支农机制，建立起国有或国有控股（占股 80% 以上）农业信贷担保体系，引导推动金融资本投入“三农”。财政部、农业部、银监会按照国务院的要求，于 2015 年 7 月联合印发了《财政部、农业部、银监会关于印发 <财政支持建立农业信贷担保体系的指导意见> 的通知》（财农〔2015〕121 号）（以下简称 121 号文）。当年启动了全国农业信贷担保体系建设工作，对全国农业信贷担保体系建设进行了全面部署，调整部分农业补贴资金对农业信贷担保机构进行资本金注入。2016 年成立了全国农业信贷担保工作指导委员会（以下简称全国指导委员会）。在全国各省、自治区、直辖市、计划单列市建立省级农业信贷担保机构，并向市县延伸业务分支机构，直接为农业新型经营主体提供信贷担保服务。同时，在国家层面组建国家农业信贷担保联盟实体机构，为省级机构分险增信，构建起完整的专门支持农业适度规模经营的担保、再担保组织机构体系。

中央财政自 2015 年起至 2017 年，共安排 690 亿元作为国家农担公司和省级农担公司资本金注入，分 3 年到位，其中，国家农担公司资本金 150 亿元，省级农担公司资本金 540 亿元。同时，部分省级财政也从其他渠道对省级农担公司进行了注资，省级农担公司的资本金实际上要多于 540 亿元。

经报国务院批准，国家农业信贷担保联盟有限责任公司（以下简称国家农担公司）已经成立，各省、自治区、直辖市也扎实推动省级农业信贷担保公司（以下简称省级农担公司）组建，稳步推进农业信贷担保业务运营，取得了积极进展。

2017 年 5 月，《财政部、农业部、银监会关于做好全国农业信贷担保工作的通知（财农〔2017〕40 号）》（以下简称 40 号文）下发，进一步明确了农业信贷担保业务要求。

1. 省级农担公司政策性业务实行“双控”标准

一是控制业务范围。服务范围限定为粮食生产、畜牧水产养殖、菜果茶等农林优势特色产业，农资、农机、农技等农业社会化服务，农田基础设施，以及与农业生产直接相关的一二三产业融合发展项目，家庭休闲农业、观光农业等农村新业态。二是控制担保额度。服务对象聚焦家庭农场、种养大户、农民合作社、农业社会化服务组织、小微农业企业等农业适度规模经营主体，以及国有农（团）场中符合条件的农业适度规模经营主体，单户在保余额控制在 10 万～200 万元之间，对适合大规模农业机械化作业的地区可适当放宽限额，但最高不超过 300 万元。省级农担公司符合“双控”标准的担保额不得低于总担保额的 70%。

2. 实施担保费用补助政策

各省可在省级农担公司按照市场化运营成本费用确定的担保费率基础上，给予符合“双控”标准的政策性业务适当的担保费用补助。原则上对粮食适度规模经营主体的担保费率补助不超过 2%，对其他符合条件的主体不超过 1.5%（符合条件的扶贫项目不超过 2%）。财政补助后的综合担保费率（向贷款主体收取和财政补助之和）不得超过 3%。

3. 服务费率有上限要求

财政补助后的综合担保费率（向贷款主体收取和财政补助之和）不得超过 3%。农业贷款主体实际承担的综合信贷成本（贷款利率、贷款主体承担的担保费率、增值服务费率等各项之和）控制在 8% 以内。

同时，国家农担公司面向省级农担公司开展再担保业务，并发挥指导作用。

（三）平安普惠服务“三农”人群的发展基础

2015 年，国务院印发普惠金融纲领性文件《推进普惠金融发展规划（2016～2020 年）》，倡导通过健全多元化广覆盖的机构体系、创新金融产品和服务手段等方式缓解小微企业、农户和各类低收入人群的融资难问题。当年，平安集团整合旗下小额信贷业务板块，组建平安普惠业务集群（以下简称“平安普惠”），凝聚在业务经验、服务网络、风险管理能力、信贷科技应用上的优势，布局数字个人借贷业务，专注于为广大有真实、合理资金需求的小微企业主、个体工商户和普通工薪人群提供高效、便捷的智能借款服务，助力普惠金融发展，支持国家实体经济建设。

2018 年平安集团正式启动总投入 100 亿元的“三村建设工程”，实施产业扶贫、健康扶贫、教育扶贫，助力中国新农村建设，全面打响新时代乡村建设攻坚战。平安普惠作为平安旗下专注于为小微企业主和消费者提供个人借款服务的科技平台，深耕个人信贷领域 13 年，积极响应集团号召，助力乡村振兴。

二、平安普惠乡村振兴公益产品探索

（一）产品简介

平安普惠整合集团内部资源，与省级农担公司合作，共同开展 40 号文所支持的政策性农业融资业务，提供资金、分担风险。相关产品在 2018 年第四季度上线，试点期提供单户 100 万元以内的短期产品，在 1 年内按月付息，到期还本。后续将根据试点情况扩大规模、优化产品形态以符合借款人的实际需求。服务对象是符合财农〔2017〕40 号文政策性业务标准的适度规模经营主体，要求经营情况稳定，无不良征信记录，符合农担公司申请条件。信贷资金仅限于经营用途。资金使用的综合年化成本为 5% ~8%，按项目来源、行业、地区进行阶梯定价，可提前还款（无违约金）。在贷后管理环节，由农担对借款人进行定期贷后回访。在逾期情况下由农担进行催收；逾期超过一定时间后，由农担与平安普惠担保按份理赔。近期内与2 ~ 3 个省级农担合作，在当地开展业务。

（二）产品交易结构

农担与平安普惠担保采用共保模式合作，按8∶2分摊责任，双方审核通过后，由平安普惠旗下小贷公司完成放款。其中，农担公司负责借款申请材料收集及现场尽调、核保，承担 80% 担保责任和贷后催收、回访职责；对坏账理赔 80%，再进行追偿。平安普惠担保机构先基于农担审批结果进行核保，承担 20% 担保责任。对坏账理赔 20%，再与农担公司共同追偿。

这种业务模式与现有“银行 – 农担”合作方式的不同之处在于风险分担机制。目前商业银行与农担公司合作模式为传统的“银担模式”，即农担公司作为连接纽带，通过为“三农”人群提供增信服务，承担了农户信用风险。

在平安普惠乡村振兴公益产品业务模式中，省级农担公司和平安普惠融资担保公司按采用共保模式合作，分担农户信用风险，前者分担 80%，后者分担 20%，作为资金方的小贷公司只有担保方违约风险。

（三）产品的创新特点

平安普惠乡村振兴公益产品作为平安普惠开放聚合式借贷服务模式的实践，将过去由单一机构独立完成的诸多信贷环节模块化，搭建金融科技为基础的开放式平台，通过与农担公司在内的多方协作，充分发挥各自在业务属性、服务网络、数据积累、风险管理、科技研发、金融资源等方面的差异化优势，融入各业务环节，以协同方式消除业务短板，为“三农”人群提供多元化、价格可承担、体验便捷的服务解决方案。

1. 营销获客环节

在营销获客环节，商业银行主要依赖线下物理网点和客户经理团队开展人工服务，其优势在于银行多年来积淀的放心、可靠的品牌形象和大量的客户资源，但存在着流程复杂、时效性差等不足，其服务范围仅能辐射网点周边有限的区域，且由于风险偏好因素，银行提供的借贷服务存在下沉不足问题。而小贷公司虽然能够更多地下沉客户群体，但是因经营地区或资本金杠杆限制，其服务覆盖范围受限较大。

在平安普惠乡村振兴公益产品中，获客环节联合各类主体协同进行，在平安普惠多年业务积累的基础上，引入农担公司等机构合作方，充分发挥它们服务下沉的优势。

农担公司在日常工作中下到基层，坚持“根植农村、专注农业、服务小微”，以贴近农业农村融资需求为导向，以乡镇（村社）为单位，进行业务开发及挖掘。主要的形式是建档立卡，就是在县、乡政府和村委会的支持帮助下，通过摸底调查、村镇公示、层层把关，把分散的、碎片化的农业适度规模经营主体的信息梳理整合，掌握他们的真实情况，作为平安普惠乡村振兴公益产品的数据支撑，以便将来更好地为他们提供服务。

产品获客方面的合作方除了省级农担外，还有公益组织、农业基层专业机构等，通过基层组织推荐符合要求的农村融资需求。

2. 风险评估和风险承担环节

风险评估环节由平安普惠、增信方和资金方分别独立进行。平安普惠依托 13 年借贷业务运营经验沉淀，对借款人进行初步风险评估。农担公司借助其基层经验积累和产业数据优势对信贷底层资产进行风险评估和承保决策。小贷公司基于其风险管理能力和偏好进行最终借款决定。多方评估使对借款人的风险画像更立体、精准，从而解决了“三农”人群因资产不充足、结构性数据缺失带来的风险识别难题，提高各方机构整体的风控质量和服务“三农”人群的能力。

农担公司作为主要增信方，在建档立卡过程中，按照备选、培育、不良等标准对适度规模经营主体进行信用级别初步分类，提前做好风险防控工作。建档立卡之后，农担公司和合作机构将根据经营主体的贷款需求、信用状况，进行尽职调查，对符合条件的按规定迅速办理手续，及时把贷款送到他们手上。

3. 资金来源环节

在初期，由平安普惠旗下的小贷公司立足公益，提供稳定、快捷、年利率不超过 5% 的资金，有效降低“三农”人群获取借贷服务的成本。在未来，产品将开放资金端，引入社会公益资金在内的灵活、多元的资金来源，提供充足的低成本资金。

（四）小结

平安普惠乡村振兴公益产品的业务创新重点是围绕融资难、融资贵、融资慢问题探索可行解决路径。

针对客户信用风险大导致的融资难问题，采取共同担保方式分担风险。农业适度规模经营主体有效抵押物不足，需要外部增信。平安普惠乡村振兴公益产品由农担公司和平安普惠融资担保公司按共保模式合作，共同化解农民抵押物少、农业信贷风险大的难题。

针对资金成本高导致的融资贵问题，引入低成本资金，使总费率不高于 8%。通过与政策性农业信贷担保公司合作，降低客户违约导致的信贷风险，在此基础上导入充足的多元化低成本资金，使农业经营主体的融资成本降低。

针对传统信贷模式融资慢与农业生产季节性、资金需求时效性强的矛盾，从三方面加以改进。一是加快审批。通过计算机系统自动化审批，快速完成审批及放款。二使简化流程。委托农担出面进行资料收集和签约，平安普惠与借款人无新增沟通环节。三是优化体验。通过网页即可申请，未来将支持借款人全线上操作。通过这些措施，让农户在最短时间内拿到所需资金，不误农时。

第16章

蚂蚁金服的农村数字普惠金融

一、我国农村金融的问题和成因分析

农村金融长期以来都是我国金融体系的薄弱环节，是亟待补齐的民生短板。据统计，我国农户和农业生产的信贷需求满足率分别只有27.6%和28.5%，远低于工商信贷54.2%的水平①。传统金融机构对农村金融提供服务的供给不足、模式单一、基础薄弱、效率不高，构成了限制普惠金融在我国农村推广的几个问题。

（一）我国农村金融的现状和问题

1. 金融服务长期供给不足

农村金融体系的主要服务对象是农户和涉农小微企业，提供生活、生产储蓄和信贷等金融服务。农村金融服务的传统主力军，主要是农村信用社、农村商业银行和村镇银行。

改革开放以来，虽然党和政府高度关注农村金融的发展，但整体来看，农村金融仍然存在着涉农信贷资金不足问题：资金缺口在贫困地区高达37.6%，在现代农区的资金缺口比例为20.2%，金额高达52606万元。

---

① 贠天一："在希望的田野上：金融、科技助力乡村振兴"，载于《中国战略新兴产业》，http：//www.chinasei.com.cn/ad/ad9/201804/t20180423_22480.html。最后访问时间：2018年11月27日。

表 16－1 主要涉农金融机构渗透情况

机构名称	机构数（家）	营业网点数（个）	从业人员数（人）
农村信用社	1596	42201	423992
农村商业银行	665	32776	373635
农村合作银行	89	3269	32614
村镇银行	1153	3088	58935
贷款公司	14	14	148
农村资金互助社	49	49	521
合计	3566	81397	889845

资料来源：《中国农村金融发展研究报告》，清华经管学院。

表 16－2 农区借贷供给缺口

农区类型	获得借贷比例	希望获得借贷比例	二者差距	资金缺口
贫困农区	44.7%	82.3%	37.6%	19995 万元
传统农区	48.6	77.5%	28.9%	23447 万元
发达农区	59.5%	79.5%	20%	19739 万元
现代农区	33.2%	53.4%	20.2%	52606 万元

资料来源：《中国农村金融发展研究报告》，清华经管学院。

2. 农村金融服务较为单一

除供给整体不足外，现有农村金融服务也未能充分满足用户多样化的需求。涉农金融服务缺乏精细化管理，展业、统计和监管时，将农业户口居民（可能进城务工）、农村地区居民（可能是城市市民）、涉农产业人口（可能是农业工人）笼而统之。以面向农户生产的贷款为例，传统银行和信用社在的规模和期限上缺乏灵活性，未能根据农户从事的周期差异和资金体量差异进行弹性设计。另一方面，除贷款外的其他金融服务也较为匮乏，缺乏市场化、可持续的农业保险服务，也缺乏面向农村地区居民的闲余资金理财服务，更缺乏真正面向小微农户的资本市场服务。

3. 农村金融的软硬基础设施都不足

一方面我国农村幅员广阔，农村金融的物理网点覆盖率不足，“三农”用户金融的“最后一公里”问题严重；另一方面，农村金融的信用基础设施匮乏，既缺少有效的抵押物，也缺少有效的征信数据。由于正规金融途径的缺失，使得一些民间高利贷横行于乡村，并多采取暴力、围堵手段进行催收，使农民对于金融产生了不良印象，人们甚至对逃躲债务产生了天然的同情和支持，进一步恶化信用记录。

4. 高效率的金融科技使用不足

当前，金融的供给方式正发生着深刻变化，数据和技术是未来金融的核心驱动力，但由于农村在数字基础设施方面远落后于城市，在城市中已经广泛使用的移动支付、大数据风控、云计算等金融科技在农村金融中的普及率很低。和大规模使用金融科技的城市相比，中国的广大农村地区是金融科技的洼地，制约了农村金融服务能级的整体提升。

（二）农村金融问题的成因

1. 地域特性、人口构成和产业特征导致市场化机构对农村金融的供给意愿不足

农村金融问题与“三农”本身的特征有关。一是农村地域广阔，区域差别大，农业生产周期和特征各异。二是农村人口人均收入水平不高，且征信信息不健全。由于大量涌入城市，留守的大多是老人儿童，对于金融服务确有需求而缺乏风险识别与承受的能力。三是农业生产本身受自然灾害和市场波动影响大，经营风险相对较高。上述原因导致农村金融的细分需求复杂、针对性更强、风控难度高、规模化困难，传统金融机构对农村金融供给的市场化意愿低。

2. 传统农村金融主力——农信社、村镇银行等机构的数字化服务有待提升

上述机构的公司治理相对传统，新技术应用程度不高，虽然在物理网点下沉、触达用户等方面具有相对优势，但针对农业生产特性的综合化、数字化服务能力等方面还存在不足，无法有效满足“三农”用户对普惠金融的需求。

3. 农村金融效率提升所需要的数字化基础设施不够完善

与城市相比，中国的县域及以下地区的数字化基础设施建设严重不足，生产、生活和社会治理的“智慧化”程度很低，能够有效提高农村金融效率的移动互联、大数据风控等金融科技无法充分发挥作用，制约了传统农村金融整体向农村数字普惠金融的升级发展。

4. 农村金融升级发展所需要的配套性创新政策供给不足

与不断变革和创新的中国金融体系相比，农村金融领域真正具有突破性的创新政策不多。近年来，中国在移动支付等数字金融领域实现了弯道超车和跨越式发展，归根结底得益于监管政策对创新的包容。但最近几年，随着国际、国内政治经济环境发生一系列变化，监管不断趋严，对正在蓄势待发实现升级转型的农村金融客观上形成了制约。

二、蚂蚁金服在数字普惠金融方面的核心优势

过去几年来，蚂蚁金服以移动支付为核心，不断探索数字普惠金融的发展模式，在面对小微客户的贷款、保险、理财等领域都积累了大量成功案例和可借鉴的经验，并形成了以数字技术为基础的普惠金融服务的核心优势。

（一）通过移动支付实现了高效的用户触达

在数字技术没有普及之前，“等客上门”是传统金融机构获客的主要方式，一些因距离物理网点路途遥远、行动不便等因素的群体往往很难方便地获取金融服务。而利用移动互联网技术，蚂蚁金服突破了金融服务的空间限制，降低了金融服务的门槛，让触达用户的成本大大降低，移动支付已经成为蚂蚁金服向三农用户提供金融服务的重要基础设施。截至 2018 年 6 月底，有 2.37 亿的农村消费者利用蚂蚁金服提供的移动支付获得跟城里人一样的金融体验，以移动支付实现了对物理网点的跨越。

（二）数字技术与场景相结合，具有精准的 KYC 和风控能力，有利于解决农村金融的“第一公里”难题

蚂蚁金服建立包括电商、线下零售、公共服务等丰富的场景生态，让数字技术在多个领域深度应用，海量数据的沉淀催生了大数据技术，进而深刻改变了金融行业的 KYC（know you consumers）和风控模式。在互联网和大数据的驱动下，即使没有信用记录，个人和小微企业的身份、真实需求及行为也能被准确识别和分析。金融机构能借助大数据技术减少信息不对称，突破既有信用体系的边界，为被传统金融活动排斥在外的个人和小微企业提供服务，推动金融资源实现更平等、更有效率的分配。

（三）建立在用户画像基础上的多元化服务能力，能为“三农”用户提供针对性强的金融服务

蚂蚁金服掌握了大量的客户数据，可以进行客户画像，在此基础上细分“三农”服务对象，为不同的层级设计不同的授信模式。

表 16－3　蚂蚁金服农村金融服务模式与人群分类

蚂蚁金服通过细分人群不断下沉的服务模式				
层次	面向人群	比例	资金需求	蚂蚁金服能提供的服务
基础层	普通农民、小型种养殖户和回乡投身农村电商的大学生	80%	短、小、频、急的信贷资金需求	数据化模式
中间层	扎根农村的小微企业、个体经营户或者中型种养殖户	15%	周期相对较长、与农业生产相关联的信贷需求	“线上＋线下“熟人模式
塔尖层	规模化种养殖户	5%	数额要求较大、与供应链相关的需求	供应链产业金融模式

资料来源：蚂蚁金服农村金融部门统计。

具体而言，蚂蚁金服能通过支付服务向农村渠道下沉，利用支付宝的支付和民生缴费服务，帮助大量无信用记录的农民积累互联网信用，最后建立与城市相似的信用体系，在此基础上实现用户精准画像和服务。

（四）金融科技对外输出能力，赋能生态伙伴

蚂蚁金服的数字普惠金融实践不仅为全球近 9 亿人口提供便捷、便宜的金融服务，同时也沉淀了金融云计算、小额支付、风险管理、人工智能等科技能力，并构建了生态信用体系。蚂蚁金服将通过搭建技术开放平台，陆续将上述能力开放给其他金融机构，集合更多生态伙伴的智慧，发挥各自优势，提升中国数字普惠金融的整体效率。

三、蚂蚁金服农村数字普惠金融的具体实践

（一）蚂蚁金服农村数字普惠金融实践的五种模式和具体案例

1. “数据化模式”满足农村消费者和小型经营者的碎片化信贷需求

2016 年，蚂蚁金服针对农村消费者和小型经营者提供基于数据化预授信的信贷服务。这一群体客户基数大，单笔资金需求小，数据化模式将大数据技术运用于风险授信决策，为这类客户提供无须抵押物担保的“310”信贷服务（客户花 3 分钟在线申请、1 秒钟资金到账，全程 0 人工干预）。

贷前阶段，蚂蚁金服通过大数据技术建立含有农户多层风险分级的授信模型；在贷后阶段，蚂蚁金服对风控策略进行有效性追踪分析，并及时收集和反馈农户的支用和还款信息，实现贷后有效管理的同时，根据实际业务数据修正预授信模型，进一步下探授信准入人群。

2. “线上 + 线下”熟人模式，数据与场景结合，有效解决农村金融风控难题

针对农村中间层客群，蚂蚁金服首创“线上 + 线下熟人信贷”模式提供普惠金融服务。2016 年 6 月，蚂蚁金服与中国扶贫基金会下的中和农信①宣布达成战略合作意向，开展“互联网 + 保险 + 小额信贷”模式。蚂蚁金服引入信用保证保险，基于中和农信对借款人的风险把控和历史数据的分析，保险公司采取网点尽调、抽样检查等形式，为农户提供借款人信用保证保险产品。在风险有效控制的前提下，有效降低农户的借款资金成本。

自合作以来，中和农信与蚂蚁金服一起探索“互联网 + 农村信贷”的精准扶贫新模式。双方的合作把农村贷款搬到了“网上”，让村民像城里人一样拥有了享受金融服务的基础——信用画像。此后，有借有还、再借不难。同时，利用蚂蚁金服的大数据 AI 能力，安全保护机制，和互联网思维，帮助中和农信提升线上运营能力和安全风控能力。

---

① 中和农信作为国内比较成功的公益金融机构，在农村地区耕耘数十年，在全国 17 省、147 县拥有分支机构、建立了农村信贷员体系，累计放款金额 100 多亿，平均不良率控制在 1% 以内。

中和农信一贯专注农村，而农村人口的数据相对匮乏。针对这种情况，蚂蚁金服特别为其定制研发了配套算法，能在小数据样本上完成算法训练，比较精准地预测贷款风险。这套算法在前期测试阶段将风控效果提升了整整一倍。

平江县三市镇宦田村村民钟春兰、艾煌兮一家人平时诚实守信，向朋友借了钱，都不用催他还，他有钱肯定就会还。由于钟春兰有固定收入，因此她成为借款人。这样，在信贷员的推荐下，艾煌兮、钟春兰夫妇选择了中和农信和蚂蚁金服合作的产品，每个月用支付宝还款。两口子贷了 3 万元后，花 1.7 万元买了辆车跑运输，剩下的用在其他开销上。形成反差的是，平时用本子来记录每天收入支出的他们，并不认为用手机操作还款是多么难的事情：每个月还款日到的时候，他们总是提前把钱准备好，按时还款。

3. 产业金融模式，与龙头企业合作赋能农户的专业化、职业化发展

从 2016 年开始，蚂蚁金服联合农业龙头企业，为其上游种养殖户提供产融信贷服务和销售渠道。在贷前阶段，蚂蚁金服联合农业龙头企业采用多维度数据分析上游种养殖户的经营状况和信用状况，并根据其偿债能力实现智能化的授信额度决策；在贷中阶段，蚂蚁金服打造贷款资金定向支付系统，不直接发放现金，而是将贷款打入支付账户并用于电商平台上定向购买农资农具，确保贷款资金的“专款专用”；在贷后阶段，蚂蚁金服不仅通过大数据跟踪养殖户经营状况和风险状况，同时由龙头企业收购农产品并利用电商平台进行推广销售，锁定客户销售渠道的同时控制还款来源，为资金回笼提供保障。

安徽强英鸭业集团有限公司（下称强英鸭业）作为向“周黑鸭”和“绝味”供货的我国第三大肉鸭龙头企业，蚂蚁金服通过数据化产融模式在一个月内，向其上游 142 户肉鸭养殖户发放用于购买鸭苗、饲料等农资的专项贷款近 3000 万元贷款，户均 21 万元。安徽省宿州市泗县瓦房乡吴宅村的周道菊就收到蚂蚁金服发放的 21 万元贷款①。经过两年的辛苦养殖，周道菊的肉鸭养殖能力越来越强，现在家里有 2 个棚，单批次出栏最多可达到 15000 只肉鸭，算下来一年可以赚 20 万 ~ 30 万元。

---

① 资料来源：蚂蚁金服农村金融部门。

4. 平台合作模式，全面开放金融科技，提升传统银行的服务能级

在服务农村的领域，蚂蚁金服有很多“同行者”。比如扎根农业大省广西的桂林银行 2017 年正式启动了“农村金融”发展战略，在社区金融方面持续探索，逐渐在“最后一公里”的社区金融方面取得一些成效。蚂蚁金服发挥自己的技术优势，为桂林银行提供了账户体系、风控能力、数据处理能力；桂林银行发挥自己社区金融的优势，帮助农户接触和了解互联网，实现在线数据积累，完善用户画像，以便得到更合理的授信服务，让农户轻松享受到信用贷款服务。

“借助蚂蚁金服优异的数据风控能力，贷款的风险表现令人满意。”桂林银行董事长王能介绍，能在这样短的时间，服务两万客户，做到随借随还，降低农户获取成本，这在以往的商业模式是做不到的。“是数据化技术突破了以往成本、效率和风控的障碍，使农村金融的规模和效益得以提升，为桂林银行带来新的发展空间。”据了解，截至 2018 年 6 月，桂林银行和蚂蚁金服合作的“旺农贷”产品，已经累计放款超过 3.5 亿元，服务农户超过 2 万①。

5. 智慧县域模式，综合助力三农发展和乡村振兴

传统模式农村金融受到网点不足和缺少信用数据和有效抵押物等限制，仍面临着地域发展不均衡、商业可持续难实现等诸多难题。蚂蚁金服从农村金融的信息化基础设施建设为出发点，与县域政府合作共建“三农”发展需要的信息化基础设施，为县域居民在支付宝“城市服务”频道开立本地普惠金融 + 智慧县域平台，免费提供标准化的便民生活 & 智慧政务服务接口，让县域百姓和城市居民一样能享受到便利的互联网 + 公共服务。该项目主要包括生活缴费、移动政务服务，有效打通了县域的数字化基础设施，构建和完善县域的信用数据体系。在此基础上，蚂蚁金服依托“大数据 + 人工智能”优势，为农民群体提供免担保、免抵押的信用贷款，综合助力“三农”发展和乡村振兴。

兰考县的范大叔初次接触到互联网贷款，是在蚂蚁金服和兰考的普惠金融合作后，范大叔作为当地合作社成员通过支付宝上兰考“城市服务”里的“兰考普惠”窗口，看到了自己拥有的 10 万元额度。第一次“触网”贷款的范大叔打算买个车，让大女儿跑跑运营。对贷款不陌生的范大叔认为，比起银行的贷款，手机上的贷款

---

① 资料来源：蚂蚁金服农村金融部门统计。

除了操作方面，主要就是按日计息比较方便。“如果从银行贷款，最少是几个月的，那就得按月还，手机里贷的款，今天借了明天还也可以，挺方便”。

（二）蚂蚁农村数字普惠金融实践的价值

1. 运用大数据技术减少信息不对称性，让普通农户或是小微涉农企业能获得平等、便捷的普惠金融服务

蚂蚁金服通过数据化预授信和数据化产融等模式有针对性地覆盖各类三农用户群体，提供与其实际需求和风险承受能力相匹配的信贷支持，促进农村经济包容性增长。截至 2018 年 9 月底（数据统一时间截止日期到 6 月份），蚂蚁金服在信贷方面服务的“三农”用户数达到 1. 33 亿。其中服务了 467. 4 万家农村小微企业、农村个体工商户、农村种养殖户①。实践证明，大数据技术能够帮助“三农”用户获得更平等、更便捷的金融服务。

2. 整合农村价值链，打破农村“信息孤岛”，完善农村金融基础设施

蚂蚁金服在实践中通过与农村电商、农村产业龙头、县域政府、农信社、农业保险公司等生态伙伴合作，打通了经济价值链的信息通路，实现了物流、信息流、资金流三流合一的完整价值链，将农村经济的“信息孤岛”有效串联，弥补农村信用体系的缺失，完善了农村金融的基础设施，从根本上解决传统农村金融的痛点。

3. 开放金融科技，赋能农村金融全生态，提升农村金融的整体服务能级

蚂蚁金服探索将经过市场检验的大数据技术和经验提供给其他金融机构、农村地方政府，一方面为过去信用记录缺失的农村居民建立信用画像，使他们能平等地享受金融服务；另一方面，将大数据风控能力、云计算等能力开放给金融机构和政府部门，赋能农村金融价值链上的生态伙伴，整体提升农村金融的服务能级。

4. 为解决包容性发展难题提供“中国方案”

推动包容性发展，尤其是消除城乡发展鸿沟，是全球面临的共同难题，也曾经有很多成功的案例，如孟加拉国的格莱美银行。但格莱美模式触达用户和风险甄别的成本依然很高，且在孟加拉国以外罕有成功。蚂蚁金服依托场景、利用数字技术并联合生态伙伴在这一领域的探索得到全球关注。世界银行行长金镛称其“是科技

① 资料来源：蚂蚁金服农村金融部门统计。

推进普惠金融的典范，真正改写了行业格局”。

（三）蚂蚁农村数字普惠金融实践中碰到的问题

1. 农村数字化基础设施不足，且缺少数据共享机制，阻碍农村金融发展的“信息孤岛”问题不能在根本上解决

大数据技术有效解决了被传统金融服务排斥人群的“最先一公里”的难题。但一方面由于目前广大中国农村地区的信息化基础设施较弱，移动支付和电商等数字技术手段和渠道普遍使用不足，导致农户和小型农业合作社的经营情况没有实现数据化；另一方面，由于缺少数据共享机制，公共数据平台尚未建立，农村地区的公安、法院、工商、社会保障等部门及涉农金融机构的数据，都处于分散和相互屏蔽的状态，农村数字普惠金融的基础设施的不完善制约了“最先一公里”难题的彻底解决。

2. 远程开户限制

偏远农村地区地广人稀，基础设施不健全，人均收入较低，银行设立物理网点面临现金押运、专网铺设、人员招聘、网点盈利等一系列问题，导致了农村金融长期存在“最后一公里”问题。随着移动技术普及，开展线上远程开立银行账户的条件趋于成熟。但远程开户的 II 类户不能实现汇款、他人转账、贷款和现金存取等功能。

四、蚂蚁金服对农村金融发展的政策建议

（一）持续探索数字技术在农村金融中的深度应用，建议率先在农村地区开展银行远程开户试点

蚂蚁金服将继续探索云计算、大数据风控、生物识别、人工智能等数字技术在农村数字普惠金融中的深度应用，特别是利用生物识别技术开展远程开户试点，解决农村“最后一公里”难题。事实上，生物识别技术准确率早已超越人眼。人脸、指纹、虹膜、声纹、眼纹、静脉等各识别技术在准确率上有所差异，但都已远远高于人类肉眼识别 97.52% 的水平。从国际情况来看，美国、欧洲、日本都已允许银行通过远程开户为客户提供完整的金融服务，多年以来运行稳定。建议借鉴国际经

验完善提升远程开户的账户功能。

（二）不断推动农村数字基础设施的完善，用好政府所掌握的数据资源，打造农村公共数据平台，提升农村金融软环境

农村金融的整体能级提高需要完善数字技术设施和优化软环境的支持。针对目前农村数字化基础设施薄弱、信息孤岛等问题，蚂蚁金服将不断加强与各类涉农金融机构合作，并协助县域及县域以下的地方政府建立当地的数据信息共享机制，培育数字农村金融的信用体系，形成失信惩戒机制，解决因为没有有效抵押和信用记录等障碍造成的“第一公里”难题，让“三农”用户能够得到和城市居民一样便捷的普惠金融服务，支持 2018 年中央 1 号文件提出的农民富、农业强、农村美的振兴乡村战略。

（三）建议完善对网络小贷公司的监管机制，发挥金融科技企业在大数据风控方面的效率优势

一些涉农的网络小贷公司结合移动支付、农村淘宝等生态，在用户 KYC 和大数据风控方面具有明显的效率优势，但限于现有的监管限制，其可放贷的规模远远低于“三农”用户对普惠金融的需求。因此，建议对从事农村金融的小贷公司实行分类分级差异化监管。根据注册资本、发起人背景、经营历史、风控能力等进行审查，根据分类和分级结果采取差异化融资政策。

（四）全面提升农村金融的整体能力，建议支持传统金融机构与金融科技公司融合合作

中国农村地域广阔，涉及人口众多，仅靠少数企业或机构的实践不能真正满足农村金融的需求，需要在整体上提高农村金融服务能力，新兴金融科技公司与传统农村金融机构的合作，已经是大势所趋。一方面可以实现信息互补，传统金融机构拥有“三农”用户的一些基础信息，而金融科技公司沉淀了一些用户的行为信息，二者的协作有助于充分 KYC；另一方面能力互补，传统金融机构擅长线下风控，熟悉“三农”的场景，而互联网公司擅长线上风控，有强大的线上触达用户的能力。因此，鼓励传统金融机构及金融科技公司的合作，通过联合放贷、助贷等模式，实

现风控融合，促进彼此能力的提升，共同服务好“三农”用户。

附：蚂蚁金服农村金融业务发展大事记

2014 年之前，支付宝的涉农业务自然增长，对于城市业务与农村业务没有差异化的解决方案。

【2014】

2014 年 10 月，蚂蚁金服正式成立，就宣布将农村化作为重要战略之一。经过大量调查和实验后，蚂蚁金服采取了集群化、矩阵化的下乡模式，打通支付、理财、融资等多个业务板块。

除配合阿里巴巴集团的农村淘宝项目让支付下乡外，还在浙江建德、桐庐等地建起了“支付宝县”，让农民可以在手机上方便地获取挂号、缴水电费等各种公共服务；成功向农户放出纯信用贷款，解决农民的融资需求；通过村淘点卖出了基金等理财产品，余额宝在 2014 年增加了 2000 万农民用户，帮农民增收 7 亿元。

【2015】

2015 年 6 月，蚂蚁金服启动了“大学生回乡回村创业扶持计划”，计划在三年时间，每年投入 10 亿元帮助大学生回乡创业，尤其是农村电商创业。

2015 年 11 月，“旺农贷”品牌出炉，针对“三农”用户的无抵押免担保贷款，运用大数据风控和技术能力，打通产业链上下游，保障“三农”用户享受普惠金融服务。

【2016】

2016 年 1 月，成立蚂蚁金服农村金融事业部。针对农村消费者和小型经营者提供基于数据化预授信模式的信贷服务。同时开始探索产融模式，联合村淘、中华保险，与农业龙头企业展开合作，为其上游养殖户提供产融信贷服务和销售渠道。

2016 年 3 月下旬，启动了“千县万亿”计划，包含了旨在提升公共服务水平的“互联网 + 城市服务”，旨在带动县域商业升级的“互联网 + 生活商圈”，以及“互联网 + 创业金融”等多个单元。首家试点落户浙江安吉。

2016 年 12 月 20 日，蚂蚁金服宣布农村金融发展战略，将以三大业务模式服务不同需求的“三农”用户，并宣布战略投资中和农信。

【2017】

2017 年 7 月 13 日，在罗马召开的联合国粮农署会议上，蚂蚁金服向与会官员和各国专家分享了农村金融的中国实践：数据化 310 模式、“线上 + 线下”熟人模式、供应链金融模式。这三种模式，激活了农民的信用，让农民也和城里人一样，能享受到同样的金融服务。

2017 年 12 月，蚂蚁金服服务借助大数据 + 互联网技术，开始探索与县域合作，应用“三农”数据，协同各地政府建立区域专属授信模型，为农户提供无抵押免担保的纯信用贷款，支持农户生产经营。县域普惠金融模式率先于河南省内乡县落地。

2017 年 12 月，蚂蚁金服与金融机构共同打造平台化业务，面向县域及以下农民，帮助金融机构进行业务下沉，共同推进普惠金融发展。平台化项目首家合作机构桂林银行上线。

【2018】

2018 年 3 月，蚂蚁金服开始在农村地区着力推进“数据化产融模式”，更好地整合了农村经济链条中各参与方的优势力量，通过技术创新，弥补传统金融服务的短板。数据化产融模式是通过和农业龙头企业合作，基于农户在农业生产过程中的量化信息建立大数据模型，为农户授信。

2018 年 4 月 18 日，国际农业发展基金（IFAD）和蚂蚁金服在意大利首都罗马签署战略合作意向联合声明，计划向“一带一路”国家及全球推广数字普惠金融。

第 17 章

京东金融普惠金融服务的创新探索

近十年以来，随着普惠金融国家战略以及农业现代化、城镇化进程的不断推进，我国农村金融已经取得长足的进步。不仅金融市场体制逐渐丰富，也产生了相当数量的新型规模化经营主体，金融服务的覆盖范围得到了扩大。

然而，当前我国农村金融发展依然相对落后，受限于当前农村金融单户收益率低、金融服务对象潜在风险突出、缺少抵押品等现实条件掣肘，农村普惠金融服务整体呈现出产品单一、获客能力不足、金融服务无法完全匹配目标人群需求的特征，农村金融发展的诸多问题尚待解决。

为弥补现有农村普惠金融服务方面的一些不足，2017 年京东金融以数字技术为支撑，创新新型金融模式，为农村金融的发展破局。京东金融以“数字农贷”项目为代表的普惠金融新模式，提升了农户获得金融服务的能力，正在悄然改变农业产业的发展生态。而数字科技作为推动农村金融向规模化、纵深化发展的重要力量，如何对其合理利用以实现农村金融的可持续发展，将是京东金融农村普惠金融服务未来重点探索的领域。

一、农村普惠金融服务面临诸多挑战

农村金融市场的重要性以及发展潜能已经得到广泛关注。在国家政策鼓励下，传统金融机构深耕农村金融领域，获得较大进步。但相比之下，农村金融市场发展仍然滞后，农村金融主体对金融服务的需求仍然没有得到充分满足，农村金融服务仍然存在诸多待解之题。

（一）农村普惠金融服务市场广阔，但服务多样性需求仍未得到满足

农村消费市场前景广阔，发展潜力巨大。数据显示，每年农林牧渔业总产值对GDP的贡献约为15%左右，但农林牧渔业贷款余额占比近年来已经不足4%。（见图17.1）。农村金融市场饱和度仍然严重不足，还有很大的空间。

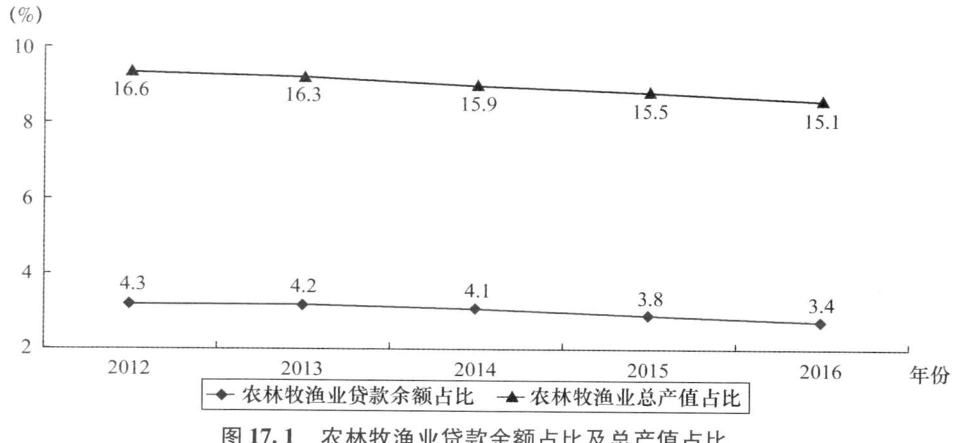

图 17.1　农林牧渔业贷款余额占比及总产值占比

据央行近年来发布的《农村地区支付业务发展总体情况》以及《支付体系运行总体情况》等报告，2017年，农村地区通过农信银支付清算系统办理业务数已达33.5亿笔，金额6.7万亿元，同比分别增长99.2%、23%，增长十分迅速；2016年该两项指标同比增长也均在50%以上。这些得益于农村金融基础设施建设快速推进。另外，以银行网点数量为例，截至2017年末，农村地区银行网点数量12.61万个，占全国总数22.67万个的55%。

但据Wind统计，2015~2017年，每季度仅有约12%的新增人民币贷款来自农村金融机构，而新增人民币贷款中的涉农贷款占比约为20%以上，说明有相当部分的涉农贷款并未直接在农村金融机构办理。另外，央行发布《2017年农村地区支付业务发展总体情况》报告中，以农村地区自助服务终端（除ATM、POS机之外的创新型机具，如多媒体终端）为例，截至2017年末，其数量与交易量均下降，每万人拥有数量1.88台，人均办理0.53笔/年，2016年该两项数据分别为2.07台、0.69

笔/年。这些说明农村服务多元化格局在深化。

另外，从农村、农户、农业贷款余额、增长率与人民币贷款余额及其增长率的对比来看（见图 17.2）。农户贷款余额的增长率一直高于人民币贷款余额增长率，反观农村、农业贷款余额增长率基本都低于人民币贷款余额增长率，近两年有所回升。农户贷款余额的高增长率可以说明，农民的贷款需求一直很高，但农业、农村贷款余额增长率并没有同步升高，说明这方面的服务还需要提升。

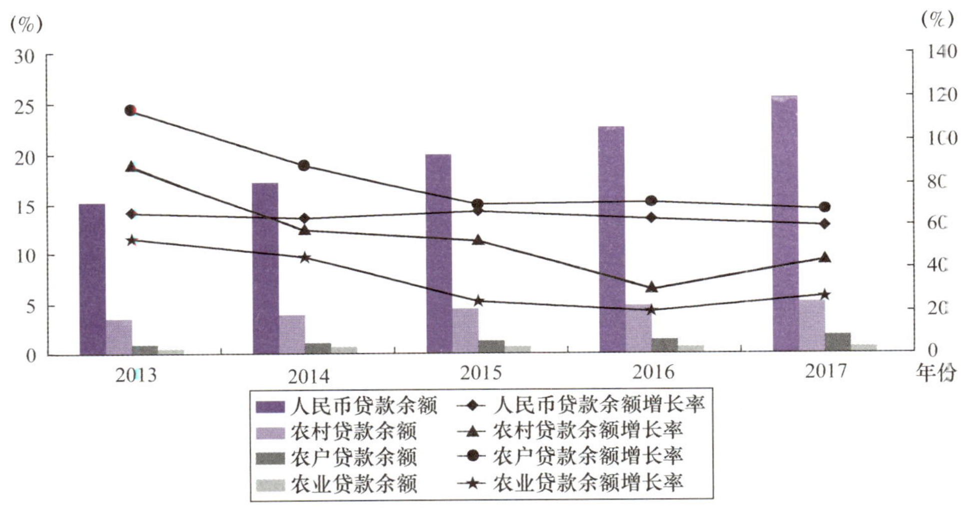

图 17.2 人民币贷款、涉农贷款余额及其增长率

（二）当前农村普惠金融服务面临的挑战

农村金融是农村地区资金需求和金融部门资金供给的结合体，但是传统农村金融机构作为资金供给方在提供农村普惠金融服务方面存在诸多挑战：一方面，农户长期面临贷款难、贷款贵的问题，难以解决；另一方面，农村金融风险较大、获客成本较高也使得传统金融机构在农村金融支持中面临利润微薄、不良贷款增多的困境。具体来看，当前农村普惠金融服务主要面临如下问题。

1. 获客能力差，覆盖率难以继续扩张

传统农村金融普惠服务依赖于大量网点铺设、自助服务终端等金融基础设施，但缺陷是前期人力、物力投入很高。如果没有财政支持，金融机构在偏远地区的投资难以收回成本，客户覆盖率较低，金融发展具有不可持续性。

另外，在移动支付大力发展的今天，以营业网点提供的基础服务市场正在被部分替代，单个网点的前期投入无法短时间内收回的情况更趋明显。根据央行发布的《2017 年农村地区支付业务发展总体情况》报告，农村地区的电话银行支付业务、银行卡数量增幅、ATM 交易笔数、POS 机业务量、自助服务终端等创新型机具数量与交易量、汇款业务量等均出现了不同程度的下降，其中 ATM 交易笔数下降 21.56%之多，POS 机业务量降幅达 36.57%。

与此形成鲜明对比的是，移动支付占绝对优势。2017 年农村地区移动支付 1295.09 亿笔，金额 42.9 万亿元，是 POS 机业务量的约 52 倍、POS 机业务金额的约 5.8 倍。由此可见，传统金融服务的覆盖率难以进一步提高，已有的金融服务覆盖正在被新兴金融服务工具等有效补充。

2. 单户收益率低，业务拓展有心无力

传统金融服务一般流程较长，包括单据审核、账款受理、债权转让、授信审批、放款等。同等业务金额下，大中型企业金融业务和以农户、城镇低收入人群、小微企业为主要服务群体的农村金融业务成本差异巨大，传统金融服务在农村金融业务上单户收益率低。金融机构的可持续运行离不开盈利，较低的单户收益率使传统金融机构在农村金融业务拓展上有心无力。

3. 信息不对称，风险隐患难以消除

农村金融的潜在市场规模虽大，但市场主体规模较小。在前期的客户信息收集方面，银行、信用社等传统金融机构需要投入大量的人力，存在严重的信息不对称，无法提供精准的客户营销以扩大业务范围。信息不对称不仅给传统金融机构带来了信息搜集成本，在风险管控上也给传统金融机构带来了难题。

以农村普惠金融服务涉及较多的中低收入人群个人信贷业务为例，历来属于传统金融机构的服务盲区。农村普惠金融服务群体数量大且较为分散，成本、违约概率相对较高，在信用体系未能全面建立的背景下，难以确认其信用记录，无法开展风险评估，潜在风险较大；加上业务金额较小，出现违约等情况后，追责成本甚至会大于回收资金。

4. 金融产品单一，结构不合理

在广大农村地区，适销对路的金融产品少、金融服务方式单一，金融服务质量和效率与农村经济社会发展和农民多元化金融需求不匹配的问题依然突出。这与我国农村普惠金融服务机构忽视了产品的多样化密不可分。我国农村金融机构主要提供基础金融服务，如存款、贷款等等，产品内容单一，和城市相比有很大差距。农村信贷产品的创新不仅要满足传统农业生产要求，而且要更多地满足加工、运输等方面的需求。但就当前来看，金融产品与农村的现实需求还有一定的差距，一是贷款的期限没有和农业生产周期紧密相关；二是贷款的额度远远不能达到规模农业和特色农业发展的要求；三是目前利率的浮动程度使贷款的风险难以得到有效控制。这需要农村金融机构更加注重创新，增加市场调研。但是于传统金融机构而言，由于农村金融盈利空间小，创新成本又比较大，产品多样化这一需求实难满足。

二、数字技术加速农村金融发展

（一）新型金融模式引领农村金融创新发展

早期农村金融的实践多具有公益扶贫性质，但实践证明，因为不具备可持续性，这些由政府或者公益性组织资助的项目效果其实并不好。因此，现在国际主流观点认为：在发展模式上，农村金融应当在商业性和公益性之间找到平衡点，不能放弃农村金融的公益属性，同时也要保证业务经营的可持续性；在宗旨上，应当着眼于有效满足各类人群的金融需求以促进经济、金融和社会的均衡发展，从而实现包括扶贫在内的一系列目标。

而近年来金融科技等的不断突破，新兴技术的不断更新，为农村金融的发展提供了新的技术支撑，也为其商业可持续的探索提供了可循路径。目前对农村普惠金融发展的一个共识是新兴普惠金融要建立在科技基础之上。因为，发展农村金融的主要障碍在于潜在客户的信用采集以及风险评估问题，而数字技术一方面可以加快信用数据的积累速度，另一方面也降低了金融服务触达客户的成本，为农村金融的发展提供了一条新途径。

其发展重点在于金融服务和金融产品的多样化，以及社会群体对于金融服务的满意度上。发挥金融科技作用，构建多层级、多元化新型金融模式，不仅可以有效满足不同层次人群的金融需求，也可以使资源配置更加有效。探索新型金融模式已成为农村金融发展的重要话题。

（二）数字技术加速金融创新，为农村金融发展另辟蹊径

农村金融规模化发展在很大程度上得益于数字科技应用，金融机构运用数字化手段，使农村金融突破了时间和空间的限制，提升了农村金融的触达能力，降低了运营成本，成为农村金融发展的重要助推器。

1. 数字科技能够有效降低获客成本

数字科技大幅降低了金融机构的获客成本，是农村金融的一大助力，主要得益于大数据、云计算、移动支付及人脸识别等技术的应用。

一是金融机构搜索客户信息的成本降低。金融机构可通过大数据收集个人或企业在社交媒体上的动态、电商平台上的交易记录及用户自主上传的相关信用信息，减少信息不对称，降低搜索成本。

二是农民等重点人群的金融服务的可达性提高。运用移动 APP、人脸识别等远程技术，金融机构可以将单据审核、账款受理、债权转让、授信审批、放款等业务流程完全“线上化”，降低了获取边缘客户的成本，为贫穷落后地区的个人、企业提供金融服务，解决了传统实体金融机构覆盖率低的问题，能够打开长尾市场，扩大金融市场容量，助推农村金融。

三是金融机构的宣传成本降低。由于移动支付应用、社交应用等的普及，客户对金融产品的了解提高，尤其是年轻人对互联网的接受程度和对金融服务的参与度较高，一些操作简单、风险较低的金融产品如余额增值服务和活期资金管理服务产品等广受年轻人青睐。数字技术为之前由于金融需求较低而无法到了解金融产品相关知识的群体提供了普及渠道，使得金融机构的获客能力大大提高。

2. 数字科技能够显著提高单户收益率

数字科技能够降低农村金融业务成本，显著提高金融机构的单户收益率，主要原因是大数据技术的信息收集能力带来了信贷审批效率的提高和风控能力的提升。

一是信贷审批的效率提高、成本减少。针对小客户或贫穷落后地区的客户，传统金融机构在信息收集评估、纸质协议的签署、贷后管理等方面的投入成本巨大，互联网技术的应用使该类客户可以通过电脑、手机自行在网上办理业务，信贷审批效率大大提高。并由此节约了传统金融机构设置网点的人力、物力成本，同时降低了客户的金融服务费用，增加了客户的资金回报率，使金融服务供给方和客户群体

达到双赢。

二是风险识别成本大幅降低。以大数据为代表的信息技术可从多个维度对总体进行分析、整合，收集风险发生的方式、规律等信息，进而通过数据、信息整合，运用机器学习与神经网络技术自动判断是否存在风险。例如，综合分析客户的生活习惯、交易记录、违约记录等方面信息以进行客户授信。

三是风险处理能力得到提升。对于已识别的风险，可以利用互联网平台上的数据建模对风险进行量化，并对风险进行 24 小时实时监测，使用大数据预测客户违约的可能性，从而为后期的催收业务提供便利。还可以设计出与量化风险相匹配的产品，例如通过资产证券化来将房屋抵押贷款打包卖给其他投资者，以此来分散、转移机构所面临的风险。

因此，数字科技的普及帮助解决了传统金融机构在低净值客户身上单户收益率不高的问题。

3. 数字科技能够助推客户精准营销

数字科技使得金融机构能够精细捕捉客户的个体差异，将传统的市场细分精至客户细分，帮助金融机构实现客户精准营销。

一是金融机构可收集的数据维度更加全面、时效性更强，主要得益于大数据技术。例如通过客户的电商平台交易记录、社交媒体上动态以及网页浏览记录等信息，对其行为数据进行全面、及时、准确的捕捉。

二是金融机构决策的时滞性借助大数据技术得以大幅减少。现代数据更新速度快，但大数据算法一般可以在秒级时间内给出结果，分析结果可随着输入数据的变化迅速更新，这使得金融机构能够第一时间捕捉到客户需求的变化，更加准确、及时地进行决策。

三是金融机构可基于人工智能技术提供批量、快速的个性化服务，对细分客户实现精准营销。金融机构在进行市场细分的同时，可以将其与营销活动相关联，针对不同种类客户群体的真实需求为其提供个性化服务，对每一类客户群体实施最有效的营销方案。

因此，通过更为全面的数据收集、更为及时的决策分析，金融机构可将客户群体贴上更加细致、准确的标签，把客户群体分解成同质性更高的细分类别，与此同时关联营销活动，实现精准营销。

4. 数字科技能够加速新产品研发

以移动互联、大数据、云计算、人工智能技术为核心的现代科技，不仅有利于原有金融服务的范围拓展，其强大的信息收集能力对新型金融产品的开发也大有裨益。基于人工智能技术，客户的需求将被进一步细分，除了精准营销个性化服务之外，金融产品也可以转向个性化、定制化。如互联网消费金融产品“白条”，给年轻用户提供了第一笔信用和分期消费的可能。在农村金融发展上，数字科技不仅能促进金融服务平等化、便利化，也能使金融产品更加多样化、个性化，满足各类人群的金融服务需求。

三、“数科＋金融”双驱动，“数字农贷”助力农村金融实践

农民、初创期企业、中小微企业等人群跨不过信用审查的门槛，无力承担金融服务的成本，是农村金融发展的关键障碍。数字科技不仅建立了多维度的信用管理和风险评价体系，而且使金融服务的广度、深度和精准度得到了显著提升。不仅为农业等普惠金融的重要阵地带来了新生市场力量，更使行业生态发展通向新的蓝海。

在数字科技助力农村普惠金融方面，京东金融推出了“数字农贷”这一新模式。不仅改变了传统信贷依靠抵押物的逻辑，而且显著优化了农业产业的数字化管理水平，带动了农业产业的转型升级。以“数字农贷”项目为代表的普惠金融新模式，提升了农户获得金融服务的能力，正在改变农业产业的发展生态。

（一）数字农贷项目成立背景

金融进入农业，首先面临着两大挑战：首先，征信缺失。征信报告近乎空白，无工资单，无报税记录，缺乏银行和信用卡记录。其次，缺乏抵押。农村宅基地不可抵押和转让。土地承包权不可以抵押转让。土地经营权的流转还在局部试点。

在此背景下，数字农贷项目的推出代表了京东金融在进入农业金融领域所做出的思考和努力，主要体现在以下三个方面。

其一，通过对农业生产过程的深入学习，结合历史生产结果数据，对未来生产结果做出预测，进而为农民产生信用。

其二，深入农业生产的全过程，辅助农民进行资金管理、风险管理，实现信息

流、资金流、物流合一的现代农业生产管理体系。

其三，通过全流程的资金管理，切实实现资金的专款专用，形成风控闭环。

（二）数字农贷项目的实施过程

数字农贷项目从贷前、贷中和贷后各个环节运用数字化技术进行风险管理和生产管理。图 17.3 展示了数字农贷项目的贷款、还款流程。

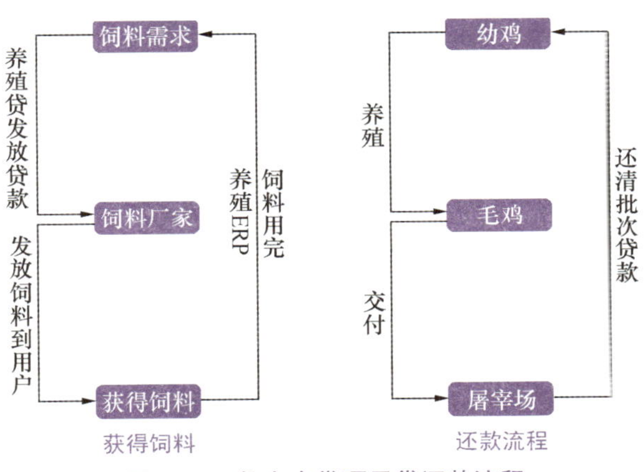

图 17.3　数字农贷项目贷还款流程

在贷前阶段，通过深入学习农业养殖技术，采集农户历史生产数据，建立量化模型并对产出结果进行预测，基于概率对农户进行授信。

在贷中阶段，数字农贷通过利用云管理系统，基于养殖数据进行高频、实时、循环的放贷。数字农贷的贷款并不会一次性发放，而是为获得授信的主体（农村专业合作社）匹配专业定制化的养殖管理系统，进而对生产过程进行全程、高频次、多方面的跟踪，并根据实际生产需求，定时、定量的匹配资金。以养鸡行业为例，肉鸡的养殖周期大约为 42 天，需要 12 元的饲料款，数字农贷按照养鸡户在各养殖环节的实际需求，分批将资金支付给上游饲料供应商，饲料供应商收到资金后为农民提供饲料。这种放贷方式使得养鸡户在一只鸡的养殖周期中，仅需为饲料款付 6 分钱的利息，避免了对闲置资金付息，比传统贷款成本低了将近一半，而且农民也省去了自己购买饲料的麻烦，可以专心进行养殖管理。

在贷后阶段，数字农贷应用数字化的技术手段将风险管理和生产管理有效结合。数字农贷并不局限于对农户授信贷款，而是以此为起点，继续帮助农户做养殖管理，对生产过程进行全程数字化监测，并将资金管理和风险管理融入其中，为养殖户提供免费的养殖管理系统、监控系统、物流管理系统等，帮助其建立一套集物流管理、信息流管理和资金流管理于一体的现代化农业养殖管理体系。

（三）数字农贷项目的发展状况

京东金融数字农贷已经深入多门类的养殖业，包括肉禽、蛋鸡、奶牛等，精研养殖全流程，建立了相应的养殖数学模型。在此基础上，研发了针对流动资金的养殖贷和针对固资的设备贷。

同样基于养殖数学模型，数字农贷发展了自己独立的风控系统，可以实时对养殖户提出的贷款请求做出核实判断，实现贷款自动审批功能。

联合第三方的养殖 ERP 系统，为养殖户带来免费的云端养殖管理软件，在提升养殖户管理能力的同时，也成为数字农贷的数据收集平台和放款工具。数字农贷还在同时打造一套智能监控系统，使养殖数据的收集深入每一个养殖棚，大幅提升养殖数据的真实性、实时性，进一步加强资金风险的管控。

当前数字农贷已经取得相当的客户规模，受到养殖户的衷心欢迎。

数字农贷是全新的微供应链金融模式。数字农贷以农业生产过程的数据化模型和农民的历史生产数据为基础，对未来生产结果做出预测，再以预测的统计学结果产生信用，进而对生产过程进行全程、高频、多方位的监管，以资金管理和风险管理辅助农业生产管理。数字农贷项目上线近 2 年来，已在山东、河北、河南等地与 100 多家合作社合作，累计放款约 10 亿元，逾期率和坏账率均为 0。

（四）数字农贷项目的具体案例

案例 1：养殖贷——正财禽业专业合作社案例

在江苏省宿迁市宿豫区，有一家成立于 2012 年的肉鸡养殖合作社——正财禽业专业合作社。合作社下设 6 个养殖场，总体养殖规模在 85 万只左右。

一般而言，肉鸡从入栏到出栏大约需要 42 天。资金需求最大的在饲料成本——一只鸡的饲料成本在 10～12 元左右。根据正财禽业目前的养殖规模，单这一项的资金需求就在 1000 万元左右。另外，养殖厂的设备升级改造、厂房新建，以及日常经营流转都要用到钱，这对于业主而言是不小的压力。

在京东金融涉足该项目之前，类似的情况只能通过当地银行和行业内部的担保公司获取资金支持。但与银行合作不仅过程烦琐，还需要有担保或抵押，而且可贷金额也比较小，难以实现企业的规模化饲养。

2017 年 7 月中旬。京东金融正式与正财禽业达成合作，以数字农贷为其提供养殖过程中的饲料用款。京东金融不仅帮助正财接入养殖 ERP，实现数字化的养殖过程管理，同时，针对业主过去几年的历史养殖数据，分析得出对公司养殖管理水平的量化评价。有了量化模型和数据，数字农贷就能给出具体的授信额度。在精确计算出每一天每一只鸡需要多少饲料后，京东金融将符合饲料总量的款项打到饲料企业，业主就可以直接把饲料拉回鸡场，整个过程实现定时、定量、定点、定向的按需供货。

与传统贷款不同的是，数字农贷针对养殖户的每一笔放款金额都经过科学计算，用一天就给一天的利息，资金使用成本降低了，整体使用效率提高了，养殖户的收入进而也提高了。具体而言，如果使用数字农贷饲养肉鸡，覆盖养鸡过程中需要的 12 元饲料款，总共只需支付利息 6 分钱。

“正财属于订单养殖，有固定的保底价格，降低了受市场风险的影响，因此，客户相应更多承担的是养殖风险；而针对养殖风险，因为肉鸡 2 个月为一个批次，客户一年循环养殖，如果一个批次成活率不高，还可以通过下个批次的养殖弥补损失。”数字农贷的业务人员表示，由于实现了对整个养殖周期的流程把控，贷款的风险被降到了最低的程度。客户的收益等到保障，还款能力也相应提升。

另外，京东金融还会通过屠宰场结算单，拉料单等第三方数据与从鸡场采集到的养殖数据进行交叉校验，确保养殖数据的真实性、合理性。

案例 2：设备贷——邯郸设备贷案例

河北邯郸的客户老杨刚开始做养鸡生意时，选择的模式是肉鸡放养。这个模式需要的资金投入不是很大，养殖户给老杨养鸡，老杨给养殖户提供饲料、疫苗、兽药，并负责合同回收。但养殖户全凭自己的经验去掌控笼舍温度、人工清粪、人工上料、人工加水，不仅失误率比较高，而且耗费大量人力成本。同时，国家对食品安全和环保的要求越来越严格，以往将鸡粪就地掩埋的做法已经达不到环评标准，必须采用科学无毒的处理方式。但是如果改变模式，一栋鸡舍的设备款大概 70 万元左右，价格昂贵且限制了客户的扩张需求。

基于客户过硬的养殖技术和良好的运营情况，京东金融很快为其发放了设备购买的专项贷款，同时还基于客户的需求，为他提供了自动化建设的意见。

换成标准化设施后，养鸡场可以节省人力物力。给鸡上料实现自动化，饲料直接打到料罐里面，然后就可以自动传送到鸡槽里，完成喂养工作。通过双重清粪带直接把鸡粪传送到鸡舍外端，不落地便能完成清理，减少了二次污染。用现代化先进环控器来控制通风、温度，人工只需要在环控器上把数据传输进去，机器便能自动完成调控。

传统养鸡场中一个鸡棚要两个人，只能养 5000 只鸡，但是现在数字化养鸡场内，一个人就可以负责一个鸡棚，养 3 万 ~4 万只鸡。同时，料肉比有了明显的降低。二档料在数字化养殖场出来的效益，比其他养殖户用一档料养殖出来的效益还要好。而且鸡吃同样多的料，长的肉不一样——比如，同样吃 8 斤料，原来的鸡在出栏的时候基本长个五斤一二两，现在能长到五斤五六两，多出来的半斤肉，可以给带来近 2 块钱的纯利润。若以客户目前 18 万只鸡的养殖规模来看，单这一项带来的额外收入就有 36 万元。

数字农贷的“养殖贷”可以根据客户历史养殖数据和数据模型计算结果，为客户提供无抵押无担保的资金支持，精准到养鸡场里的每只鸡每天需要多少克饲料，需要多少钱就贷多少钱，无须客户为闲置的资金支付利息。而“设备贷”使得养殖场里每个棚的温度、湿度、负压值、光照、风机状态、料量、水量……以及监控视频等实时数据都被自动采集、传输。基于这些数据，京东金融可以清楚掌握养殖场内部的情况，一旦发现有数据异常，可以及时跟客户联系，提出预警，从而降低养殖过程的风险。这样一来，贷款的风险也会被降到最低，因为客户的收益得到了保障，贷款出现不良的可能性下降。

（四）数字农贷的主要经验

1. 数字农贷项目解决了农村金融的可获得性难题

农户既无资产担保又是信用白户，使得金融机构想贷却又不敢贷款给农户，以至于农户愈来愈远离传统金融服务体系。而“数字农贷”项目通过对农业生产养殖过程的深入研究，建立数字化的量化模型，利用数字化的量化模型和农户历史养殖数据对未来生产结果进行预测，基于概率对农户授信，农户信用的产生就是基于数字化手段对农业生产过程量化分析的结果。

2. 数字农贷项目解决了农村金融的信任难题

传统农村金融的风险控制一直是难以逾越的鸿沟。数字农贷项目一方面利用量化模型测算每一笔贷款的风险，在农业生产过程中做到对风险的实时监控，这就大大提高了贷款人在诸如虚构背景调查信息等方面的成本，使得骗贷变得“不经济”；另一方面，将信贷资金精准投放到农业生产的各个环节，即并不与农户直接发生资金交易。这就彻底解决了农村信贷中生产性贷款挪作消费的“死穴”，极大降低了农村金融的信任风险。

3. 数字农贷解决了农村金融运营成本的难题

一方面，数字农贷极大地降低了单户的信用审批成本。农村信贷小额分散的特点，决定了传统机构开展农村金融业务所取得的利差收入很难覆盖信用审批成本，数字农贷虽然在前期需投入较高固定成本搭建量化模型，但后期单个农户信用审批的边际可变成本几乎为零；另一方面，降低了农户的资金使用成本，分时分批放贷使得农户只需为每一环节的贷款付息，而无须承担所有贷款在全周期中的使用成本。因此，数字化技术在农村金融的应用均降低了金融服务提供方和获得方的成本。

4. 数字农贷解决了农业产业管理水平低下的难题

数字农贷项目将农业生产管理与资金管理、风险管理有机结合起来，比如数字农贷在帮助养鸡农户管理信贷资金的同时，也帮助农民管理棚舍温度、养殖环境、饲料投放量、出栏时间等等，提高养殖的水平和效率。

此外，数字农贷模式的可复制性和可移植性相对较强，不仅仅局限于蛋鸡等养殖行业，也可拓展复制到种植、农产品加工等行业；不仅可应用于国内农业结构优化调整，也可推广至海外国家的农业发展。当然，数字农贷模式应用领域也存在一定的共性，比如行业竞争相对充分等。综合来看，农村普惠金融服务覆盖率不高、信贷困难以及非正式金融缺乏保护等问题，使得普惠金融在农村的道路越走越艰难，其根源在于传统农村金融始终未能突破“对人不对事”（即依靠抵押物和征信信息）的信贷逻辑，而数字农贷模式“对事不对人”（即依靠农业生产经营的数据和概率）的信贷逻辑，不仅降低了农村信贷的成本，更促进农业生产关系和生产力的改造提升。

因此，数字农贷模式不仅是解决传统农村普惠金融困局的重要突破口，也将成为促进农业产业转型升级的重要“活水”。

四、数字科技赋能，农村金融未来可期

以云计算、大数据、移动互联网、人工智能等为代表的数字技术，加速了农村金融模式的形成，有助于解决农村普惠金融服务质量和不可持续的问题。当然不可否认，由于数字金融本身在业务模式、技术应用、风险特征等方面呈现出的一些新变化，给农村金融的发展带来了一定的挑战，比如风险治理难度增加、数字鸿沟难以跨越、基础设施建设尚未跟上、监管体系有待完善等。但从总体上看，“数字 + 金融”是农村金融发展不可逆转的趋势，其核心在于：一是改变了传统农村金融的信贷逻辑，数字即信用的理念成为现实；二是降低传统农村金融的服务成本，提高了运营效率。因此，数字科技是推动农村金融向规模化、纵深化发展的重要力量。

（一）数字科技作用下，未来农村金融的发展趋势

1. 传统的信用评价体系将得到人工智能技术的有益补充甚至是替代

随着大数据、云计算、人工智能技术的应用场景不断拓展，金融科技公司越来越关注非结构数据的使用，例如通话记录、网页浏览记录和基于问卷调查对消费者心理行为进行分析的数据，利用这些数据建立的信用评估模型，是对传统依靠抵押物和征信信息的信用评估体系的有益补充，甚至未来有可能仅依靠大数据和人工智能技术建立的信用评价体系，就能对用户信用进行全方位、立体化和精准化的认定评价，这将对传统的信用评价体系产生深刻的影响。

2. 数字金融的发展将日益规模化

人工智能技术的创新特别是在实践应用中的创新，不仅大大降低了金融服务中信息采集、获客、风险识别和管理的成本，而且使得金融服务更加精准化、使得风险定价更加科学。移动互联技术的发展彻底打破了传统金融服务的地域和时间限制，降低了交易成本和金融服务的门槛，有效扩大了金融服务的覆盖面，极大提高了金融资源的配置效率，使得农村金融发展的规模化成为可能。

3. 金融科技企业和传统金融机构的深度合作是必然趋势

农村金融的发展依靠传统金融机构或者科技公司的单打独斗是走不通的，必须各方深度合作。金融机构的优势在于拥有相关业务的金融牌照和健全的网络体系，具备先天的获客优势；而金融科技公司的优势在于强大的技术实力和数据资源，具备降低服务成本和优化风险控制的优势。因此，双方的多层次、深入的合作有助于短时间内提升农村金融发展的速度和规模，这也是农村金融想要发展壮大的必经之路。

4. 数字金融易导致次生风险

数字科技融入金融服务，通过全新的征信风控模式，将传统金融机构无法触达的群体纳入金融服务体系中来，也将传统金融机构不曾涉及的风险带到农村金融体系中。除原有的流动性风险、结算风险、操作风险、融资风险以及数据隐私保护风险之外，数字金融还将面临技术性风险、平台风险等。数字金融带来的新型风险将与金融服务的固有风险交叉、叠加，加上数字金融产品更新迭代较快，形成多样化的金融风险。

（二）探索可持续的农村金融发展之路

1. 加强农村数字金融的基础设施建设

一是要加大移动互联网等基础设施建设力度，这是农村数字金融得以发展的必要基础。二是要建立安全可靠的数字身份识别机制，充分利用生物识别等先进技术，推出具有公信力的数字身份证，夯实农村数字金融信用体系的基础。三是建立数字金融服务平台，建立数字金融产品和服务的集中结算机制，把监管部门、从业机构和消费者有机联系起来。

2. 建立统一的数据标准，维护数据安全

现有的征信体系以央行为基础，对于信用数据的采集、处理和运用尚未建立明确统一的标准，数字鸿沟问题普遍存在，数据信息难以实现整合和共享。建议制定信用数据的统一标准，依法将公安、税务、财政等部门的信息进行整合，打破信息孤岛现象，丰富信用信息的渠道和来源，推动信用信息与其他社会信息融合。同时，在保证数据安全和隐私的前提下，合理发挥数据资源作用。

3. 用数字技术治理农村数字金融的次生风险

农村数字金融风险类型多、更新快，针对数字金融的监管技术也应与时俱进，用数字科技防范农村数字金融的次生风险。除了固有的法律、政策等监管框架外，利用大数据、人工智能等科技手段创新监管模式，提高数据收集范围、频率，减少监管盲区；运用信息收集、共享技术实现跨平台监管，合理利用远程技术加强沟通，减少信息不对称造成的风险误判；完善数字金融风险监控预警系统，防止风险蔓延。

第 18 章

宜信普惠的农村普惠金融服务创新探索

互联网技术的发展使得深度开发农村金融市场成为可能，造就了一个万亿规模的“蓝海”市场。宜信在农村地区的业务平台主要有两个：一是公益型宜农贷平台，二是商业型宜信租赁平台。相对于传统农村金融服务，宜信创新的商业模式、多样的产品、先进的互联网技术和专业的金融服务能力为提高农村金融服务的可获得性提供了更多选择，增加了农村金融服务供给，促进了农村金融服务竞争，有效引导资金由城市向乡村积极回流。在现有线上线下业务协同发展、第三方机构积极合作的模式下，依靠技术支撑、数据支撑和文化支撑，实现信贷、保险、支付等全方位的农村金融服务体系。

一、公益型助农平台——宜农贷

（一）宜农贷的发展历程

宜信公司创始人唐宁早年在美国留学的时候，曾到孟加拉国格莱珉银行进行暑期实践，深入学习尤努斯教授的小额信贷助农理论，并与当地信贷员一起往返农村，给当地贫困妇女发放贷款。

2006 年，唐宁从华尔街回来，在北京创办了宜信，宜信是一家从事普惠金融和财富管理的金融科技企业。在企业成立的初期，唐宁等几位企业高管接触了成立于美国的 KIVA（https：//www. kiva. org）——世界上第一个提供在线小额贷款服务的非营利组织，Kiva 是一个斯瓦西里语的单词，意思是“成交”。

2009 年年初，宜信成立“春风计划”项目，希望能够帮助国内农村小额信贷的发展。项目组织考察了国内的一些公益性小额信贷机构，首家机构是陕西省西乡县妇女发展协会。这些公益性小额信贷机构大多是早年在国际援助项目资助下成立的，但国际援助项目很多都只在机构初创期提供支持，发展一段时间以后，往往面临着融资渠道紧缩、管理成本增加、组织发展受限等问题。西乡县妇女发展协会（下简称协会）位于国家级贫困县陕西省汉中市西乡县，于 2005 年由国际机构捐赠 164. 4 万元成立。至 2009 年已经运营三年，坏账率为 0。但因政策原因，协会无法吸收互助金，融资渠道少，本金不足以支持更大规模的客户需求。全县约 9 万名贫困妇女，协会仅覆盖了其中 2000 名。协会的贷款维持年化利率 9. 6% 水平，远低于当地民间借贷的平均利率。因地处偏远，加上 200 余万元的贷款余额由 10 个员工进行管理，管理成本很高。为了维持合理的产品价格和成本，协会可以接受的融资成本是 5% 以下。小额信贷客户从开始借款到生活得到改善，一般需要 3 ~5 年时间，如果借款农户的后续资金需求无法满足，前期投入将无法收回，徒增负债。“春风计划”的项目目标是寻找一种可持续扶助公益性小额信贷的方式，既要保证资金成本足够低，也要考虑资金来源的稳定性。

2009 年 7 月，借鉴了 KIVA 运营模式和技术的宜农贷助农项目正式成立。通过网站，出借人可以选择不同地域、借款期限、还款方式、借款用途的借款人，出借门槛低至 100 元，并收取 2% 象征性的爱心回报。

在项目成立初期，宜农贷的资金来源基本来源于宜信公司的高管及高管的亲朋好友，项目规模非常小。2011 年，为了扩大项目规模及影响力，宜信发起了“一人一月一公益”的活动，鼓励员工在每月工资拿出 100 元出借宜农贷。当年年底，宜农贷推出了“公益压岁钱”计划，鼓励宜信的员工及客户的孩子，将收到的压岁钱出借宜农贷，从小培养公益意识。也是在这一年，宜农贷的影响力得到较大的提升，宜信正式提出“公益理财”的概念，鼓励客户在总资产中配备一部分资产专门用于公益。

2013 年，宜农贷新增农民专业合作社为合作对象，与克什克腾旗永胜农牧专业合作社、兰考县南马庄生态农产品专业合作社、兰考县胡寨哥哥农牧专业合作社等开展合作，并在 2014 年启动“春风二期”项目，在全国范围内寻找优秀专业合作社，扩大帮扶范围。

2014 年，宜农贷出借金额突破了 1 亿元。

2015 年，宜农贷项目入选了央行《2014 中国农村金融服务报告》。

同年，为增强各方对宜农贷项目公益实践的理解，宜农贷设立了公益价值标签，系统性地展示宜农贷合作伙伴推动的公益活动。

2016 年，河南灵宝苹果滞销，宜农贷帮助河南灵宝的借款人通过网络销售苹果，减轻损失。秉承“购买也是公益”的理念，宜农贷当年推出“宜农场”计划，帮助更多宜农贷借款农户销售滞销农产品，增加收入。

2017 年 10 月，宜农贷爱心出借人自治组织“爱心助农委员会”成立。

2018 年 7 月，宜农贷作为中国唯一代表入围 MIT 普惠创新国际大奖。截至 2018 年 7 月底，作为宜信公司的企业社会责任项目，宜农贷已为超过 17 万位爱心出借人及 2 万 6 千名农村妇女，对接超过 3 亿元借款资金。

（二）宜农贷的工作模式及特点

宜农贷平台的小额贷款业务引入农村小额信贷机构作为金融聚合器，实现四方共赢的局面：出借人在实现公益目标的同时，还能获得小笔利息；宜农贷平台既实现风险可控，又节约了触达目标客户的成本；小额信贷机构通过与宜农贷平台合作，可以赢得机构财务可持续的机会；借款人在获得急需的贷款之后，也获得改善家庭生活状况的机会。

首先，宜农贷具有门槛低、可参与性强的特点。出借人最低出借 100 元即可参与助农扶贫的公益事业。宜信把宜农贷的出借门槛降低为 100 元，就是希望有更多人有机会参与到扶贫事业之中。再次，宜农贷直接透明、渠道成本低。出借人可以了解到贷款农户的个人资料、家庭经济状况、贷款用途等信息，从而做到借款直接透明，改善了出借人参与公益的体验。其次，宜农贷具有覆盖面广的特点。随着宜农贷大力推广，有更多来自全国各地甚至国外的借款人、出借人参与到这项扶贫公益活动中来。另外，宜农贷可提供个性化服务方案。与传统的捐助方式不同，出借人可以选择自己感兴趣的贷款农户，从而达到了参与公益的个性化。比如，一位来自陕西的出借人可能更愿意帮助来自陕西西乡的贫困农户，这种一对一的个性化选择让出借人在出借资金的同时有更多情感上的体验。

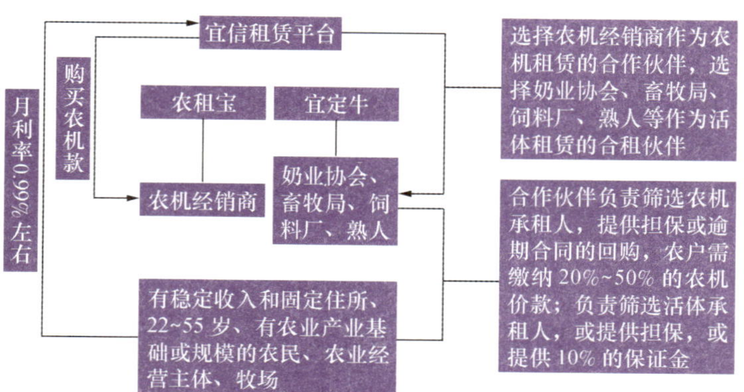

图 18.1　农村小额信贷机构作为金融聚合器的工作模式

（三）宜农贷面临的问题与挑战

宜农贷项目自成立以来，作为一种“可持续扶贫”的创新公益模式，致力了打破出借人和借款人时间、空间、信任等壁垒，让渴求透明公益的出借人爱心能得到释放，也让有资金需求的借款人得到满足，从而解决因为金融资源分配不均衡而导致的贫困问题。但对比起农村巨大的金融需求缺口，宜农贷的出借资金仍远远未足。加强出借人教育、宣传公益助农理念、吸引更多人进入公益助农团队、让城市资金回流农村，是宜农贷一直在努力的目标。

二、商业型助农平台——宜信租赁

宜信租赁平台于 2012 年创立，研发了农机租赁（农租宝）和活体租赁（宜定牛）两款创新的农村普惠金融产品。其中，农机种类包括田间到餐桌，覆盖耕、种、管、收、烘干、储藏、加工全产业链的各种设备；活体种类目前主要以奶牛为主，还在论证奶羊、果树的租赁可能性。

在农租宝的产品链条中，宜信租赁平台引入农机经销商作为合作伙伴，而宜定牛则引入了奶业协会、畜牧局、饲料厂等作为合作伙伴。这些合作伙伴与有承租需求农民、农业经营主体，或者符合一定条件的牧场之间，有着比较紧密的联系，如买卖关系。因此，合作伙伴对承租人的需求、还款意愿、还款能力等比较了解。如图 18.1 所示，合作机构把宜信租赁平台与承租人链接起来，他们各自承担责任，也相应地获益。

第一，宜信租赁平台为承租人提供融资租赁服务，先将农机或活体购买下来，再租给承租人。承租人只需支付少部分首付，就可以先行使用农机或养殖活体，并获得收益。待承租人按期还款之后，宜信租赁平台再将农机或活体的所有权转让给承租人。

第二，作为金融聚合器的农机经销商，与宜信租赁平台建立合作之后，之前赊销给承租人的资金可以立刻回款；在整个链条中，农机经销商要承担筛选农户、提供担保的责任；如果遇到逾期情况，还要回购农机，进行二次销售。作为金融聚合器的奶业协会、畜牧局、饲料厂，甚至是熟人，可以为宜信租赁平台推荐有需求的承租人；如发生买卖关系，饲料厂等还会为承租人提供保证金。

第三，有承租需求的农民、农业经营主体、牧场通过与宜信租赁平台的合作，以租赁形式将收益用于分批还款，其余资金能用于改善生活或扩大生产。

宜信租赁平台的风控模式比较特殊，承租人有非常明确用途。尤其是活体租赁的目标客户牧场，其风险指标比较规范，如奶款账户、出库入库、饲料用量，只要数据真实，风控模型给出的评分都比较可信。据宜信租赁平台累积的风控经验来看，评分在 680 分以上的牧场，基本上没有坏账；500 分以下的，坏账率就要高一些。实际上，好的风控模式，也是对宜信租赁平台可持续运营的重要保障之一。

宜信租赁平台的租赁业务引入农机经销商、奶业协会、畜牧局、饲料厂等合作伙伴，实现多方共赢的局面。宜信租赁平台的农租宝和宜定牛是商业型业务，虽然目前还未实现很好的盈利，但市场需求广阔；农机经销商通过与宜信租赁平台合作，解决了赊销问题，有利于资金回笼；饲料厂通过与宜信租赁平台和牧场合作，免去了饲料销售的中间环节，形成稳定的饲料供应关系，也有利于解决赊销问题；对于有承租需求的农民、农业经营主体、牧场来，既解决了融资问题，也获得了更优惠的农机、饲料等商品。

自 2014 年起，宜信租赁平台的农机租赁业务已累计放款 10 亿元，合作经销商 500 多个，涉及农机设备约 14 大类 180 种上万台设备，覆盖粮食主产区黑龙江、吉林、内蒙古、辽宁、山东、河南、河北等 20 多个省份，涉农融资租赁客户遍及全国 196 个县市区。自 2015 年 7 月第一单活体租赁业务以来，该业务已累计放款 3 亿元，范围覆盖 14 个省、48 各县市、300 家牧场、6 万头牛。

第19章

以服务机制创新深化农村普惠金融体系建设

——福建省宁德市古田县“民富中心”的实践与探索

一、背 景

（一）古田县经济金融基本情况

古田县位于福建闽东山区，属省定贫困县，全县下辖12个乡（镇）、2个街道办事处，总人口43.5万人。主要农业产业为食用菌、水果种植和淡水养殖。其中，食用菌银耳产量占全国的90%以上，全县农村80%以上农户从事食用菌生产经营，从业人员近30万人，食用菌产业链年产值近百亿元，产品远销国内外，被称为“中国食用菌之都”。

古田县现有银行业金融机构分支机构6家、地方法人金融机构2家，保险机构3家，证券机构1家。2017年末，全县本外币各项存款余额156.24亿元、各项贷款余额120.23亿元，其中农户贷款余额51.47亿元，占各项贷款余额的42.8%。2017年该县贷款增速位居全市第一，同比增长22.21%。

2017年末，古田全县拥有农民专业合作社861家，社员总数3.02万户，其中：国家级示范社1家、省级示范社4家、市级示范社20家，三级示范社合计有社员810户。合作社几乎覆盖全县所有生产领域或生产环节，但多数合作社运作不规范、制度不健全、产权不明晰、带动能力弱，未能有效发挥作用；在管理上行政色彩浓厚，市场手段欠缺。从成立时间看，最早成立的合作社在 2003 年 6 月，最晚的成立于 2017 年 11 月，其中 2015 年以来成立的有 363 家；从注册资本金看，平均注册资本金 415.2 万元，最低的 0.8 万元，最高的 7520 万元；从社员户数看，最少的仅 5 户，最多的 380 户；现有合作社中，注册资本在 200 万元以下、社员在 20 户以下的 411 家，占 47.7%。据古田县不完全统计，全县基本规范且能正常运营的合作社近 200 家，约占 20%。

（二）农村普惠金融发展普遍存在的困境

普惠金融是小额信贷和微型金融的延伸与发展，发展普惠金融是使长期被传统金融服务边缘化的金融弱势群体能以平等机会及可负担的成本获得适当、有效的金融服务。但同大多数地区一样，古田县在发展农村普惠金融过程中也存在共性问题，主要表现在以下几个方面。

（1）从需求端看，分散的小农经济收益率低，难以为金融机构提供市场平均回报；抵御自然灾害能力低，难以与市场博弈，生产风险和市场风险都很高；分散经营的土地无法成为可以变现的资产，无法作为抵押品从银行融资。虽然中央政策在引导和培育新型农业经营主体，促进农业集约化、规模化，但家庭农场规模依旧较小，而作为整合农村资源的农民专业合作社，绝大多数由于运作不规范、缺乏实体等因素不具备银行要求的承贷条件，也无能力独立承担相应风险，使广大社员无法通过合作社作为承贷主体获取金融信贷支持解。农民合作社出现这些问题的原因在于，虽然有政策支持和引导，但基层缺少培育和管理合作社并为合作社提供有效服务的社会组织。

（2）从供给端看，由于商业银行的商业化经营与农业产业的高风险、低回报存在矛盾，且从分散的农户获取信息的成本极高，因此，除地方法人金融机构外，多数大型商业银行对发展农村普惠金融的积极性有待提高，且现有金融产品强调风险防控、重抵押担保、重还款来源及个人信用积累，其适用对象在产品设计时就基本将多数中低收入特别是贫困农户排除在外，若缺乏新的制度安排与创新，构建有效的资金从银行流向农村的新途径，这些人员很难获得金融的有效支持。同时，即便目前已获得金融支持的广大农户，金融机构与他们也仅是单纯的信贷支持关系，缺乏建立从客户培育到信贷支持及农业产后等长期的综合性配套服务机制。

综上所述，发展农村普惠金融的主要障碍在于机制问题，因此需要机制创新和制度创新。

（三）民富中心成立背景

2014 年底，宁德市从商务部中国国际经济技术交流中心（以下简称交流中心）引入了联合国开发计划署（UNDP）在华开展的“建设中国普惠金融体系”项目下的农村金融创新子项目。该项目基于多年与 UNDP 合作开展农村发展和小额信贷项目的经验和上述农村金融存在的困境，由交流中心主导设计，其核心内容是探索新型农村合作金融模式，即通过在县域建立一个本地化、专业化、可持续的社会型综合中介服务机构——民富农村可持续发展中心（简称民富中心），在协助农民专业合作社完善组织建设与内部管理的基础上，推动广大社员通过农民专业合作社开展多种形式的信用合作，并通过民富中心整合的相关资源及配套服务，引导金融机构面向农民专业合作社（社员）提供批发性贷款，从根本性突破农村金融发展的固有瓶颈。中国人民银行总行金融研究所受 UNDP 项目委托参与了项目的跟踪研究工作。经中国人民银行与宁德市政府推荐，项目首先在古田县落地。

项目设计民富中心的初衷是解决农民合作社管理的组织空缺问题，希望通过民富中心建立培育合作社规范发展的有效机制，以保证农村合作金融建立在真正的合作制基础上。根据项目核心内容及古田县具体实际，由古田县人民政府主持成立了民富中心。该中心是在民政注册的民办非企机构，由县政府委派副县级领导担任主任，主持工作。民富中心与同期成立的古田县农民专业合作社联合社合署办公。

二、古田县民富中心运作机制

（一）民富中心功能

项目目标是以民富中心为中心，连接农民专业合作社、地方政府、金融机构、市场的综合性中介服务平台，形成基于农民专业合作社为基础的“生产、供销与信用合作”或称“产、融、销”三位一体农村经济服务发展模式。因此，民富中心具有三大核心功能：一是协助合作社发展。主要培育、规范、孵化农民专业合作社，培育农业产业；二是协助合作社对接金融机构，获取金融服务，向合作社（社员）导入信贷资金；三是对接市场，建设民富商城，通过品牌建设和市场推广，协助合作社销售产品（功能如图 19.1）。

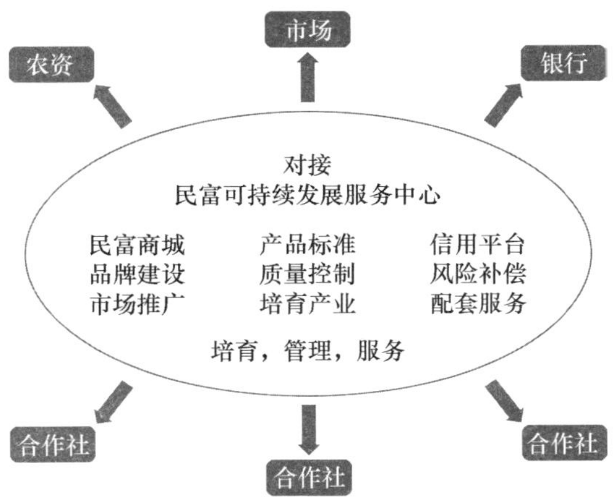

图 19.1 民富中心“产融销三位一体”服务功能

（二）民富中心运行机制

在民富中心诸多功能中，帮助合作社获得金融服务是核心，其主要运行机制如下（如图 19.2）。首先，将零散的农户（尤其是贫困户等中低收入农户）组织到农民专业合作社，并对合作社进行培育、孵化、规范，使其达到内部管理规范、股权结构清晰、从事实体生产，并成为金融服务对象。这种组织化过程将形成有效的社会资源和社会性资本，产生新型信用体系，降低交易成本，这是最根本的功能。其次，地方政府向民富中心导入支农惠农及扶贫等财政相关资源，成立担保风险基金池，使民富中心具有政府背景的增信担保功能。第三，配套建立农户征信信息共享平台，定期采集分布于地方政府相关部门的公共农户信息，解决民富中心、社员、金融机构间信息不对称问题，降低金融机构信息获取成本。第四，为金融机构与合作社及社员交易提供对接服务，包括委托民富中心代理财务管理等，为金融机构将信贷资金投入到合作社（社员）提供便利。第五，利用民富中心的中介优势，建设多渠道连接市场的民富商城，协助合作社、社员将农产品销向市场。第六，通过民富中心建立完整系统化的有机运作体系，有效整合财政、社会、金融等各方资源，探索最终建立面向农民专业合作社的“产融销一体化”新型农村合作金融模式。

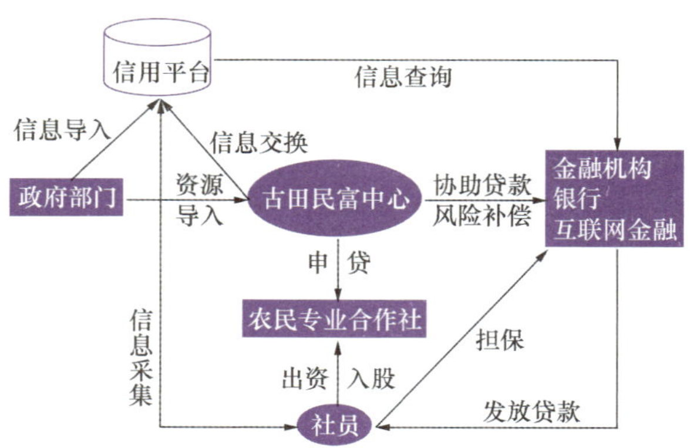

图 19.2　古田县民富中心金融服务平台机制

其中第三项是 UNDP 其他试点地区没有的功能，也是宁德市人行重点帮扶古田县打造的一项征信服务创新。

三、实践与成效

承接该项目以来，古田县遵循“地方政府主导、市场化运作”原则，开展了民富中心建设前期筹备及试运行，并于 2016 年 8 月 25 日正式挂牌成立民富中心机构。经过近三年的实践运作，项目取得积极成效，成为当前发展农村普惠金融和助推“乡村振兴”的重要载体和抓手。

（一）主要实践

1. 培育规范农民专业合作社

民富中心针对不同村、乡（镇）的自然资源禀赋和优势，开展合作社的培育、孵化、规范基础性工作。一是引导组建合作社。针对一定区域或行业，具备一定产业基础，但缺乏合作社，民富中心通过培育孵化、组建标准合作社。二是规范合作社。对现有内部管理不健全、运作不规范的松散型合作社，通过集中培训、个别辅导、典型示范等方式进行引导规范。其中，在合作社的组建和规范过程中，着重将弱势农户特别是精准扶贫户吸纳为社员。当合作社培育达到一定成熟条件时，民富中心才提供配套融资服务。截至 2017 年末，古田县民富中心累计规范合作社 21 家，其中 8 家已成为民富中心信贷配套服务对象。

2. 配套建设农户信用信息共享平台

由古田县政府主导，当地人民银行牵头，建立了“古田县农村征信和政银企信息交流服务平台”，导入农业、扶贫、公安、法院、工商、国土、住建、计生、环保、税务等部门相关信息，架起连接民富中心、政府、银行、农户间顺畅的公共信用信息服务平台系统，为民富中心评价、推介小额贷款提供信息服务支撑。截至2017 年末，该平台累计收集农户信息 17.38 万条，为全县 14.23 万户农户建立信用档案，全年金融机构通过该平台查询农户信息 4869 笔（次）。此外，合作社充分借助农村熟人社会的特点，在协助受理社员贷款申请时，对诚实经营、守信自律的社员优先服务，反之则不予受理，自动建立形成一道信用筛选机制，对促进合作社内部强化道德约束、共同维护整体诚信形象起到积极作用。

3. 构建以财政资金池为核心的增信与风险防控体系

通过民富中心整合地方政府相关部门的支农、惠农和扶贫开发相关风险金，设立全县统一的风险补偿资金池，至 2017 年底共累积风险补偿基金 1600 万元。并以此为核心，构建“农业保险 + 农户资产 + 合作社保证金 + 财政风险补偿金”四道风险防线。一是由财政为贫困户购买农业保险与意外保险，通过市场化保险补偿筑起首道风险防线；二是合作社为社员提供担保时，社员以个人资产反担保给合作社，出现风险由合作社优先代偿，并以收储返租或转让方式进行处置，实现涉农资产集体内流转；三是由合作社向合作银行存入一定保证金（一般以社员入股资金为主），银行按1∶5比例实行总量限制授信；四是财政补偿兜底，对风险经处置后的最后实际损失部分，由财政补偿金与合作银行按7∶3分担。

4. 对接金融导入信贷资金

民富中心借助财政风险补偿资金、农户信用信息平台等，为社员贷款提供综合性配套服务，主要有接受社员贷款申请、开展前期调查、评价推介、增信担保，协助合作银行发放贷款、贷后管理、到期催收、风险处置等系列工作。其中，利用社员个人资产，建立“合作社担保 + 社员资产反担保 + 财政风险补偿金兜底”为主要贷款形式，即合作社存入合作银行的保证金为社员提供贷款担保，社员将土地、果园、菇房、住房、宅基地等资产以民间契约的形式反担保给合作社，银行按约定的授信总量向社员发放贷款，此举有效激活农户资产融资能力，增加信贷投入。同时，民富中心与当地信用社合作，向合作社成员创新推出“普惠金融 · 民富卡”（信用卡，额度最高可达 30 万元）。在目前财政风险补偿金有限的情况下，还建立该基金支持对象的服务退出机制，即合作社经支持发展壮大后，财政风险补偿金不再为其提供风险兜底，由合作社与银行自行约定风险分担形式，民富中心的其他服务不变。

5. 培育农业品牌建设市场渠道

针对古田县农产品种类丰富，但知名品牌缺乏、市场竞争力弱、农户增收难等情况，民富中心积极培育农业品牌、建设市场渠道，于 2017 年 10 月成功推出古田县农产品公共品牌“十方田”，搭建了农产品线上、线下销售平台——古田县民富商城，先后筛选出 46 家农企、合作社、农户产品入驻商城，产品总量达 400 余种，并授权其中 27 家管理规范的企业使用“十方田”公共品牌。通过建设民富商城，有效提升古田区域农产品市场竞争力。

此外，民富中心还开展农村金融素质教育、协助开展农村金融消费者权益保护，以及合作社、社员享受惠农政策的补贴等的对接服务工作。

（二）主要成效

项目先后获评福建省十大金融创新项目二等奖、福建金融改革开放最具影响力 40 件大事之一；《半月谈》《中国金融》等有影响力的杂志媒体进行报道；项目引起上级领导、有关专家、学者的关注。

1. 通过培育规范合作社发展，促进农村经济产业发展和农民增收

民富中心根据农业部公布标准，协助合作社规范股本结构、完善制度建设和内部管理，实现农村内生性资本、信用及内部资金在合作社内有效聚合，并着重引导合作社开展内部生产合作，推动农村经济在一定区域范围内实现规模化、专业化生产，促进农村经济产业的逐步形成，推动农民增产增收。如古田民富中心已开展信贷支持服务的 8 家合作社，2017 年共完成产值 64746 万元，比加入民富中心前增加 24035 万元，受益社员达 2511 户，比加入民富中心前增加 910 户，每户社员家产人均收入 1. 5 万元，比加入民富中心前增 3000 元。

2. 通过构建有效的资金供求对接通道，增加农村信贷可得性

民富中心通过将财政资金、信贷资金、农户信息等分散的资源汇聚在一起，提供撮合交易平台，建立起金融供给与资金需求间精准高效的融资通道，并借助多层次的风险防范机制，较好地解决了农户贷款担保难问题，实现社员生产资金的可得性。截至 2017 年末，当地金融机构通过富中民心向 8 家合作社的 1682 户社员发放贷款余额 3.25 亿元，累计发放“民富卡”1.97 万张、授信 8.7 亿元，用信余额 3.84 亿元。

3. 通过民富中心配套综合服务，实现资金低成本性

农户信用信息共享平台的建设，较好地解决了借贷双方信息不对称问题；并由民富中心提供的综合配套服务，一方面降低了农户申报贷款的间接成本，另一方面，由民富中心承担了合作银行大部分贷款调查等相关工作任务，节约了银行放贷成本，提高了工作效率。同时，人民银行对县域法人金融机构在支农再贷款发放上适当倾斜，合作银行也给予农户适当让利。经民富中心推介担保的农户贷款平均年利率约为 5.93%，比同期同档次直接向农户发放的贷款利率低 4.59 个百分点。

4. 通过市场渠道建设和品牌培育，提高了农产品价值实现农民增收

随着将农户组织到合作社从事一定规模和专业化生产后，农业产出相应增加，民富中心通过民富商城建设、市场推广、品牌宣传培育和价值挖掘，不但将这些农产品成功销向市场，还提高农产品价值，真正实现农民增产增收。如古田民富中心通过与农村淘宝项目合作，在全辖设立 40 个农村淘宝点，网上淘宝、天猫商家共 1148 家，仅 2017 年上半年，成交金额达 5.48 亿元，使农民真正做到“能生产、产的出、卖的掉”。

5. 通过民富中心有效激活合作社带动作用，实现造血扶贫

民富中心致力于服务农村广大中低端农民，将扶贫脱贫作为基本使命，在合作社的培育、孵化过程中，着重将精准扶贫对象吸纳入合作社，在生产、资金、销售等各方面提供配套服务，充分调动和发挥合作社的带动作用，真正实现造血扶贫。如古田县农丰食用菌专业合作社经民富中心引导规范，吸收增社员 362 户，社员总量达 550 户，2017 年该合作社实现食用菌产值 2.3 亿元，有效带动 40 多户贫困户脱贫致富。至 2017 年末，民富中心服务的 8 家合作社累计带动 124 户建档立卡精准贫困户脱贫。

2017 年 12 月 5 日，由中国人民银行福州中心支行、福建省金融学会主办，古田县人民政府承办的民富中心建设现场交流暨研讨会在古田县召开。会议充分介绍了古田民富中心的试点经验，建议向福建省其他地区进行推广。

四、案例引发的思考

古田县深化普惠金融创新的核心是建设民富中心，有效整合各方资源，提供可降低交易成本的服务平台，提升农村整体对外融资能力，促进农村小额信贷发展。在激活农村有效资金需求的同时，引导金融资源持续投入农村实体，促进农村经济发展。

思考一：立足服务农民专业合作社，是实现农村金融普惠与农民增收的根本

农民专业合作社是农业现代化、产业化、规模化发展的组织创新，代表着现代农业的发展方向。当前合作社联接农户最广泛的新型农村经济主体，通过吸纳农户为社员，将广大农民纳入农业产业链中，实现生产组织化，对培育农村产业、提高农民协同应对市场和抗风险能力起到重要作用。且合作社覆盖范围广，涉及农业生产的各个领域和环节，民富中心提供以金融服务为核心的产融销一体化服务，特别将金融服务有机嵌入到合作社的培育发展中，建立了从客户培育到信贷支持及农业产出后的全套服务体系与机制，不仅充分体现出了农村金融的普惠性，更重要的是通过合作社使资金直接进入实体支持发展生产，最终确保农民能提高收入。如古田县现有近 800 家合作社，几乎涵盖了全县不同农业产业及流通领域的各个环节，基本覆盖了全县所有农户。

思考二：深化农村普惠金融体系建设，重在资源整合与机制创新

当前导致农村金融供给抑制主要是因为农业经营规模小和农户信息不对称等因素造成的高成本、高风险问题。民富中心是平台模式的机制体制创新，充分体现平台的集聚效应和公共属性，通过民富中心有效整合了财政资源、金融资源、社会资源，形成合力，使参与各方实现集群式发展。民富中心构建了助推合作社发展的产业培育带动机制、以市场配置的金融资源整合与对接机制、以财政资金池为主的增信和分层风险防控机制、借公共信用信息开展的客户识别与评价机制、培养新型农民的乡村教育和金融消费权益保护这五项机制。这些机制的共同作用，有效构建了新型农村资金供给通道，在增加资金可得性的同时降低了融资成本。

思考三：开展综合性金融创新，地方政府的支持与配合是关键

综合制度性金融创新与地方区域资源禀赋密切相关，获取地方政府的支持与配合至关重要。民富中心在建设过程中得到当地县委县政府的高度重视，并将其列为县委、县政府“一把手工程”和督办事项，为项目建设拨付经费、提供办公场所、工作人员等；在建设“农村征信和政银企信息交流服务平台”过程中，当地政府主导推动，对定期采集分布在不同部门的农户基础信息起到重要作用；在整合财政资源成立风险补偿基金上，完全由地方政府主导实施。此外，农村产权的确权登记与农村金融担保方式的创新密不可开，而确权登记工作也依赖地方政府的推进力度。

思考四：有效的风险防控体系是金融创新不可或缺的保障

为防范经营过程中可能发生的各类风险，民富中心构建了多重风险防控体系。一是建立民富中心内部约束机制，制订了章程、财务管理办法、业务操作规程、人事管理制度等。二是建立外部监管制度，由当地金融办、人民银行、财政局、农业局等部门组成监管联席会议，明确民富中心的法律地位及各方监管职责。三是建立“四道”业务风险防线，即“农业保险 + 农户资产反担保 + 合作社担保 + 财政风险补偿”，确保信贷业务安全。其中，通过“农户资产反担保 + 合作社担保”是关键。首先将风险在合作社内部得到有效处置，该环节起到很好的风险缓释、缓冲作用，相反通过司法等外部途径不但处置难度大、农户资产价值实现难，而且会造成风险外溢。

思考五：民富中心自身建设与长远发展问题

民富中心在整合资源、黏合各方实现集群发展、培育产业、降低融资成本、促进农民增产增收上起到了积极作用，也通过适当收费原则实现自我生存。但作为新生事物，还需要在实践中不断加强和完善自身服务能力建设，实现长远发展。一是要在实践中进一步探索完善运作机制，提高服务效率。二是要进一步明确职能定位，厘清政府与市场的边界，使民富中心真正实现市场化运作，发挥市场对资源的配置作用。三是要进一步拓宽服务覆盖面。目前金融参与主体有限，资金供给受到制约，民富中心业务覆盖面较窄，还难以充分体现其普惠性。四是要进一步明晰财政支持政策，民富中心利用财政资金建立风险补偿基金，其管理和使用等涉及的法律法规及相关政策需更加明确。五是在民富中心推广过程中，要先根据经验制订出原则和规范，采取有序的步骤进行，避免一哄而上造成走样，达不到应有效果。六是从长远来看，随着农民合作社组织的普及和发展，农民合作社联合社将成为合作社自己的平台组织，民富中心将完成其培育农民合作社的历史使命，其大部分职能可能会让渡给合作社联社，部分受政府委托的业务可以继续作为合作社体系之外的社会化组织继续开展。这也是民富中心与合作社联合社同时成立并合署办公的一个制度考虑。

古田民富中心试点为农村普惠金融发展探索了一条有益的制度和组织创新之路，有效解决了农村金融发展和乡村振兴战略实施过程中存在制度和机制障碍，填补了组织空白。应该对这种创新进行更加深入的研究，在实践中不断完善，在理论上加以提升，并有序进行推广。

执笔人：詹东新（人民银行宁德市中支副行长）
白澄宇（中国国际经济技术交流中心处长）

第 20 章

吉林农村金融综合服务的实践与创新

2017 年，吉林省农村金融综合服务股份有限公司（以下简称“农村金服公司”）全面贯彻落实吉林省委、省政府决策部署，认真践行新发展理念，主动服务农业供给侧结构性改革，积极推进体制机制创新和业务服务创新。秉承“服务农村、富裕农民”的理念，成立两年多以来始终坚持以服务“三农”为战略定位，扎根农村、服务农业、贴近农民，努力填补农村地区金融服务空白，经过不断努力，在服务“三农”方面积累了较为显著的渠道优势、队伍优势、信息优势和品牌优势。

一、农村金服公司基本情况

（一）概况

吉林省农村金融综合服务股份有限公司是由吉林省金融控股集团股份有限公司（以下简称“集团”）发起设立，为实施吉林省农村金融综合改革试验，发挥金融综合化运营协同优势、打造农村金融综合服务体系组建的国有企业。公司于 2016 年 7 月 12 日正式注册成立，注册资本为人民币 5 亿元。公司定位于“渠道提供商、资金融通商、大数据开发商”三大功能，全力构建“线上服务平台 + 线下物理网点”的三农金融综合服务平台。按照“搭渠道、推产品、强管理、争效益”的总体思路，着力在全省打造“省、市、县、乡、村”五级农村金融综合服务体系，深入开展农村普惠金融服务，稳步推进农村金融综合改革试验落向实处，致力于成为省内服务涉农人群最多、业务规模最大、服务内容最丰富、综合效益最好的农村金融综合服务提供商。

（二）总体思路

农村金服公司紧紧围绕吉林省农村金融综合改革试验，充分发挥全省农村金融“三支柱一市场”重要载体作用，即物权增信服务支柱、信息信用服务支柱、基础金融服务支柱和农村综合产权交易流转市场。借鉴金控集团综合化经营模式，对内实现集团各子公司内部协同，对外与银行、保险、证券等机构实现契约化合作，面向“三农”提供普惠金融、增信服务、资金融通、产权交易和信用信息服务，通过构筑农村金融综合服务体系一条主线，打造农村物权融资和综合产权交易两大平台。依靠小额再贷款公司、万众创科技金融公司（互联网金融平台）以及万众创投资公司（私募基金）三个支撑，着力增强农村金融综合服务的资源整合、商业模式创新、产品供给以及数据采集加工四大能力，实现增智、增信、增品，推动金融知识普及化、金融服务综合化、金融产品多元化、增信方式组合化、风险承担分散化、信用信息数据化，达到切实降低交易成本、降低融资价格的“三增、六化、两降低”目标。

二、农村金融服务体系建设成效显著

吉林省农村金融综合体系分为五级，省级设立吉林省农村金融综合服务股份有限公司，市级设立农村金融综合服务中心，县级设立农村金融综合服务总站，乡级设立农村金融综合服务分站，村级设立农村金融综合服务站。

根据《吉林省农村金融综合改革试验方案》中提出的“优先选取农村金融基础较好，带动作用强的白城地区开展改革试验”要求，公司先期以白城市为重点，推进网点建设和业务模式塑造，为在全省铺开农村金融综合服务体系提供遵循。在体系建设过程中，为争取政府支持，白城、松原、辽源、四平市政府召开专题会议，安排部署农村金融服务体系建设工作，对机构网点办公用房、信息采集方面提出了明确要求，解决了铺设市级中心、县级服务总站等物理网点办公场所的需求。通过与村委会签订合作协议，由村委会推荐、分公司考核的方式，选拔确定了村协理员。2017 年新增松原、四平、辽源 3 个市级网点，实际完成村级网点建设 1281 个，乡级（乡村合一）网点 52 个，注册县级机构 17 个。截至 2018 年 9 月，累计完成 19 个县级总站、1417 个村级服务站建设，农村金融服务体系建设取得显著成效。

三、强化农村金融服务业务创新

基于农村金融改革背景，依托政策优势，面向农村市场，农村金服公司通过发展线下机构体系和搭建线上服务平台，整合各类资源，提供综合金融服务和社会化服务，充分发挥吉林省农村金融“三支柱一市场”重要载体作用，创新业务服务模式。

（一）资金融通服务

主要是以土地经营权为主要增信手段的资金融通业务。

1. 土地经营权流转融资业务

公司与资金供给方以及增信方式进行合作，利用线下体系（村级服务站）协助农户办理相关手续，办理农户土地经营权流转，由增信方提供增信，资金供给方发放贷款，公司提供全方位的资金融通服务。

2. 融资租赁业务

重点为涉农主体提供农机租赁、农产品加工设备租赁、汽车租赁、土地经营权租赁等服务。农机租赁方面，由农今福融资租赁公司出资购买农机，农户以租赁的方式使用，将一次性投入分期处理，缓解短期资金压力。

3. 商业保理业务

重点为有需求的粮食贸易、加工、销售等农产品企业，农资企业，农机生产厂商，农机经销商等提供包括融资、信用风险管理、应收账款管理和催收服务、商业票据、银承票据贴现等业务。

4. 农业网络借贷业务

公司搭建有农今福网络借贷平台，以互联网金融小额、分散的优势向农业主体提供小额资金解决方案，以信用信息评级结果为基础，将经过审核、满足风控要求的融资标的发布到“农今福”平台，通过平台引入社会资本完成线上购买。同时通过平台及线下渠道，推广理财渠道，让农民闲置资金流动起来。

5. 农业保险代理

与专业保险公司建立全方位的合作关系，利用市县乡村四级网络开展财险、寿险等代理业务，为农业企业、新型农业经营主体、农户等办理保险提供最方便、最快捷、最直接的服务。

（二）提供服务渠道

提供以农资采购服务、农产品销售服务、订单农业服务等为主的农业服务渠道。

1. “农资贷购”渠道业务

公司与上游大型农资厂家合作，为农户直供正品农资，村级服务站负责交易交易撮合、仓储、物流等服务，消除中间环节，降低农户采购成本。

2. 农业供应链管理服务

发挥农村金服公司在渠道搭建、资金融通、数据征集、财务管理、政策咨询等方面的优势，推动农村生产，搭建以农民专业合作社为基础的农业生产体系，打通农业生产供应链，带动农村规模化、集约化生产经营，提高农业生产效率和农产品质量，促进吉林农村经济发展。

3. 订单农业服务

公司与北京首创集团、神舟数码等大型国企、上市企业合作，依托线下体系的优势和线上平台优势，对农产品生产端和需求端构建平台化的农业生产服务渠道，实现订单化、可溯化生产。

4. 农业综合管理类服务

公司提供以植保服务、财务咨询、教育培训、农技指导、生产托管、农民务工等为主的农业类综合管理服务。

（三）农业大数据服务

通过建立标准化、流程化的农村信用信息征集机制，把全省农户的信用档案建立起来，同时深度融合农村管理、农业生产、市场交易等各类数据，汇集到农村数字金融综合服务平台。通过科学的信用评价标准对农户信用水平进行评级。提高农户的金融可获性。未来将通过政府推动、企业采集、合作机构共享、现有数据整合等多种方式开展涉农数据采集加工整合工作。通过大数据分析，为农业生产、农民生活提供翔实准确的咨询服务，提高生产生活质量。

四、聚焦吉林农村金融改革工作实例

2015 年 12 月，国务院常务会议决定在吉林省开展农村金融综合改革试验，同月中国人民银行等八部委联合印发《吉林省农村金融综合改革试验方案》，明确了改革试验的目标要求和重点任务。2016 年 5 月，吉林省印发《吉林省农村金融综合改革试验实施方案》，标志着吉林全省农村金融综合改革正式启动。作为全国唯一的省级农村金融综合改革试验区，两年来，农村金服公司进行了积极探索。

《中共中央国务院关于实施乡村振兴战略的意见》提出，农村承包土地经营权可以依法向金融机构融资担保、入股从事农业产业化经营。之后，白城市通榆县乌兰花镇陆家村种粮大户王廷会在村里金融服务站的帮助下，将土地收益权作为抵押，在农信社贷到了 195 万元资金，用于扩大生产。

之前陆家村每个种田大户都愁钱。由于缺少抵押物，种粮大户仅能靠个人信用贷来几万块钱，村民还经常用“抬钱”的方式扩大生产，成本高、风险大。通过以土地收益权作为抵押，村里流转的土地面积从 100 公顷扩大到 450 公顷。

同时，农村社会生态也在悄然发生转变。金融服务站建立之后，村委会由之前的人烟稀少变为每天都有来人咨询。因“抬钱”现象消失，邻里关系变得更加和睦。金融服务网点多设在村部，金融协理员多从村干部、村中能人里选拔而出。此外，农村金服公司的工作人员不仅会对协理员有规范化的培训，也在村里定期进行金融知识普及与金融产品介绍。

五、吉林省农村金融工作展望

2018 年，农村金服公司将继续认真贯彻落实省委、省政府决策部署，深入践行新发展理念，坚持稳中求进的工作总基调，以服务农业供给侧结构性改革为主线，坚定不移地实施“三支柱一市场”的总体发展战略，加大支持服务“三农”力度，统筹抓好促发展、防风险、推改革、严管理、强队伍各项工作，为促进农村发展和农民增收发挥更大作用。

（一）加大自营产品的创新力度

结合当前市场情况，在融资租赁、商业保理、农资代购等业务方面创新推出更多产品，不断丰富产品种类，针对本地优势特色农业产业开发各类产品，为有效服务吉林省“三农”做出更大贡献。

（二）全面推进体系建设和功能定位标准化

通过逐步实现准入流程标准化、基础建设标准化、服务功能标准化、风险管理标准化、考核评价标准化，将市级网点打造成集业务统筹、业绩考核、风险管控、机构对接、模式创新等功能于一体的区域型运营管理和效益中心；将县级网点打造成县域内集业务开拓、业务督导、业务初审、队伍管理于一体的业务规模实现主体；将乡镇级网点打造成为集业务甄选、项目推送、项目尽调、信息归集的业务操作实施载体；将村级服务站打造成为信息采集精准、业务推介扎实、服务农民贴心的服务网点。

计划到 2020 年，农村金融综合服务体系基本建成。一是形成覆盖全省的综合金融服务体系，县以上服务网点全覆盖，县以下主要村、镇设置网点。二是形成统一的物权融资体系，基本完成县以上物权融资服务体系的整合、设立。三是形成综合产权交易体，搭建省级农村综合产权交易平台，促进农村多层次资本市场发展。四是形成信用信息服务体系，建立农户、合作社、龙头企业信用信息评价标准，建成“三农”大数据库。

（三）全面推广客户分层营销

农村金服公司将目标客户共分为 4 个层级，具体为团体客户、大客户、中客户及小客户。团体客户指国有农场、农民合作社及家庭农场，大客户指最低贷款额度超过 20 万元以上的农户，中客户指最低贷款额度在 5 万 ~20 万元之间的农户，小客户指最低贷款额度在 0 ~5 万元之间的农户。主要采取 VIP 服务营销、集中会议营销、村级广场营销及田间炕头相结合的方式进行客户分层营销。

（四）加快推进外部合作

农村金服公司将结合实际情况，全面推进对外开放合作，加快引进引领性、创新性、成长性的农业产业项目及企业，加强与各同质企业的交流，深度开发“三农”市场，稳步推进各项业务良好发展。

（五）积极开展金融扶贫工作

继续对重点扶贫县匹配专项资源，重点支持当地基础设施建设、特色产业发展和建档立卡贫困户脱贫。着力做好定点扶贫，以更高的标准、更实的措施、更大的成效，努力将定点扶贫县打造成示范和标杆。